Constanze Kaiser
Körpersprache der Schüler

Constanze Kaiser

Körpersprache der Schüler

Lautlose Mitteilungen
erkennen, bewerten, reagieren

Luchterhand

Die Deutsche Bibliothek – CIP – Einheitsaufnahme

Kaiser, Constanze:
Körpersprache der Schüler : lautlose Mitteilungen erkennen,
bewerten, reagieren / Constanze Kaiser. – Neuwied ; Kriftel ; Berlin :
Luchterhand, 1998
ISBN 3-472-03230-8

Druck, Bindung: H. Heenemann GmbH & Co, Berlin
Printed in Germany, Januar 1998

∞ Gedruckt auf säurefreiem, alterungsbeständigem und chlorfreiem Papier

Inhalt

Körpersprache der Schüler

Vorwort

Dieser traditionelle Platz für Informationen zu einem Buch soll zunächst lesetechnischen Hinweisen vorbehalten sein.

Der vorliegende Text wird sich nicht dem vielfach üblichen Schreibstil ausliefern, der nahezu alle formalen Bezeichnungen von Personen– und Berufsgruppen auf *»/innen«* oder *»(Innen)«* enden läßt. An den Stellen, an denen es wichtig erscheint, verschiedenartige Assoziationen zu wecken, wird von Lehrern und Lehrerinnen, Schülern und Schülerinnen die Rede sein. Dann also, wenn die Verschiedenartigkeit, die allein durch das Geschlecht hervorgerufen wird, zu bedenken ist. Es läßt sich eben nicht bestreiten, daß der belanglos scheinende Satz »Der Schüler sitzt gelassen auf einem Stuhl«

a) beinahe ausschließlich das Bild von einem auf dem Stuhl sitzenden Jungen ins Gedächtnis ruft, und

b) das gedankliche Bild von einem gelassen sitzenden Mädchen völlig andere Merkmale trüge.

Um die Aufmerksamkeit dafür zu gewinnen, einzelne Gedanken nicht einseitig auf ein Geschlecht zu fokussieren, sondern die Andersartigkeit des männlichen sowie weiblichen Erscheinungsbildes im Blick zu haben, wird differenziert. Wie wichtig es mitunter ist, auf die Andersartigkeit hinzuweisen, wird anschaulich, wenn man die Bilder vergleicht, die im Kopf durch die Erwähnung »undisziplinierter Schüler« oder »undisziplinierte Schülerin« hervorgerufen werden. Das ließe sich auch mit »inkonsequenter Lehrer« oder »inkonsequente Lehrerin« ausprobieren.

Ansonsten erlaubt sich der Text auf die permanente Verwendung dieser formalen Differenzierung zu verzichten. Dieser Verzicht erfolgt dort, wo eine Berufsgruppe oder eine soziale Gruppe einfach nur zu benennen ist, ohne daß sofort eine differenziertes Geschlechterbild von dieser Gruppe bei den Lesenden zu induzieren ist. In diesen Fällen werden beispielsweise mit dem Begriff *Lehrer* keine Geschlechtsspezifika sondern allgemeine Charakteristika dieser Berufsgruppe angesprochen. So wird mit *Schüler* der soziale Status dieser Kinder- und Jugendgruppe bezeichnet und nicht das bunte Verhaltensbild von Mädchen und Jungen angesprochen. Bei differenzierender Schreibweise wird zuerst die männliche Bezeichnung benannt. Als Angehörige des weiblichen Geschlechts hält es die Verfasserin für angemessen, in einer Art Höflichkeitsgeste dem männlichen Geschlecht den Vortritt zu gewähren.

Summa summarum setzt also dort die differenzierende Schreibweise ein, wo sie sich substantiell und nicht nur formal trägt. Der Gegenstand *Körpersprache* wird dazu ausgesprochen häufig Gelegenheit geben. Abgesehen davon, daß sich der Inhalt dieses Buches damit nicht dem Nebenschauplatz einer Diskussion über *Geschlechteremanzipation* preisgibt, hilft es vermutlich dem Lesefluß.

Was erwartet den Leser?

Nahezu jede Magazinsendung, jede Talk–Show und erst recht diverse Trainings referierten bereits auf unterhaltsame Weise über die »geheimen Zeichen« unserer Körpersprache. Ohne großes Drumherumreden erfährt man leichtfertig über den bedeutungsschwangeren Hintergrund so mancher unbewußt erfolgten Geste, Mimik oder Körperhaltung. Daraus entwickeln sich dann sehr schnell oberflächliche und übereifrige Deutungstechniken, die den Anwendern das Gefühl vermitteln, sich und die anderen quasi im Griff zu haben. Solche Illusionen schafft dieses Buch nicht. Ähnlich der verbalen Sprache bedarf die Körpersprache ebenfalls eines langen Lernprozesses, der sich nicht mit dem Lesen von ein oder zwei Büchern besorgen läßt. Für das zu sprechende oder zu schreibende Wort benötigt man ein Grundwissen, um gegebenenfalls die eigene Sprache kontrolliert einzusetzen bzw. die Sprache anderer präzise zu verstehen. In diesem Sinne soll das vorliegende Buch für die eigene Körpersprache sowie die der anderen sensibilisieren, um Mittel und Wege zu skizzieren, wie mit dem Reichtum, den Körpersprache offeriert, umzugehen ist. Die eigene Körpersprache wird durch gängige Alltagssituationen illustriert, in denen sich auch die Spezifik, die sich aus der Profession des Lehrerberufs ergibt, wiederfindet. Die Körpersprache der anderen, für die zu sensibilisieren ist, wird natürlich jene von Jungen und Mädchen sein, der wir täglich in der Schule und um die Schule begegnen. Um ihre Wahrnehmung, möglicherweise ihre Deutung und vor allem ihre Wirkung auf Lehrer und Lehrerinnen geht es.

Körpersprache

Körpersprache

Körpersprachliches Ausdrucksverhalten allgemein

Bei genauerer Betrachtung der Überschrift läßt sich eine Tautologie reklamieren: *körpersprachliches Ausdrucksverhalten*. Kann es Ausdrucksverhalten ohne den Körper, also ohne Körpersprache überhaupt geben? Ist nicht jedes Verhalten des Körpers Ausdrucksverhalten?

Beide Fragen sind m. E. zu verneinen. Denkt man konsequent zu Ende, welcher Begriff in welchem anderen bereits aufgehoben ist, erscheint selbst die Unterscheidung in sprachliches und körpersprachliches überflüssig. Sprache läßt sich ohne Körper nicht generieren. Sprache ist ein in der Evolution hinzugetretener Spezialfall von Körpersprache. Das heißt, die Auseinandersetzung mit Körpersprachlichem operiert mit dem Ursprünglichen, mit dem Eigentlichen in der menschlichen Kommunikation. Dennoch ist die Verwendung o.g. Tautologie begründet. Die Trennung in sprachliches und körpersprachliches Ausdrucksverhalten ist unverzichtbar etabliert. Außerdem gibt es ein Merkmal, daß die Unterscheidung in sprachliches und körpersprachliches notwendig macht: Sprache ist semantisch in diversen Nachschlagewerken verabredet. Einen Duden oder ein Wörterbuch für Körpersprache gibt es nicht. Darüber hinaus macht die Beibehaltung der Trennung Sinn, soll gekennzeichnet werden, auf welche Weise sich Menschen übereinander Informationen absichtsvoll und/oder absichtslos erschließen. Aus dieser Sicht besonderes Augenmerk auf die Körpersprache als ursprüngliche Sprache zu legen, ist ratsam.

Mit einem generellen Bezug auf die Körpersprache soll zunächst eine Basis für die Verständigung in allen weiteren Überlegungen geboten werden. Die Spezifik der Körpersprache von Kindern und Jugendlichen wird erst später aufgegriffen. Der vorliegende Abschnitt bietet eine allgemeine Einführung und greift die verschiedensten Ebenen unseres Alltags auf. Prinzipielle Merkmale der Körpersprache werden charakterisiert und sollen Lesende »verführen«, ihre ganz persönlichen Erfahrungen mit der Körpersprache bewußt zu reflektieren. Aus dieser sehr persönlichen Perspektive gelingt es vielleicht, sich soweit mit dem Gegenstand angefreundet zu haben, daß in den später folgenden Ausführungen zum eigentlichen Thema bereits genügend Sachblick die erforderliche Distanz schafft, um sehr ernste (möglicherweise sogar intime) Dinge wach und – wenn nötig – auch mit einem Schuß Selbstironie zur Kenntnis zu nehmen.

Obwohl der Wortreichtum einer Sprache täglich durch Neuschöpfungen und Lehnwörter wächst, wird niemand das körpersprachliche Ausdrucksverhalten eliminieren wollen. Es bleibt als effizientes Kommunikationsmittel geschätzt, denn es vermag Dinge zu leisten, die eine Sprache allein nicht vollbringt:

1. Die Ausdrucksmöglichkeit durch Worte ist begrenzt: Auch, wenn der reiche Vokabelschatz des Menschen eine stark sachorientierte (konkret wie abstrakt) verbale Kommunikation ermöglicht, finden sich dennoch Gebiete, auf denen die nonverbale Kommunikation sehr viel effektiver funktioniert als die verbale. Bereits die Beschreibung der Gestalt von Gegenständen stellt ein solches Gebiet dar. Als klassisches Beispiel gilt auch hier die Beschreibung einer Wendeltreppe. Kaum jemand verzichtet dabei, mit seinem Zeigefinger ihren Windungslauf in die Luft zu zeichnen.

2. Nonverbale Signale sind stärker: Nonverbale Signale drücken Gefühle aus, sie stellen meist eine unmittelbare, direkte Reaktion auf Geschehnisse (z.B. andere Signale) dar. Außerdem erfolgen sie im Vergleich zu verbalen Signalen wesentlich komprimierter und können daher viel schneller übermittelt werden. Der strahlende Blick aus Freude über eine Sache oder ein Ereignis erreicht ungleich schneller als es entsprechende Formulierungen ausdrücken könnten.

3. Nonverbale Signale sind ursprünglicher: Die Palette der nonverbalen Ausdrucksformen ist viel weniger kontrollierbar als die der gesprochenen Sprache. Beim Anblick einer »ungeliebten« Speise erscheint der Ausdruck des Ekels sofort auf unserem Gesicht. Verbal würde man sich wesentlich vorsichtiger äußern, um niemanden zu verletzen (vielleicht den Zubereiter der Speise oder jemanden, der diese besonders mag).

4. Nonverbale Signale erlauben das auszudrücken, was in Worte gekleidet als unhöflich gelten würde: Jemandem zu sagen, daß er als lästig oder

13

störend empfunden wird, gilt als unhöflich und anmaßend. Um solche Signale zu übermitteln, ist es viel unkomplizierter und unverbindlicher, sich der nonverbalen Ausdrucksweise zu bedienen. Unverbindlichkeit ist dabei gleichermaßen von Vorteil wie von genereller Beeinträchtigung für Kommunikationsprozesse. Der Vorteil liegt auf Seiten des Senders, er kann die Information, die durch sein nonverbales Ausdrucksverhalten den Empfänger erreicht, stets leugnen, sich der Verantwortung dafür entziehen. Nirgendwo ist unwiderruflich definiert, welche eindeutige Aussage an nonverbale Signale gebunden ist. Jeder kennt wahrscheinlich die ermüdenden Dialoge aus eigenem Erleben: A: »Warum guckst du denn so? Paßt dir nicht, daß ich ...?« B: »Ich? Wieso? Ich gucke doch immer so.« In dieser Situation hat A nicht die geringste Chance, B zu beweisen, daß B mit seinem Blick Mißfallen ausgedrückt hat.

Ausnahmen für die Verhandelbarkeit nonverbaler Signale bilden sogenannte Embleme. Das sind körpersprachliche Gesten, deren Mitteilungswert im jeweiligen Kulturkreis stillschweigend definiert ist. Diese Signale gleichermaßen fadenscheinig zu leugnen, wie es im letzten Beispiel der Fall war, ist nahezu ausgeschlossen oder wirkt ausgesprochen unglaubwürdig, ja sogar lächerlich. Gebräuchliche Embleme wären beispielsweise:

- mit dem Zeigefinger seitlich an die Stirn tippen und dabei eine Person gezielt ansehen (Äußerung über die Dummheit oder Unbedarftheit einer Person)
- jemandem die geballte Faust mit dem Handrücken nach außen entgegenhalten (Drohung)
- den Daumen über die leicht zusammengedrückten Kuppen von Zeige- und Mittelfinger reiben (es geht um Geld oder um eine sehr feinsinnige Angelegenheit).

Stünde nicht jeweils in Klammern, welche mitzuteilende Information sich hinter dem beschriebenen Emblem verbirgt, fiele es schwer, sofort die knapp verbal beschriebene Geste auch bildlich vor Augen zu haben. Das zeigt, wie schwer es ist, die Komplexität körpersprachlicher Äußerungen verbal zu reproduzieren.

Zurück zur »Verhandelbarkeit« körpersprachlicher Äußerungen. Mit Ausnahme besagter Embleme kann für alle anderen nonverbalen Signale bestenfalls ein in Frage kommendes Interpretationsspektrum vorgestellt werden, wobei auf Einschränkungen, die der jeweilige Kontext oder Eigenarten des Senders hervorrufen, hingewiesen wird. Der Empfänger kann den Sender für dessen Signale nur dann zur Rede stellen, wenn es sich um Signale handelt, die Embleme darstellen. Wobei selbst hier je nach Kulturkreis die Bedeutung eines Emblems variieren kann. [1]

5. Nonverbale Signale helfen, Nachrichten mit einer sehr komplexen Struktur zu übermitteln: Allein das Heben und Senken der Stimme signalisiert, welche Gedanken wichtig sind, ob ein Satz beendet wird, ob Gedanken als fertig oder noch offen präsentiert werden. Die Komplexität kann aber auch das Maß des Verständlichen übersteigen. Dieser Fall tritt dann ein, wenn verschiedene Ausdruckskanäle paradox scheinen. Folgende Situation soll das illustrieren: Eine Schülerin fragt die Lehrerin während einer selbständigen Stillarbeit, ob sie beim Lösen der Aufgabe auf eine bestimmte Art und Weise vorgehen könnte. Die Lehrerin antwortet »Mach' es so, wie du's für richtig hältst.«, dabei schaut sie auf das Heft der Schülerin, hebt kurz die Schultern an, und wendet sich anschließend ab. Die verbale Aussage der Lehrerin scheint die beabsichtigte Vorgehensweise der Schülerin zu bestärken. Der erste Teilsatz sagt »Mach' es so,...« – so also, wie das Mädchen es in diesem Augenblick vorschlägt. Aus dem zweiten Teilsatz »...,wie du's für richtig hältst.« entnimmt die Schülerin, das sei richtig so, folge deinen Überlegungen. Die körpersprachlichen Signale sind hingegen ganz anders von der Schülerin zu deuten. Die kurz hochgezogenen Schultern sagen der Schülerin, daß die Lehrerin diese Vorgehensweise nicht bejahen kann. Da die Lehrerin während dieser Situation nur auf das Heft blickt, kann die Schülerin auch nicht am Blickverhalten der Lehrerin erkennen, ob diese die Vorgehensweise befürwortet oder in Frage stellt. Die Schülerin bleibt unsicher allein mit sich zurück. Statt über die zu lösende Aufgabe weiterhin nachzudenken, grübelt sie über den Mitteilungswert des Verhaltens ihrer Lehrerin.

An Hand der fünf Punkte lassen sich sowohl Reichtum als auch Probleme besonders in Bezug auf die Interpretation des körpersprachlichen Ausdrucksverhaltens erahnen.

---

[1] In »Reden mit Händen und Füßen. Körpersprache in aller Welt« von Roger E. AXTEL, Knaur, Berlin 1994 finden Interessierte einen unterhaltsamen Querschnitt zu den Bedeutungen körpersprachlichen Ausdrucksverhaltens in verschiedenen Kulturkreisen und zu der Gefahr peinlicher Mißverständnisse zwischen Angehörigen verschiedener Kulturkreise.

Entwicklung der Körpersprache

Der kommunikative Gebrauch der Körpersprache ist keine »Erfindung« der menschlichen Gesellschaft. Körpersprachliches Ausdrucksverhalten hat seinen Ursprung in der Tierwelt. Das gesamte soziale Leben der Tiere wird über ein körpersprachliches Signalsystem geregelt. Die Tierverhaltensforschung wies ein ausgefeiltes System körpersprachlicher Mitteilungen für die unterschiedlichsten Bereiche nach: Bedrohung von Artgenossen, Unterwerfung, Jagd, Angriff, Erkennen von Artgenossen oder anderen Tierarten, Flucht, Sexualität, Mutter–Kind–Beziehung. Neben wissenschaftlichem Erkenntnisinteresse am sozialen Leben der Tiere motivierte auch ein mitunter enges Zusammenleben von Mensch und Tier, das körpersprachliche Ausdrucksverhalten der Tiere einerseits zu verstehen und sich andererseits ihnen gegenüber verständlich machen zu können. Hund und Katze genießen seit Alters her das »Privileg«, mit dem Menschen unter einem Dach leben zu dürfen. Deshalb erwecken bei den meisten Menschen diese beiden Tierarten spürbar das Bedürfnis, die Körpersprache der Tiere zu durchschauen. In ähnlich großem Umfang besteht dieses Interesse auch für das körpersprachliche Ausdrucksverhalten von Pferden [1]. Da beinahe jeder Mensch einmal mit einer dieser drei Tierarten Kontakt hatte, beflügeln eben diese Tierarten auch am ehesten Vorstellungen über ein System körpersprachlicher Signale in den oben erwähnten Bereichen. Wer hat nicht irgendwann die Begrüßungsrituale von Hunden auf der Straße wahrgenommen. Im friedlichen Normalfall läßt sich allgemein folgendes körpersprachliches Ausdrucksverhalten beobachten: einer der Hunde tritt aufrecht aber vorsichtig heran, wedelt mit dem Schwanz und beschnuppert den anderen am Hinterteil, davor erfolgt häufig ein Riechen und evtl. auch Lecken am Ohr des anderen Hundes. Die Verhaltensforschung liefert die Erklärung solcher Verhaltenselemente:

- aufgerichtet → aufmerksam erkennend und interessiert,
- vorsichtig → jeder Zeit zum Rückzug oder zur Konfrontation bereit sein, solange noch kein verläßlich sicheres Signal den anderen Artgenossen als ungefährlich definiert,
- Schwanzwedeln → einerseits Kompensation der Spannung, die durch die Polarität von Interesse und Vorsicht verursacht wird, andererseits bessere

---

[1] Nicht zuletzt aus diesem Beweggrund fanden drei Bücher von Desmond MORRIS große Aufmerksamkeit und sind für Interessierte immer noch empfehlenswert: 1) DOGWATCHING – Die Körpersprache des Hundes. 2) CATWATCHING – Die Körpersprache der Katze sowie 3) HORSEWATCHING – Die Körpersprache des Pferdes, Sein Wesen · Sein Verhalten. Erschienen im Heyne–Verlag, München 1986

16

Verbreitung der im Analbereich des Hundes produzierten Duftstoffe,

- Riechen und Lecken an den Ohren → friedliche Geste, deren Ursprung im Sexualbereich liegt, wo dieses Verhalten Bestandteil des Vorspiels ist,

- Riechen am Hinterteil → da Hunde nur an den Pfoten und im Analbereich körpereigene Duftstoffe ausscheiden, findet dort jeder Artgenosse einen präzisen Steckbrief des anderen.

Parallelen zum körpersprachlichen Ausdrucksverhalten der Menschen sind insofern auszumachen, als daß sich auch bei uns eingespielte Ausdrucksformen für diese verschiedenen Informationen finden lassen, die den o.g. gar nicht so unähnlich sind. Eine Person, die interessiert und neugierig auf etwas oder jemanden zugeht, zeigt dabei meist einen aufrechten Gang und gestreckten Hals. Sofern man sich der anderen Person bzw. Sache nicht 100%ig sicher ist, begegnet man ihr nicht im unerschrockenen Sturmschritt sondern etwas zurückhaltender und damit vorsichtig. In Situationen, in denen polarisierte Motive konkurrieren, ist der Körper ebenfalls bemüht, Spannung durch wiegende oder wackelnde Bewegungen zu kompensieren. Das ist beispielsweise zu beobachten, wenn jemand eine Versammlung ausgesprochen langweilig empfindet und am liebsten aufstehen und gehen möchte, jedoch das demonstrative Verlassen dieser Veranstaltung scheut. Diese Person sitzt vielfach unruhig, führt rhythmisch wackelnde Bewegungen mit den Fingern, Händen, Beinen oder dem Oberkörper aus. Über die erotische Funktion der Ohren im sexuellen Vorspiel beim Menschen findet man sogar ausführliche sexualwissenschaftliche Passagen[2]. Wäre der menschliche Geruchssinn nicht so verkümmert, ließe sich mit Sicherheit auch heute noch bei der Begegnung zweier Menschen ein gezieltes Beriechen bestimmter Körperbereiche feststellen. So läuft eine hohe Zahl bestimmter Geruchswahrnehmungen lediglich unterbewußt ab. D.h., mit der Nase werden zwar bestimmte Gerüche nicht bewußt als solche wahrgenommen, dennoch lösen entsprechende Duftstoffe körperliche Reaktionen aus.

Betrachtet man das körpersprachliche Ausdrucksverhalten der Primaten, werden die Parallelen noch viel augenfälliger. Zum Beispiel das Säugen und Kuscheln von Affenjungen durch ihr Muttertier. Auf diese Weise gewann die Wissenschaft dank der Tierverhaltensforschung viele Erkenntnisse über Wurzeln menschlichen Sozialverhaltens und vor allem über den Hintergrund und die Funktion menschlicher Körpersprache. Der animalische Ursprung unserer Körpersprache hat sich sogar in mancherlei Redens-

---

[2] KINSEY, A.C.: Das sexuelle Verhalten der Frau. Fischer–Verlag, Frankfurt/M. 1954 sowie KINSEY, A.C.: Das sexuelle Verhalten des Mannes. Fischer–Verlag, Frankfurt/M. 1955

arten manifestiert: • »Jemandem stehen die Haare zu Berge« – obwohl kaum möglich, weiß jeder, was eigentlich gemeint ist. • »Die Ohren spitzen« – die trainierte Muskulatur der Tiere erlaubt eine solche Aktivität. Beim Menschen sind die entsprechenden Muskeln mittlerweile so rückgebildet, daß deren Tätigkeit mit normalen Mitteln kaum wahrnehmbar ist – abgesehen von einigen Ausnahmen, in denen diese Muskulatur noch verfügbar und kontrolliert einsetzbar ist. Statt dessen signalisieren Menschen ihr »Ohrenspitzen«, indem sie es mit einer Handbewegung simulieren. Dabei zeigt die geöffnete Handfläche nach vorne und mit den Fingerkuppen wird der äußere Teil des Ohres leicht nach vorne gedrückt. • »Die Nase in etwas stecken« – kein Mensch hat das physisch getan, wenn ihm so etwas nachgesagt wird. Vielmehr wird ihm eine gewisse Neugierde zum Vorwurf gemacht, gleich jener, die Tiere an den Tag legen, wenn sie etwas Unbekanntes mit der Nase ergründen. • »Den Schwanz einziehen« – welche Person kann das schon? Das Bild eines mit untergeklemmtem Schwanz weglaufenden Hundes wird bei dieser Redensart wach und steht metaphorisch für ein Sich–Drücken vor der Auseinandersetzung. Beim Hund soll der untergeklemmte Schwanz verhindern, daß sich die im eigenen Analbereich produzierten Duftstoffe im Terrain des Konkurrenten verbreiten und auf diese Weise dessen Unmut provozieren.

Vergleiche mit körpersprachlichem Ausdrucksverhalten der Tiere erklären diverse, insbesondere die angeborenen Komponenten der menschlichen Körpersprache. Sie verdeutlichen jedoch gleichzeitig wesentliche Unterschiede. Der grundlegende Unterschied besteht darin, daß sich die menschliche Kommunikation einer Sprache bedienen kann. Obwohl sie untrennbar mit der Körpersprache verbunden ist, veränderte sie im Verlauf der Evolution die Funktion körpersprachlichen Ausdrucksverhaltens. Signale, die in der Tierwelt ausschließlich per Körpersprache gegeben werden, kann der Mensch auch per Sprache senden und empfangen. Er verfügt zudem über die Option, sprachliche Signale durch die Körpersprache zu unterstützen oder zu ersetzen, Signale also pur körpersprachlich zu senden. Ein solches komplexes Signalsystem von Sprache und Körpersprache muß langwierig erlernt werden; ebenfalls ein gravierender Unterschied zur Kommunikation der Tiere. Zwar erlernen auch sie einige Elemente ihres Ausdrucksverhaltens neben den angeborenen, das steht jedoch in keinem Verhältnis zu dem Umfang dessen, was der Mensch zu erlernen vermag und vor allem zu der Kombinationsfähigkeit, die er dabei entwickelt. Außerdem scheint die Kommunikation bei Tieren nur aus bedeutungstragenden Elementen zu bestehen, wohingegen die menschliche Kommunikation auch mit bedeutungslosen

Elementen operiert [3]. Das erhöht und erschwert zugleich die Kombinationsmöglichkeiten. Bedeutungslose Elemente sind beispielsweise die ersten Laute (Phoneme), die zu Wortstämmen (Morpheme), später zu Wörtern und Sätzen kombiniert werden.

Obwohl der Mensch die Kommunikation überwiegend erlernt, besitzen die angeborenen Komponenten einen hohen Stellenwert. Das betrifft maßgebend Gefühlsäußerungen und das Bekunden zwischenmenschlicher Einstellungen. In diesen Bereichen lassen sich Universalien körpersprachlichen Ausdrucksverhaltens finden, die – ungeachtet lokaler Besonderheiten einzelner Kulturen – Bestandteil des körpersprachlichen Repertoires aller Menschen sind. Dazu gehören die Ausdrucksformen von Gefühlszuständen wie Ekel, Wut, Angst, Schmerz, Müdigkeit, Glück. Zwar sind gewisse kulturelle Überformungen für diese Gefühlsäußerungen zu beobachten, sie führen jedoch zu keiner grundsätzlichen Änderung des körpersprachlichen Ausdrucksverhaltens. Vielmehr zeigen sich solche kulturellen Variationen des Ausdrucksverhaltens darin, wie stark diese Emotionen in welchem Rahmen gezeigt werden dürfen bzw. welche Ereignisse überhaupt emotionale Reaktionen auslösen.

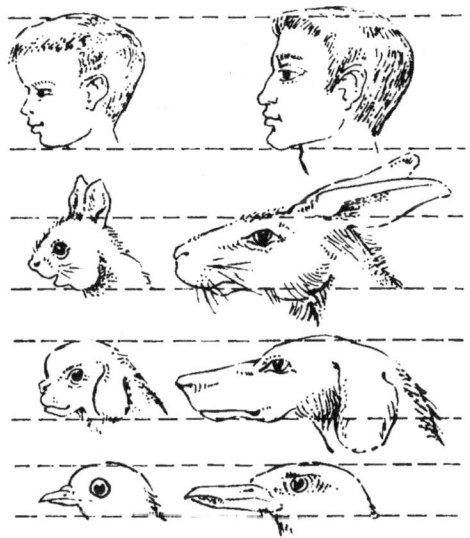

Abbildung 1
Sogenanntes Kindchen–Schema, das positive Zuwendung und Pflegebereitschaft auslöst.
(nach LORENZ [4])

---

[3] ARGYLE, M.: Körpersprache & Kommunikation. Junfermann–Verlag, Paderborn 1989, S. 45 ff
[4] Übernommen aus: LORENZ, K.: Über tierisches und menschliches Verhalten. Aus dem Werdegang der Verhaltenslehre. Bd. III. R. Piper &Co, München 1965, S. 157

Analog zu universellen Ausdrucksformen lassen sich ebenso universelle Wirkungen der Körpersprache entdecken. Unabhängig davon, an welchem Ort der Welt der Umgang Erwachsener mit einem Baby beobachtet wird, es ist stets zu bemerken, daß Erwachsene auf den Anblick dieses kleinen Wesens in der gleichen Weise reagieren: Das Gesicht lächelt, der Kopf wird nach vorne geschoben, die Stimme wird leise, der Ton höher und die Sprache gleicht einer gleichmäßig an– und abschwellenden Kette von Phonemen. Generell reagieren Menschen auf Wesen, die das sogenannte »Kindchen–Schema« besitzen, in sehr ähnlicher Weise. Teil dieses Kindchen–Schemas ist beispielsweise eine kleine Stupsnase. Sie weckt nicht nur Beschützerinstinkte bei Erwachsenen, sie hat auch eine enorme Anziehungskraft. Kaum ein Erwachsener, der nicht versucht ist, genau diese kleine Nase eines Babys zu berühren. Die Wirkung des Kindchen–Schemas ist recht gut nachvollziehbar, wenn man die beiden Spalten der Abb. 1 vergleicht. Zu den charakteristischen Merkmalen des Kindchen–Schemas gehören: • hohe und rundliche Stirn, • ein runder ausgeprägter Hinterkopf (vgl. Abb. 1), • große, runde Augen, • kleine (Stups)Nase, • runde Wangen und Wangenknochen, • kleiner Mund. Es mag der Eindruck entstehen, das Kindchen–Schema sei bereits durch das Attribut *rund* treffend gekennzeichnet. Die stilisierte Form (siehe Abb. 2–①) hebt auch die wesenseigenen Proportionen des Gesichts beim Kindchen–Schema hervor. Die drei »Gesichter« erlauben dem Betrachter eine Gegenüberstellung der mehr oder weniger niedlichen Wirkung jedes einzelnen, wobei einmal die Proportionen (siehe ③) und ein-

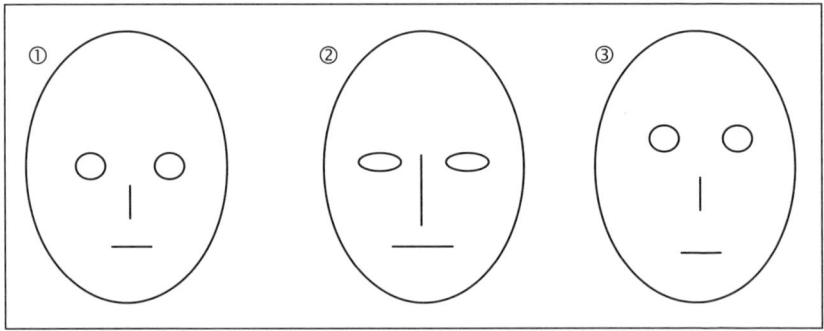

Abbildung 2
① Stilisierte Form des Kindchen–Schemas, ② im Vergleich dazu die gleiche Proportionierung mit größerer Nase, größerem Mund und länglichen Augen, ③ veränderte Proportionierung, wobei die Zeichnungselemente für Augen, Nase und Mund identische zu den in ① sind. Das Zeichnungselement Kopf ist für alle drei Darstellungen deckungsgleich.

mal die inneren kleinen Rundlichkeiten (siehe ②) des Kindchen–Schemas vernachlässigt wurden.

Zusätzlich zu den angeborenen und spontanen körpersprachlichen Äußerungen zeichnet den Menschen – wie bereits erwähnt – das Vermögen aus, Körpersprache zu erlernen und überlegt einzusetzen. Teilweise ist Körpersprache eng mit komplizierten kognitiven Prozessen verbunden (ein an der angesprochenen Person vorbeigehender Blick, wenn etwas konzentriert vorgetragen wird). In den seltensten Fällen erfolgt das Erlernen körpersprachlichen Ausdrucksverhaltens explizit. Das bleibt meist berufsspezifischem Training vorbehalten. So befassen sich beispielsweise Rhetorikkurse notwendigerweise mit Elementen der Körpersprache, die eine Rede unterstützen und der Zuhörerschaft Inhalte sogar bedeutsamer erscheinen lassen sollen, als sie eigentlich sind. Um derartige Effekte zu trainieren, wird auf natürliche Wirkungen der Körpersprache und auf relevante Bedeutungsdimensionen nonverbaler Äußerungen im jeweiligen Kulturkreis zurückgegriffen. Neues kann und darf in diesem Zusammenhang nicht kreiert werden. Der Dekodierer soll sich am Ende alles eindeutig und unkompliziert erschließen können. Die körpersprachlichen Äußerungen müssen also bereits vertraut sein. Folglich sind die Ausdrucksmittel weder für den Trainierten noch für die Zuhörer neu. Der Trainierte hat nur gelernt, mit diesen Mitteln sinnvoll und gezielt zu operieren.

Die Aneignung einer großen Vielfalt an Gestik, Mimik, Körperhaltung usw. erfolgt wesentlich durch Nachahmung. Neben der emotional und spontan gesteuerten Körpersprache agiert jeder Mensch mit einem beeindruckenden Repertoire sozial orientierten Ausdrucksverhaltens. Eine saubere Trennung in emotional/spontan gesteuerte und sozial gesteuerte Körpersprache ist gar nicht möglich, jedoch soll die Unterscheidung nochmals verdeutlichen, daß der Aneignungsprozeß körpersprachlichen Ausdrucksverhaltens nicht bei Null beginnt. Bereits mit dem ersten Kontakt nach der Geburt beginnt die soziale Körpersprache. Im eindringlichen Miteinander von Mutter (meist auch dem anwesenden Vater) und Kind beginnt sofort über zärtlichste Mimik, Blicke, Gesten, Hautkontakte, Küsse und die Stimme eine gegenseitige Kontaktaufnahme, in der Baby und Eltern einander mit allen Sinnen wahrnehmen. Bald »spricht« das Baby mit seinem Körper, und die Erwachsenen erfahren, ob es Hunger oder Schmerzen hat, ob es müde ist, ob ihm alles zu viel wird, ob es entspannt ist, wachsam seine Umwelt beobachtet usw. Das dabei verwendete Ausdrucksverhalten des Babys wird zunehmend ausführlicher und genauer, dadurch für Eltern oder andere Erwachsene verständlicher. PIGHIN & SCHMIDT–FORTH illustrieren jenes wachsende Reper-

toire durch die Beschreibung, wie komplex das körpersprachliche Ausdrucksverhalten schon nach einem viertel Jahr den Zustand der Müdigkeit
bekundet:»... äußert sich die durch Augenreiben, Fäustchen in den Mund
stecken, mit einem Finger eine imaginäre Haarlocke über dem Ohr aufdre-
hen, mit einer Hand etwas Stoff vom Strampler knüllen, halb geschlossene
Augenlieder ...«[5]

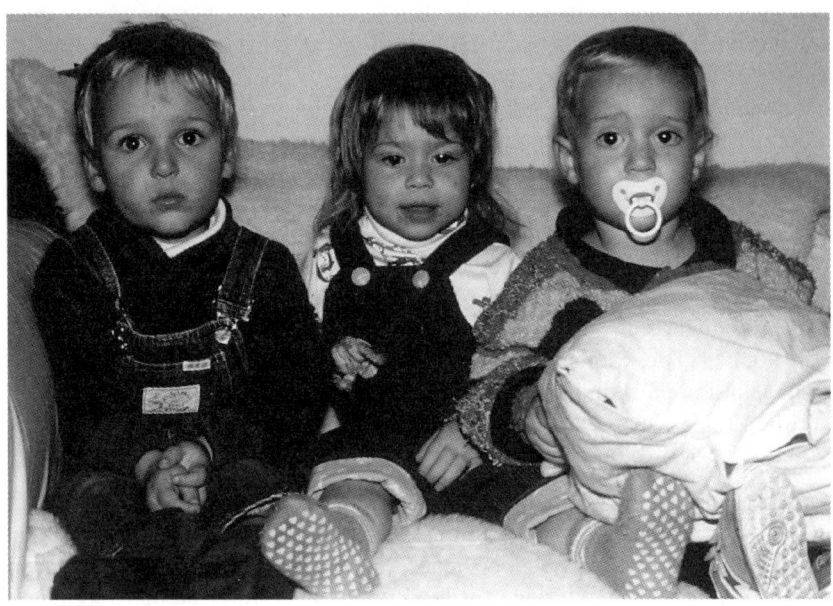

Neben der Komplexität wächst auch der gezielte Einsatz, um beispielsweise
die Eltern zum Spielen zu animieren oder auf den Arm genommen zu werden. Allmählich setzt auch eine Art Optimierung ein. Statt Weinen und
Schreien agiert das Baby zuerst mit einem weinerlichen Gesichtsausdruck,
bevor es sich weiter »verausgabt«. Bald erlaubt die Motorik dem Baby, auf
Entdeckungsreise zu gehen. Dabei entfalten sich neue nonverbale Kommunikationsabläufe, bei denen das Baby • Kontakt zu den Eltern sucht (wenn es
nach einer Krabbelbewegung den Abstand zwischen den Eltern und sich
selbst durch Blicke einschätzt), • Unsicherheit ausdrückt (die Eltern fragend
anblickt, ob es seine Erkundung fortsetzen darf), • Verbote be– und/oder

---

[5] PIGHIN, G./SCHMIDT–FORTH, A.: Die geheime Sprache unserer Kinder – was sie ohne Worte sagen. Kindliche Körpersprache erkennen und richtig deuten. Heyne–Verlag, München 1994, S. 49 ff

mißachtet (Umgang mit dem »Nein!« oder Eingreifen der Eltern[6]), • die Kontrolle der eigenen Körpersprache erlernt (beim Umfallen oder Stößen werden im ersten Augenblick die Anwesenden verdutzt angeschaut und deren Reaktion abgewartet, danach fällt häufig erst die Entscheidung: weinen oder nicht). Das letzte Beispiel veranschaulicht, wie ausgeprägt der Einsatz körpersprachlichen Ausdrucksverhaltens interaktiv definiert wird. Insofern erklärt sich der unvermeidlich Gestalt gebende Einfluß von Kultur, sozialem Milieu bis hin zu prägenden Charakteren. Schritt für Schritt entwickeln sich aus der Wechselwirkung mit der Umwelt Aufbau und Anwendungsmodus des körpersprachlichen Ausdrucksverhaltens. In wachsendem Maße prägt Nachahmung die Körpersprache des Kindes. Neben dem Körpereinsatz bei bestimmten Handlungen (z.B. öffnen und schließen von Behältnissen) schlägt sich das Nachahmen in der gesamten Körpersprache nieder. Gute »Kenner« der Eltern hören und sehen im Kind immer häufiger typische Verhaltensweisen des Vaters und der Mutter. Das legt sich in dem Maße, in dem der Einfluß nehmende Personenkreis bunter wird – Freunde der Familie, Verwandte, Spielfreunde, Erzieherinnen, Kinder des Kindergartens, Lehrkräfte, Personal, Kinder der Schule, Arbeitsgemeinschaften usw.

Von nun an setzt das Kind die angeeigneten körpersprachlichen Ausdrucksformen als Bestandteile des eigenen Repertoires ein. Dabei wechseln Erfolg und Mißerfolg für das Kind in vielfach unverständlicher Weise ab. So hat es bisher beispielsweise bei den Eltern beobachtet und selbst erfahren, daß ein Lächeln ebenfalls als Hilfsmittel zur Besänftigung nützlich ist. Lächelt das Kind hingegen, wenn es für ein Vergehen von Erwachsenen zur Rede gestellt wird, erzürnt dieses Lächeln anstatt zu beschwichtigen. Wenige Momente zuvor hat es aber beschwichtigend gewirkt, als das Kind dem Freund beim Spielen versehentlich weh tat und daraufhin versuchte, diesen mit einem Lächeln zu beschwichtigen. Gleichermaßen unverständlich muß für ein Kind bleiben, wenn es einerseits für seine Art und Weise als altklug getadelt wird, während sich andererseits Familienangehörige oder gute Freunde über gleiches Verhalten amüsieren. Diese freuten sich über die Ähnlichkeit zu typischen Verhaltensweisen der Eltern. Die Vergnügtheit sagte nichts darüber aus, ob die Verhaltensform des Kindes angemessen war. Über solche steinigen Wege lernen Kinder nicht nur körpersprachliche Ausdrucksformen, sondern auch die komplizierten aber ungeschriebenen Gesetze diese einzusetzen. Es Erwachsenen gleich zu tun, ist ihnen als nicht angemessen verwehrt. Wie kompliziert dieser Lernprozeß ist, veranschaulicht vielleicht

---

[6] Daraus entwickelt sich beim Baby rasant schnell ein körpersprachliches Ausdrucksverhalten der Verweigerungen gegenüber Eltern und anderen.

das illustere Spektrum täuschenden Verhaltens. Eben noch grüßte der Vater im Treppenhaus eine Nachbarin ausgesprochen freundlich, kaum in der eigenen Wohnung angekommen, äußert er sich jedoch abfällig über die Frau. Oder: Während eines Telefonats mit einem Verwandten spricht die Mutter betont höflich und sanft, gleichzeitig signalisiert sie dem Vater mit Gestik und Mimik, daß sie sich gestört und genervt fühlt. Oder: Der Oma wird erklärt, die wunderschöne Kristallvase, die sie ihnen zu Weihnachten geschenkt hatte, sei runtergefallen und kaputt gegangen. Dabei hatten die Eltern die Vase rasch an andere Leute verschenkt, weil sie ihnen überhaupt nicht gefiel. Die Aufzählung solcher Beispiele ließe sich fortsetzten. Jeder hat eine vage Vorstellung davon, in welchem Maß der Alltag sie bereit hält. Und solche Verhaltensweisen haben Vorbildwirkung! Wird das Kind bei ähnlichem Täuschungsverhalten ertappt, gilt jedoch meist eine andere »Rechtsprechung«. Dann wird Ehrlichkeit als oberstes Gebot gepredigt. Wenige Minuten später soll das Kind jedoch die ungeliebte Nachbarin höflich grüßen. Mühsam erlernt das Kind zwischen sogenannten Notlügen und »echten« Lügen zu unterscheiden und zwischen der eigenen Pflicht, ehrlich zu sein, bzw. dem Recht der Erwachsenen, Notlügen anzuwenden. Jedoch trägt dieses Härtetraining irgendwann Früchte. Dann nämlich, wenn Kinder in einem nicht zu unterschätzenden Umfang undurchschaubar täuschen können, wenn sie ihre wahren Gefühle verbergen können. Spitzzüngig gesagt wäre das als die hohe Schule körpersprachlichen Ausdrucksverhaltens zu bezeichnen.

Die Fähigkeit zu täuschen zogen amerikanische Wissenschaftler heran, um zu untersuchen, inwieweit Kinder neben der spontanen Körpersprache ihr körpersprachliches Ausdrucksverhalten zugleich kontrollieren können[7]. Ohne an dieser Stelle auf die Untersuchungen detailliert einzugehen, seien einige prinzipielle Ergebnisse erwähnt. So erwies sich, daß Mädchen auffälliger dazu tendieren, andere Gefühle vorzutäuschen als sie eigentlich haben. Bereits mit 9 Jahren vermögen sie gekonnt, positive Gefühle für eine Person oder eine Sache vorzutäuschen, obwohl ihnen weder das eine noch das andere angenehm ist. Jungen dagegen können mit 12 Jahren in überzeugender Weise neutrale Positionen vortäuschen, wenngleich sie tatsächlich unzufrieden oder betrübt sind. Positive Gefühle vermochten weder Jungen noch Mädchen glaubhaft mit negativen oder neutralen Gefühlsäußerungen zu überspielen. Freude konnte also nicht gebremst werden.

---

[7] FELDMAN, R.S.: Development of Nonverbal Behavior in Children. New York 1982

Verhältnis von Wort und Körpersprache im Alltag

Mit dem Begriff Körpersprache werden unterschiedlichste Bilder assoziiert. Die Erinnerung ruft Momente wach, in denen allein der Körper eines Menschen sprach, ohne daß ein einziges Wort fiel. Zum Beispiel der Autofahrer, dem beinahe die Vorfahrt genommen wäre und der dafür dem Verursacher einen Vogel zeigt oder seine flache Hand mit dem nach außen gerichteten Handrücken rasch vor dem Gesicht hin und her schwenkt (Abb. 1 u. 2).

Abbildung 1
Häufig zu beobachtende Gesten »gereizter« Autofahrer

Abbildung 2
Häufig zu beobachtende Gesten »gereizter« Autofahrer

25

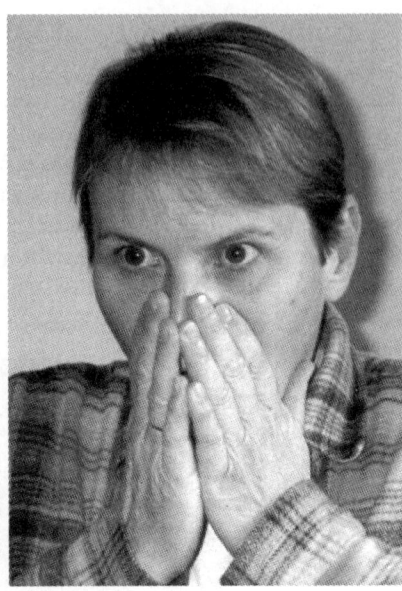

Abbildung 3
Menschen, die einen Schreck bekommen

Abbildung 4
und dabei schützend die Hände vor das Gesicht halten

Abbildung 5
Lachen und Weinen liegen oft dicht beieinander

Es tauchen aber auch Bilder von Menschen auf, die gerade einen großen Schreck bekommen haben, ein entsetztes Gesicht machen oder die Hände vors Gesicht schlagen (Abb. 3 und 4). Erinnerungen an weinende oder herzhaft lachende Menschen werden ebenfalls wach (Abb. 5). Ruft man sich Filme aus der Stummfilmzeit ins Gedächtnis – Oliver Hardy und Stan Laurel avancierten mit »Dick und Doof« geradezu zur Kultserie bis in unsere Tage –, ist unschwer zu ermessen, wie die Vielfalt körpersprachlicher Bilder schier endlos ist. Körpersprachliches Ausdrucksverhalten ersetzt komplett ganze Textbücher. Gesten, Körperhaltungen oder Minenspiele vermitteln dem Zuschauer umfängliche Situationsschilderungen bzw. Befindlichkeiten der dargestellten Personen und machen damit entsprechende Dialogsequenzen überflüssig. Dabei tendieren Gestik und Mimik oftmals zu Übertreibungen, um auch dem »Schwerfälligsten« Inhalt bzw. Aussage einer Szene zu vermitteln. Generell zeichnet die Beherrschung des Handwerkszeugs »Körpersprache« jeden guten Schauspieler[1] aus. Alle handlungsrelevanten Informationen, die der Text nicht enthält, müssen durch die Körpersprache transportiert werden. Und erst vor diesem körpersprachlichen Hintergrund erhält das gesprochene Wort seine komplette Bedeutung. Diese Bemerkung leitet bereits zur Assoziation jener Bilder über, in denen die Körpersprache wortbegleitend auftritt. Zu diesem Zusammenhang gehören markante Gesten, auffällige Minenspiele, nervende Stimmlagen oder hektische Bewegungen ein. Interessanterweise sind es sowohl bei rein körpersprachlichen als auch bei wortbegleitenden körpersprachlichen Äußerungen die ausgefallenen Momente, die jedermann einfallen und die überhaupt bewußt wahrgenommen werden. So wie im Ergebnis der Lehrerbefragung (siehe Abschnitt *LEHRER ÄUSSERN SICH ZUR KÖRPERSPRACHE IHRER SCHÜLER*) auffiel, daß Lehrende die Körpersprache der Mädchen und Jungen erst bei offenkundigen Abweichungen vom Herkömmlichen wahrnehmen, läßt sich genauso für den Alltag sagen, daß Körpersprache erst dann bewußt wahrgenommen wird, wenn sie vom Üblichen abweicht oder wenn sie gegen vorgegebene Regeln verstößt. Das gilt übrigens gleichermaßen für gesprochenes Wort wie für Körpersprache. Verläuft ein Gespräch normal, sind sich die beteiligten Personen nur in den seltensten Fällen – wenn überhaupt – der dabei angewendeten Regeln bewußt. Taucht jedoch eine Abweichung auf, wird diese von den Teilnehmern meist sehr bewußt wahrgenommen, mitunter wirkt sie wie ein Muntermacher. Im reinen Textbereich sind das zum Beispiel grammati-

---

[1] Im Zusammenhang mit dem Beruf des Schauspielens wird gerne die Frage vorgetragen, ob der Lehrer ein Schauspieler sei? Ob er es sein darf oder muß? Da sich vorliegendes Buch der Körpersprache widmet, soll jene Frage an dieser Stelle den Lesenden auf den Leseweg mitgeben werden, um sie aus einem weniger üblichen Blickwinkel zu betrachten.

kalische Fehler, mit denen die entsprechende Person rasch einem bestimmten Milieu zugeordnet wird[2] oder als Dialekt[3] sowie Slang[4] sprechende Person entdeckt ist. Es kann sich aber auch um eine antiquierte oder eine ausgesprochen elegante, beinahe druckreife Wortwahl und Grammatik handeln, die dem Empfänger infolge ihrer Exklusivität besondere Aufmerksamkeit abnötigt.

Körpersprachliche Abweichungen »arbeiten« analog. Klopft beispielsweise jemand zuerst an eine Bürotür, bevor er in ein Büro hineingeht, und grüßt beim Eintritt höflich, findet dieses Verhalten wenig Aufmerksamkeit. Die Mitarbeiter des Büros verwenden kaum einen Gedanken daran, welche Regeln der Kommunikation von der eintretenden Person befolgt wurden – sofern das eben beschriebene konventionell angemessene Verhalten keine kostbare Ausnahme unter den sonstigen Besuchern des betreffenden Büros darstellt. Anders hingegen, wenn eine Person ohne anzuklopfen in das Büro tritt und einen mürrisch klingenden Gruß äußert. Bevor die Mitarbeiter sich in diesem Fall für das Ansinnen der Person interessieren, befassen sie sich gedanklich mit den soeben abgelaufenen Verstößen.

Wenn Abweichungen oder Verstöße stets Aufmerksamkeit erregen, ist anzunehmen, es gibt ein »Gedächtnis«, in dem Regelmäßigkeiten gespeichert sind, die eigentlich zu befolgen wären. In diesem »Gedächtnis« befinden sich sämtliche Regeln und Normen, die man im Verlaufe seiner bisherigen Sozialisation erworben hat. Ein Regelgedächtnis also, das sich aus Angeborenem, aus kultur– sowie milieuspezifischen Belehrungen, Beobachtungen, Erfahrungen, ästhetischem Empfinden, rational Angeeignetem, taktischem Wissen und dergleichen speist. Die Aufzählung macht anschaulich, daß solch ein »Gedächtnis« bei jedem Menschen relativ individuelle Gestalt besitzen muß. Beim Lesen der Beispiele für verbale und nonverbale Abweichungen ist sicherlich die Überlegung aufgetaucht, ob das, was als Abweichung dargestellt wurde, manch einem völlig normal erscheint. Im Alltag ist das möglicherweise der Fall. Die Auswahl ist jedoch von der Hoffnung getragen, Leser dieses Textes würden die genannten Beispiele sehr wohl als Abweichung empfinden. Andererseits sind aber Ohr und Auge gerade den erwähnten Abweichungen täglich so häufig ausgesetzt, daß das »Gedächtnis« bereits immun ist und diese Abweichungen nicht mehr registriert, geschweige denn mit großem Erschrecken bemerkt. Dennoch bleiben es Abweichungen oder gar Verstöße.

---

[2] Beispiele: »Den seine Tasche ...« oder das etablierte Speisekartendeutsch »Eis mit Früchte«
[3] Beispiele: aus Berlin »Ick frage dir mal wat.« oder aus Bayern »Die Leute, die wo da stehen«
[4] Beispiele: »Ej, Alter, komm mal her!« oder »Willst de mir anmachen?«

Es stellt sich die Frage, warum hier von »Gedächtnis« statt von Regelsystem oder von Wissenssystem die Rede ist. Das hängt mit der eben erwähnten Funktionsweise zusammen. Im Normalfall ist es so, Regeln für die verbale oder nonverbale Kommunikation werden nicht abstrakt hergenommen, um ihnen Folge leistend jede Rede und Bewegung zu planen bzw. zu steuern. Zumeist redet der Mensch automatisiert. Erst, wenn etwas »schief läuft«, stellt er fest, Regeln verletzt zu haben. Dann erinnert sich nämlich besagtes »Gedächtnis« und bemerkt den Unterschied zu gelungenen Sprechabläufen bzw. zu bestehenden Regeln:

- wenn beispielsweise am Ende eines Bandwurmsatzes plötzlich das Gefühl entsteht, die Grammatik sei nicht mehr stimmig zu der des Satzanfangs,
- wenn die Wortwahl als doch nicht für den Zuhörerkreis geeignet scheint, weil sie zu lax oder zu intellektuell ist,
- wenn die Stimme aus Erregung zu laut oder zu hoch angesetzt ist,
- wenn die Faust auf dem Tisch zu laut landet, um damit den Worten Nachdruck zu verleihen.

In jedem Fall signalisiert das eigene »Gedächtnis« oder/und das der Zuhörenden eine Abweichung. In solchen Momenten entziehen Art und Weise der Abweichung oft dem Inhalt, um den es eigentlich geht, die Aufmerksamkeit.

Aber nicht immer findet Kommunikation spontan statt. Es gibt Situationen, für die Worte und Verhaltensweisen gründlich vorbereitet werden können. Beispielsweise im Vorlauf zu:

- einem persönlichen Gespräch mit einem Schüler oder einer Schülerin, in dem der plötzliche und unerklärliche Leistungsabfall besprochen werden soll,
- einem Elternhausbesuch oder einer geplanten Unterredung mit den Eltern während der Elternsprechstunde in der Schule,
- einer Elternversammlung oder
- einem Vorstellungsgespräch usw.

Solche oder ähnliche Situationen besitzen zwei entscheidende Merkmale: sie treten nicht unvorhergesehen auf und können wichtig sowie auch folgenreich sein. Deshalb kann und will man dem, was man sagt und erst recht wie man es sagt, Vorbereitung sowie Aufmerksamkeit widmen. In den seltensten Fällen erfolgt diese Vorbereitung absolut minutiös, wie vielleicht bei einem wörtlich ausgearbeiteten Vortrag, für den keine Diskussion oder Gegenrede zu erwarten ist. In solch einer Konstellation ist denkbar, jedes Wort, jede Betonung, jeden Blick, jede Zäsur und jede Geste vorauszuplanen. In Fällen, in denen mindestens zwei Personen miteinander interagieren, ist die Vorbereitung bereits dadurch gehandikapt, daß sich das Verhalten der anderen Person nur begrenzt antizipieren und damit das eigene nur vage vorbereiten läßt. In Momenten unvorhergesehenen Verhaltens der anderen Person kann das eigene Kommunizieren von grundsätzlichen Maximen geleitet werden, die zuvor bedacht wurden, en detail wird dann jedoch durch das »Gedächtnis« nachgearbeitet. Es kommt zur Feststellung, etwas ist unkorrekt formuliert oder unglücklich dargeboten worden bzw. die Reaktion der anderen Person verdeutlicht Unverständnis. Unklar bleibt, ob der gesprochene Inhalt nicht akzeptiert wird, ob er falsch verstanden wurde, ob nicht der richtige Ton gewählt wurde oder ob das »Gedächtnis« der anderen Person völlig andersartige Regeln oder Wertigkeiten als Norm betrachtet und deshalb aus seiner Sicht treffendere Worte bzw. ansprechendere Formen erwartet hätte.

Die Tatsache einer individuellen Gestalt jeden »Gedächtnisses« der Gebote und Verbote für die zwischenmenschliche Kommunikation hat zweierlei zur Folge: Zum einen sind Mißverständnisse bei unterschiedlichen »Gedächtnissen« vorprogrammiert und zum anderen läßt sich angesichts der vermiedenen Mißverständnisse feststellen, daß es wiederum doch sehr große Ähnlichkeiten zwischen den einzelnen »Gedächtnissen« der Menschen eines Kulturkreises geben muß. Dennoch wird es niemandem vergönnt sein, sich jedem Menschen – und das ausnahmslos – verständlich zu machen. So wie ein Kind noch nicht das Regelwerk der Ironie beherrscht und durch spitze Bemerkungen Erwachsener vielmehr verunsichert als belehrt wird, genauso betrachten jene, die andere auf der Straße anpöbeln, eine ernsthafte und höfliche Aufforderung, dies doch zu unterlassen, eher als Verspottung und werden kaum von weiteren Anpöbelungen der betreffenden Person absehen. Andererseits lassen sich durch nahezu identisches Auftreten in unterschiedlichen Situationen und gegenüber unterschiedlichen Personen gleiche Effekte erzielen. Wer beispielsweise empört ausruft »Das möchte ich nicht noch mal hören!« wird sowohl von Kindern, Arbeitskollegen, Familienmitgliedern oder anderen Personen verstanden. Auch, wenn die Reaktionen auf diese Bemerkung von den genannten Personen ausgesprochen unterschiedlich ausfallen können, so empfängt jeder klar die Botschaft, und in fast allen Fällen erzeugt der genannte Ausruf eine Schrecksekunde beim Empfänger. Andererseits werden die Ausführungen im weiteren belegen, selbst bei übereinstimmenden »Gedächtnissen« lassen sich leichter Mißverständnisse als ein Verstehen erzeugen. Das liegt nicht zuletzt an der Körpersprache und damit an der Art und Weise, wie etwas gesagt wird. Ist es nicht die pure Empörung, die den Satz »Das möchte ich nicht noch mal hören!« trägt, sondern wird er mild lächelnd und mit ruhiger Stimme geäußert, signalisiert dieses Paket aus Wort und Körpersprache, daß es sich noch um eine letzte Warnung handeln könnte. Wie gesagt: ... handeln *könnte*. Zwischenmensch-

liche Kommunikation zeigt sich demzufolge nicht nur als Austausch von Nachrichten, sondern gleichermaßen als unvorhersehbare Folge von Verstehen und Mißverstehen.
Der Kommunikationstheoretiker WATZLAWICK stellte eine Axiomatik auf, um zu definieren, was Kommunikation überhaupt ist. In dieser Axiomatik sagt er unter anderem, jede zwischenmenschliche Kommunikation enthält einen Inhalts– und einen Beziehungsaspekt. Das ist plausibel und wenig spektakulär. Schließlich leuchtet jedem ein, daß man mit den Worten einen Inhalt kennzeichnet und mit der Art, wie man es sagt, eine Beziehung zu jemandem definiert.

Abbildung 6
Partnerschaftliche und ermunternde Aufforderung durch den Lehrer

Abbildung 7
Herablassende Aufforderung durch den Lehrer

Folgendes Beispiel illustriert, wie mit wenigen Mitteln ein und derselbe Text extrem unterschiedliche Qualitäten von Beziehungen demonstriert: Nachdem der Mathematiklehrer eine Aufgabe gestellt hat, wendet er sich zu einem Jungen und fragt
1) mit freundlich ruhiger Stimme »Hast Du eine Idee, wie man an die Lö-

sung dieser Aufgabe herangehen könnte?«. Dabei weist er mit geöffnetem Arm auf den Jungen und blickt ihn freundlich an. (vgl. Abb. 6)

2) sachlich auffordernd »Hast Du eine Idee, wie man an die Lösung dieser Aufgabe herangehen könnte?«. Dabei stellt er sich direkt vor den Jungen, hält seine Arme verschränkt über der Brust und richtet seinen Blick starr auf den Jungen. (vgl. Abb. 7)

Während die erste Variante vermuten läßt, der Lehrer möchte zusammen mit dem Schüler und der gesamten Klasse die Lösung erarbeiten, vermittelt die zweite Variante das Gefühl, der Schüler soll examiniert werden. In der ersten Variante lädt der Lehrer den Schüler durch einen freundlichen Ton und seinen geöffneten Arm ein, seine Gedanken bei der Lösung der Aufgabe einzubringen. In der zweiten baut sich der Lehrer regelrecht vor dem Schüler als Wand auf. Sein Ton, der von oben nach unten gerichtete Blick sowie die verschränkten Arme wirken herabsetzend und ablehnend. Nicht die Aufgabe sondern das Vermögen des Schülers, einen Lösungsvorschlag geben zu können, stehen im Mittelpunkt. Obwohl der Wortlaut der Frage in beiden Fällen identisch ist, qualifiziert der unterschiedliche Stil, in dem die Frage vom Lehrer jeweils gestellt wurde, die Beziehung zwischen Schüler und Lehrer geradezu gegensätzlich.

Zurück zum Axiom WATZLAWICKs: Viel spektakulärer als die Erkenntnis, daß jede Kommunikation einen Inhalts– und einen Beziehungsaspekt besitzt, ist der zweite Teil dieses Axioms. Er besagt, daß der Beziehungsaspekt den Inhalt bestimmt[5]. Das ist wesentlich komplizierter zu verarbeiten, denn es läuft letztlich darauf hinaus, egal, was man sagt, ausschlaggebend ist, wie man es sagt. Selbstverständlich kann nicht jedem Inhalt eine endlose Beliebigkeit durch die Art, wie man ihn vorträgt, eingepflanzt werden. Auch der Inhalt bestimmt, welche Elemente der Darstellungsweisen überhaupt in Frage kommen. So wird man Vorgesetzten kaum mit Schadenfreude oder offensichtlich genießerisch mitteilen, daß man in den nächsten Tagen nicht als Arbeitskraft verfügbar ist, weil ein Krankenhausaufenthalt erforderlich wird. Dieser Inhalt beschränkt die Vielfalt der Darstellung

---

[5] »Jede Kommunikation hat einen Inhalts– und einen Beziehungsaspekt, derart, daß letzterer den ersten bestimmt und daher eine Metakommunikation ist.«
WATZLAWICK, P./BEAVIN, J.H./JACKSON D.D.: Menschliche Kommunikation. Formen, Störungen, Paradoxien. Verlag Hans Huber, Bern 1990, S. 56
(Metakommunikation – simpel übertragen steht der Begriff Metakommunikation für Kommunikation über Kommunikation. Jede zwischenmenschliche Kommunikation enthält gleichzeitig eine Metakommunikation. Beispiel: Mit freundlichem Ton signalisiert man dem Gesprächspartner, wie man mit ihm kommunizieren will. Man kommuniziert mit Hilfe des freundlichen Tons also über die Kommunikation.)

bereits auf konkrete Formen. Allerdings lassen sich innerhalb dieser Formen Nuancen setzen. Lediglich Sprechweise und Körperhaltung ermöglichen, den Sachverhalt so zu schildern, daß sich der Gesprächspartner »eingeladen« fühlt, anteilnehmend Details zu erfragen oder daß klar ist, man will darüber nicht reden, sondern nur die Folgen für anstehende Aufgaben klären.

Das wirft ein neues Licht auf die Körpersprache. Spricht die Überschrift noch vom Verhältnis von Wort und Körpersprache im Alltag und erweckt damit Vorstellungen von Proportionen, führen die Beispiele und die Aussagen WATZLAWICKs logisch zu der Feststellung: die Körpersprache beläuft sich stets auf 100%. Schließlich kann man nichts sagen, ohne daß der Körper mitredet und so den Wortinhalt beeinflußt bzw. nach Watzlawick sogar bestimmt. Noch zugespitzter: selbst wenn man nichts sagt, redet der Körper weiter. WATZLAWICK formuliert das noch einleuchtender: »*Man kann nicht* nicht *kommunizieren.*« [6].

Kanäle körpersprachlichen Ausdrucksverhaltens		
visuell	*auditiv–akustisch*	*vegetativ*
⇨ Augensprache ⇨ Gestik ⇨ Mimik ⇨ Körperhaltung ⇨ Pantomimik ⇨ Haare	⇨ Klangfarbe der Stimme ⇨ Stimmstärke ⇨ Sprechtempo ⇨ Sprechmelodie ⇨ Sprechrhythmus	⇨ Erröten ⇨ Erblassen ⇨ Zittern ⇨ Schwitzen
Proxemik	*olfaktorisch*	*gustatorisch*
⇨ Verhalten/Bewegung im Raum ⇨ Sitzordnung ⇨ Sprechdistanz	⇨ Körpergeruch (Schweiß, Parfüm, Rauch, Mundgeruch)	⇨ Geschmack (Küssen, Lecken)
taktil	*thermal*	
⇨ Beziehungssignale ⇨ Interaktionssignale ⇨ Zeremoniesignale	⇨ Körperwärme	

Abbildung 1
Übersicht zu den Ausdruckskanälen der Körpersprache

---

[6] Ebenda, S. 53.

Welche Kanäle sind es eigentlich, über die man sich körpersprachlich äußern kann und mit denen sich die Inhalte der Kommunikation bestimmen lassen? Die umseitig stehende Abbildung (Abb. 8) bietet vorerst eine schematische Übersicht, welche Kanäle sich unterscheiden lassen und faßt die wesentlichen Elemente des jeweiligen Kanals zusammen. Detaillierte Betrachtungen zu den einzelnen Kanälen erfolgen in den entsprechenden Abschnitten.

Vielfach assoziiert man den akustisch wahrnehmbaren Kanal gar nicht als Körpersprache. Er ist so unmittelbar an das Wort gebunden, daß er oft als das Wort selber begriffen wird. Mitunter findet sich in der Literatur eine Trennung in Körpersprache und in sogenannt paralinguistische Phänomene [7] bzw. eine Unterscheidung des nonverbalen Verhaltens in vokales und non-vokales [8]. Will man die kulturspezifischen Rückkopplungen zwischen Sprache und Stimme analysieren, macht das Herauslösen des akustisch wahrnehmbaren Kanals aus dem Bereich der Körpersprache Sinn. Hier stellt er jedoch einen von insgesamt acht Bereichen dar. Sie werden im Folgenden näher besprochen. Zuvor soll jedoch aus einer anderen Perspektive die Frage des Verhältnisses von Wort und Körpersprache im Alltag eingeschätzt werden.

Die bisherigen Bemerkungen sind beredtes Zeugnis für die Gleichzeitigkeit von Wort und Körpersprache. Das gesprochene Wort existiert in der zwischenmenschlichen Kommunikation nicht ohne körpersprachliches Ausdrucksverhalten. Zwischenmenschliche Kommunikation bedeutet in jedem Fall eine Situation, an der mindestens zwei Personen beteiligt sind. Die Kommunikationsform per Text ist nicht gemeint! Auch dann nicht, wenn zwei Personen online Textkommunikation betreiben. In das geschriebene Wort ist keine nonverbale Ausdrucksweise eindeutig integrierbar. Zwar helfen neben der Interpunktion diverse Hervorhebungen (Unterstreichung, Farbe, Kursiv etc.), gewisse Akzentuierungen einzelner Worte oder Textteile zu vermitteln. Das körpersprachliche Ausdrucksverhalten des Verfassers oder der Verfasserin, mit dem er oder sie den Text leibhaftig vortragen würde, läßt sich nicht an den schriftlichen Text binden. Für Sachtexte ist das weniger problematisch als für persönliche oder belletristische. Sie müssen all jene Stimmungsmomente, die über körpersprachliche Kanäle kommuniziert würden, in Worte fassen können. Wie schnell ergibt sich eine Situation, in der trotz größten Wortreichtums nicht die richtigen Worte zu finden

[7] WATZLAWICK, P./BEAVIN, J.H./JACKSON D.D.: Menschliche Kommunikation. Hans Huber, Bern 1990, S. 51.
[8] HELFRICH, H./WALLBOTT, H.G.: Theorie der nonverbalen Kommunikation. In: ALTHAUS, H.P. /HENNE, H./WIEGAND, H.E.: Lexikon der Germanistischen Linguistik. Niemeyer, Thübingen 1988

sind, um ein Gefühl oder eine Stimmung zu verbalisieren. Sofern man mit der Person, die einen Text verfaßt hat, vertraut ist, liest man oftmals deren körpersprachliches Ausdrucksverhalten mit. Im Geiste hört und sieht man diese Menschen in typischer Art und Weise die Worte vortragen, die man gerade liest. Mitunter verstehen deshalb Vertraute einen Text wesentlich deutlicher als Fremde. Vertraute wissen ziemlich genau, auf welche Weise der Verfasser Gedanken zu einer bestimmten Thematik ausdrücken würde und wie einzelne Aussagen nur gedacht sein können. Aber dieses Feld der Schreibtextkommunikation ist nicht gemeint. Die Bemerkungen belegen jedoch, daß selbst im Fall der ausgeschlossenen Präsenz von Körpersprache Hilfsmittel konstruiert werden, die eben den Wegfall der Körpersprache kompensieren. Dadurch erhöht sich der Informationswert.

Mit dem Begriff Information wird jene Perspektive eröffnet, unter der sich das Verhältnis von Wort und Körpersprache quantifizieren läßt. Wieviel Informationen erreichen uns in der alltäglich stattfindenden zwischenmenschlichen Kommunikation pur durch das Wort bzw. das körpersprachliche Ausdrucksverhalten?! Da das körpersprachliche Ausdrucksverhalten pausenlos arbeitet und damit permanent Informationen aussendet, kann sein Anteil nie Null sein. Um vermöge der eigenen Körpersprache Informationen auszusenden, bedarf es nicht einmal einer Absicht. Unabhängig, ob Menschen in einer beliebigen Situation einander kennen oder nicht, miteinander schweigen oder gar nichts miteinander zu tun haben möchten. Bereits die Sitzhaltung einer Person stellt eine verfügbare Information dar. Diese Sitzhaltung kann eine zusammengesunkene, eine aufrechte, eine unruhige oder eine lümmelnde sogar fläzende sein, und die Person kann dabei schreiben, ein Buch oder eine Zeitung lesen, sich schlafend stellen oder andere anschauen. In jedem Fall stellt das Verhalten der Person eine Information dar. Solche wortlosen Situationen sind im Wartezimmer einer Arztpraxis anzutreffen, aber auch während einer Klassenarbeit. Die Vielzahl der wortlos ausgesandten und möglicherweise empfangenen Informationen ist nicht zu erfassen. Zu dieser rein körpersprachlich ausgedrückten Informationsmenge addieren sich im Alltag noch jene Informationen, die dem gesprochenen Wort durch die Körpersprache zusätzlich und synchron verliehen werden. Semantisch scheint der Inhalt des Wortes »Dankeschön« relativ eindeutig festgelegt. Aber wer kennt schließlich nicht den Variationsreichtum dieses *Dankeschöns* von freudig über höflich, beiläufig, überrascht bis hin zu ungeduldig usw..

Die Abbildungen 9 und 10 zeigen zwei Gesichtsausdrücke, mit der die fotografierte Person das Wort »Dankeschön« äußert.

Abbildung 2
Freudiges Dankeschön

Abbildung 3
Patziges Dankeschön

Der sehr unterschiedliche Informationsgehalt, den verschiedene *Danke-schöns* besitzen können, wird hier auch visuell anschaulich. Die im Wörter-buch fixierte semantische Information wird also durch eine sogenannt para-semantische Information flankiert, mitunter sogar überformt. So wird vor-stellbar, daß der Anteil des Wortes an der gesamten Informationsmenge in der zwischenmenschlichen Kommunikation gar nicht so überwältigend groß ist. Untersuchungen[9] beziffern das Verhältnis entsprechender Informati-onsmengen:

$$\text{Wort : Körpersprache} = 20\% : 80\%.$$

Vereinzelt finden sich Verhältnisangaben, die den Beitrag des Wortes zur gesamten Informationsmenge noch kleiner beziffern. 5% mehr oder weniger beeinträchtigen kaum die grundsätzliche Größenordnung dieser Relation. Sie wird unter Umständen unerwartet ausfallen und vielleicht Skepsis her-vorrufen. Eine Analyse der zwischenmenschlichen Kommunikation im eigenen Alltag auf Informationsangebote hin, die den Menschen aus-schließlich durch das Wort oder über pure Körpersprache erreichen, bestä-tigt eine Relation in der genannten Größenordnung. Tatsächlich formiert sich die Informationsmenge des körpersprachlichen Ausdrucksverhaltens sowohl aus absichtlich als auch unabsichtlich gesendeten Signalen. Zum

---

[9] WOLFGANG, A.: Nonverbal Behavior. Applications and Cultural Implications. New York 1979

einen erfüllt die Körpersprache konkrete Funktionen in der zwischenmenschlichen Kommunikation – das wären die mehr oder weniger absichtsvoll gesendeten Signale – und zum anderen stellt quasi jede Bewegung oder
Haltung des Körpers ein Signal dar – das wären mehr oder weniger unabsichtlich ausgesandte Signale. Letzteres veranschaulicht nochmals WATZ-
LAWICKs »*Man kann nicht* nicht *kommunizieren.*« [10] Dieses Axiom fußt darauf, daß a) jedes Verhalten eine Information darstellt und man sich b) nicht
nicht verhalten kann. Verhalten besitzt schließlich kein Gegenteil [11]. Auch,
sofern man sich nicht verhalten will, verhält man sich bereits wieder. Wenn
nun jedes beliebige Verhalten einer Person A für eine Person B eine Information darstellen kann, obwohl A möglicherweise gar nicht weiß, daß B sie
wahrnimmt, entstehen allerdings zwei Fragen.

1. Enthält jedes Verhalten eine eindeutig entschlüsselbare Information?
2. Auf welcher Grundlage definiert der Empfänger den Informationsgehalt?

Die folgenden Ausführungen zu Funktionen des körpersprachlichen Ausdrucksverhaltens sowie zu den einzelnen Kanälen helfen bei der Beantwortung.

Funktionen körpersprachlichen Ausdrucksverhaltens in der zwischenmenschlichen Kommunikation

Der Abschnitt *KÖRPERSPRACHE – KÖRPERSPRACHLICHES AUS-
DRUCKSVERHALTEN ALLGEMEIN* zählte unter anderem 5 Punkte auf, mit
denen die kommunikative Effizienz der Körpersprache zum Ausdruck
gebracht wird. Abgesehen davon, daß der Gesichtspunkt einer Effizienz
nicht der entscheidende für den Bestand der Körpersprache ist – der Mensch
kann sich seiner Körpersprache ohnehin nicht entledigen –, lenkt diese
Betrachtungsweise aber den Blick auf die funktionale Seite des körpersprachlichen Ausdrucksverhaltens. Die bisherigen Bemerkungen illustrierten, inwiefern Worte vermöge der Körpersprache transportiert und präzisiert
werden. In diesem Zusammenhang erfolgte jedoch keine systematische Aufschlüsselung, welche Funktionen das körpersprachliche Ausdrucksverhalten
dabei übernehmen kann. Diese Problematik ist Gegenstand vorliegenden
Abschnitts. Neben einer systematischen Übersicht werden die Ausführungen
illustrieren, welche Möglichkeiten und Grenzen die einzelnen Funktionen

---

[10] WATZLAWICK, P./BEAVIN, J.H./JACKSON D.D.: Menschliche Kommunikation. Verlag Hans Huber, Bern 1990, S. 53.
[11] Ebenda, S. 52.

für eine Instrumentalisierung des körpersprachlichen Ausdrucksverhaltens erlauben. D.h., wie kann die Körpersprache gezielt eingesetzt werden, um Informationen verständlich und überzeugend auszusenden bzw. umgekehrt, um ihr Informationen zu entnehmen. Die Gratwanderung solcher Überlegungen entlang suggestiver Tendenzen ist unvermeidlich.

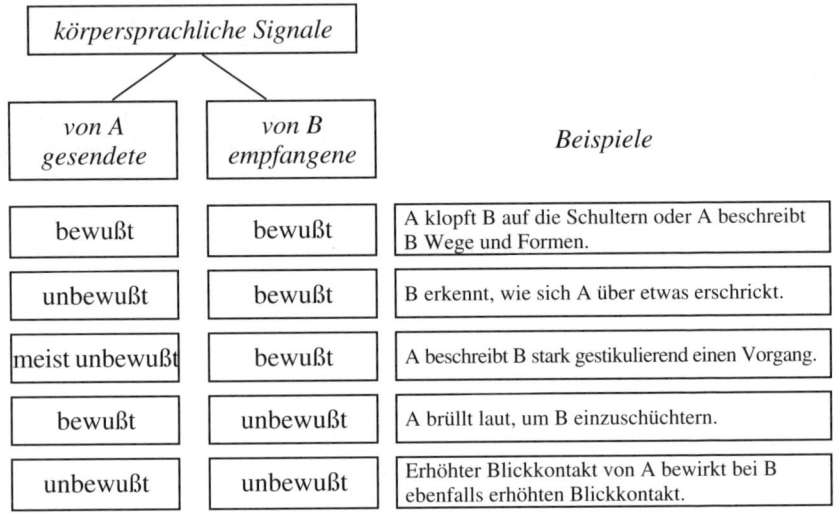

körpersprachliche Signale		
von A gesendete	*von B empfangene*	*Beispiele*
bewußt	bewußt	A klopft B auf die Schultern oder A beschreibt B Wege und Formen.
unbewußt	bewußt	B erkennt, wie sich A über etwas erschrickt.
meist unbewußt	bewußt	A beschreibt B stark gestikulierend einen Vorgang.
bewußt	unbewußt	A brüllt laut, um B einzuschüchtern.
unbewußt	unbewußt	Erhöhter Blickkontakt von A bewirkt bei B ebenfalls erhöhten Blickkontakt.

Abbildung 1
Bewußtheit über gesendete und empfangene Signale

Bedingt durch körpersprachliches Ausdrucksverhalten besteht permanent eine Beeinflussungs- und Suggestionsgefahr, die nicht einmal gezielt verfolgt werden muß. Für die bisher beschriebenen Beispiele gesendeter Signale wurde immer wieder darauf hingewiesen, daß es sich sowohl um absichtlich als auch unabsichtlich, um bewußt als auch unbewußt gesendete Signale handeln kann. Gleichermaßen bewußt oder unbewußt kann auch der Empfang stattfinden. Unabhängig von der Frage, wie bewußt Signale gesendet bzw. empfangen werden, lassen sich Wirkungen beim Empfänger hervorrufen, derer er sich ebenso bewußt oder unbewußt sein kann. In diesem Gefüge besteht immerwährend das Risiko mehr oder minder gewünschter Suggestion. Geringstenfalls erfolgt jedoch eine Beeinflussung. Und sei es nur jene, daß die kopflose Schilderung eines Ereignisses beim Empfänger entweder die gleiche Betroffenheit erzeugt oder Zweifel am sachlichen Urteilsvermögen des Senders hervorruft. In Abb. 1 sind mögliche Konstellationen zusammengestellt, inwieweit sich Sender und Empfänger körpersprachlicher Signale bewußt sein können. Jede dieser dargestellten Konstellationen besitzt darüber hinaus Nuancierungen, und es existieren Zwischenstufen, so daß sich das Maß der Bewußtheit nicht nur binär mit *Ja* und *Nein* beschreiben läßt. *Ja* und *Nein* stellen die obere und untere Begrenzung eines Kontinuums von Bewußtheitsgraden dar, die ein Signal beim Sender oder Empfänger dirigieren.

Die erwähnte Beeinflussung – ob absichtsvoll oder nicht – ist vor allem möglich, weil das körpersprachliche Ausdrucksverhalten funktional Aspekte der zwischenmenschlichen Kommunikation realisiert. Grundsätzlich lassen sich 4 Funktionen der Körpersprache unterscheiden [1]. Abb. 2 orientiert mit einer Übersicht auf diese noch im einzelnen zu erläuternden Funktionen.

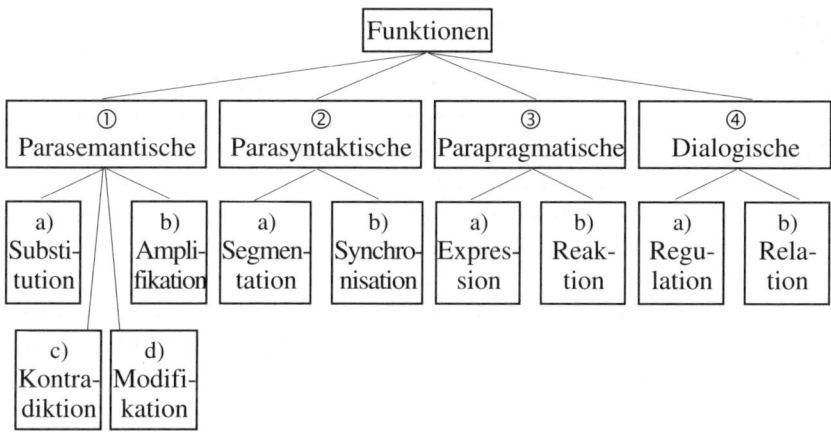

Abbildung 2
Funktionen der Körpersprache in der zwischenmenschlichen Kommunikation

① Parasemantische Funktion

Sie umfaßt jenen Teil des körpersprachlichen Ausdrucksverhaltens, der mit der Übermittlung von eigenständigen und nebengeordneten Bedeutungen zusammenhängt.

a) Körpersprache kann Worte ersetzen. Ohne begleitende verbale Signale übermittelt die Körpersprache Bedeutungen, Informationen.

---

[1] ALANDER–NIEMANN, M.: Untersuchungen nonverbaler Kommunikation mittels Survival–Analyse, 1982

Beispiel:
Eine Bewegung, die signalisiert, die andere Person möge still sein. Der gestreckte Zeigefinger wird senkrecht vor den Mund gehalten, vielfach wird dabei der Mund leicht gespitzt, und die Augen werden kurz geschlossen.

Diese parasemantische Funktion, bei der Worte ersetzt werden, ist in der Literatur als *Substitution* und die entsprechende körpersprachliche Äußerung, für die in der Gesellschaft stilles Übereinkommen hinsichtlich der Bedeutung besteht, als *Emblem* [2] beschrieben. Andere geläufige Embleme wären beispielsweise: applaudierendes Klatschen, jemandem die Daumen drücken, Zuzwinkern, Winken, Schulterklopfen, Schulterzucken, Kopfschütteln, Nicken, jemanden mit dem Zeigefinger heranwinken, beleidigende Gesten wie • das Drohen mit der Faust, • der hochgestreckte Mittelfinger (umgangssprachlich als Stinkefinger bekannt), • der Stoß mit dem Unterarm, wobei dessen Hand zur Faust geballt ist und der Oberarm in Höhe des Bizeps mit der anderen Hand festgehalten wird, • mit dem Finger in Höhe der Schläfen an die Stirn tippen (einen Vögel zeigen), • die Zunge aus dem Mund strecken, oder verspottende Gesten wie • jemandem die lange Nase zeigen, dabei berührt der Daumen die eigene Nasenspitze und die gespreizten Finger der Hand vollführen eine zappelnde Bewegung, • Ohrenwackeln, bei dem die Daumen beider Hände leicht die Ohren berühren und wiederum die gespreizten Finger der Hände eine zappelnde Bewegung vollführen, • betont überzogenes Angrinsen einer Person, wobei die Mundwinkel auffällig und ruckartig nach oben gezogen werden, usw. Unschwer ließe sich eine Unmenge weiterer *Embleme* aufzählen.

b) Körpersprache kann die Bedeutung von Worten hervorheben, akzentuieren oder illustrieren. Mit entsprechenden Mitteln wird die Bedeutung des Wortes verstärkt, deshalb wird diese Funktion auch als *Amplifikation* bezeichnet.

Beispiele:
Betonen (lauteres, gedehntes Sprechen), illustrierende und verdeutlichende Gesten (Formen, Bewegungen, Distanzen oder Stückzahlen werden mit den Händen und/oder Fingern beschrieben, auf redebezogene Objekte wird gedeutet/gezeigt), emotionales Sprechen (Mimik und Gestik, die Zorn, Ekel, Furcht oder Freude markieren, die Stimm– und Atemfrequenz steigen), Sprechpausen etc.

c) Körpersprache kann der Bedeutung des Wortes widersprechen oder sie

---

[2] EFRON, D.: Gesture and Environment. New York 1941 *sowie* EKMAN, P./FRIESEN, W.V.: Nonverbal Leakage and Clues to Deception. In: Psychiatry, 1969, Vol. 32, S. 83-105.

aufheben. Das kann beispielsweise jenes Ausdrucksverhalten sein, bei dem der Empfänger das Wort »Ja« hört, dem körpersprachlichen Ausdrucksverhalten jedoch ein »Nein« entnimmt.

Beispiel:
Wenn das Kind die Mutter fragt »Darf ich auf den Hof spielen gehen?« und die Mutter »Ja« antwortet, wobei sie vor dem »Ja« hörbar Luft ausstößt (stöhnt), ihre Schultern kurz anhebt und ihr Sprechen enttäuscht klingt. Das Kind hört zwar ein »Ja«, es sieht und hört im selben Augenblick aber auch, daß im Moment das Spiel des Kindes auf dem Hof von der Mutter nicht erwünscht ist. Die Körpersprache der Mutter widerspricht der Bedeutung des Wortes »Ja«. Das Kind entnimmt verschiedenen Kanälen unterschiedliche Bedeutungen.

Das Phänomen der Gleichzeitigkeit unterschiedlicher Signale auf verschiedenen Ausdruckskanälen (vgl. Abschnitt *KANÄLE KÖRPERSPRACHLICHEN AUSDRUCKSVERHALTENS*) ein und derselben Person wird als *Kanaldiskrepanz* beschrieben und die Funktion der Körpersprache mit *Kontradiktion*. Diese Funktion ist häufig im Alltag anzutreffen, wenn die von einer Person getroffene Entscheidung nicht die ungeteilte Zustimmung anderer Personen findet, letztere jedoch keine inhaltliche Diskussion wünschen oder zu suchen wünschen. In solchen Situationen fallen dann Äußerungen wie »Es ist Ihre Entscheidung.« oder »Sie müssen ja wissen, was sie tun.«. Die solche Sätze begleitende Körpersprache macht eine Ablehnung der betreffenden Entscheidung sichtbar (hängende Schultern, die nur kurz gehoben werden, der anderen Person gegenüber erhobene Hände, Wechsel der Blickrichtung zwischen der Person und nach unten, Stirnrunzeln u.a.m.).

d) Körpersprache kann die Bedeutung des Wortes verändern.

Beispiele:
• Damit die Absage an jemanden nicht unhöflich und abweisend klingt, begleitet man sie durch ein entschuldigendes Lächeln und neigt eventuell den Kopf etwas seitlich. • Um die tatsächliche Ernsthaftigkeit einer üblicherweise spaßigen Äußerung zu verdeutlichen, trägt man sie sehr bedeutungsschwer vor. In solchem Fall wird »Das war aber hart am Wind!« betont und etwas gedehnt gesprochen, mitunter wippt der Kopf im getragenen Rhythmus des Sprechens mit, der Empfänger wird ernst angeblickt und der Satz möglicherweise durch ein Stöhnen eingeleitet.

Diese parasemantische Funktion der Körpersprache gilt als *Modifikation*.

② Parasyntaktische Funktion

Hier fungiert das körpersprachliche Ausdrucksverhalten als eine Art Ersatz für die Interpunktion der Sätze.

a) Körpersprachlich werden Satzstrukturen markiert

Beispiele:

• Nebensätze (leichtes Heben und Senken der Stimme, kleine Sprechpausen, Hände gestikulieren eventuell einen Einschub bzw. eine Anfügung), • Satzenden (Senken der Stimme), • Ausrufungs– oder Fragezeichen (Heben der Stimme und erhöhte Stimmfrequenz), • Doppelpunkt (Stimme bleibt gehoben, und eine ganz kurze Zäsur folgt, fixierende Gesten wie ein leichtes Aufrechtstellen der geschlossenen Handfläche zeigen das kurze Stoppen am Doppelpunkt an) • Rhythmisches Sprechen – als Stilform beabsichtigt oder eine Aufzählung hervorhebend – wird durch staccatiertes Sprechen und entsprechende Gesten hör– und sichtbar getragen.

Das körpersprachliche Ausdrucksverhalten zergliedert und organisiert den Wortfluß dergestalt, daß das inhaltliche Verständnis für den Zuhörer erleichtert wird. Diese parasyntaktische Funktion wird als *Segmentation* bezeichnet.

b) Bestimmtes körpersprachliches Ausdrucksverhalten erfolgt gleichzeitig mit konkreten Satzelementen.

Beispiele:

• Die berühmten Gänsefüßchen, die sowohl verbal als die nämlichen angekündigt und gleichzeitig mit den Zeige– und Mittelfingern beider rechts und links auf ca. Kopfhöhe erhobenen Hände in die Luft gezeichnet werden.
• Fragen, die immer wieder durch eine öffnende oder symbolisch weiterreichende Geste begleitet werden.

Diese Gleichzeitigkeit wird als *Synchronisation* gekennzeichnet. Neben allgemein gebräuchlichen Synchronisationserscheinungen, wie besagten Gänsefüßchen, entwickelt jede redende Person ihre eigene, meist sehr leicht erschließbare Regelhaftigkeit.

③ Parapragmatische Funktion

Das körpersprachliche Ausdrucksverhalten markiert Eigenschaften der jeweiligen Person sowie aktuelle Standpunkte und Haltungen.

a) In der Art und Weise, wie jemand kommuniziert, manifestieren sich auch andauernde Eigenschaften der betreffenden Person. Das Spektrum der relativ zuverlässig erkennbaren Eigenschaften reicht von zurückhaltend über höflich, unfreundlich, rechthaberisch bis zu cholerisch und phlegmatisch. Entsprechend wird diese Funktion als *Expression* bezeichnet.

Beispiele:

• Das bereits mehrfach herangezogene Bild vom Autofahrer, der jemandem einen Vogel zeigt, enthält neben der Information über das Ereignis – Kritik wegen mißachteter Vorfahrt – ebenso Informationen über die Person selbst.

• Menschen mit einem hohen Sprechtempo gelten häufig als dynamisch, • Menschen, deren Stimme stets etwas zu hoch klingt, wirken dadurch erregter und gelten schnell als unsicher, • eine lautstarke Stimme wird als Anhaltspunkt für ein Dominanzbedürfnis oder Schwerhörigkeit genommen, • Akzent und Aussprache erlauben Schlüsse über die kulturelle und soziale Gruppenzugehörigkeit, • Größe, Sehnigkeit und Muskularität der Hände sind Hinweise auf die berufliche Tätigkeit, • die Stärke des Händedrucks wird häufig als Information über die Entschlossenheit und das Selbstbewußtsein einer Person verwendet.

In einem anderen Zusammenhang benennt SCHULZ VON THUN diese Funktion bezeichnenderweise als *Selbstoffenbarung*, »um damit sowohl die gewollte Selbstdarstellung als auch die unfreiwillige Selbstenthüllung einzuschließen«[3].

b) Neben grundsätzlichen Eigenschaften und Haltungen dokumentiert Körpersprache auch aktuelle Einstellungen, mit denen man anderen Personen signalisiert, daß man ihnen Aufmerksamkeit schenkt, sie versteht oder nicht, und wie man diese Personen und/oder das Gesagte bewertet. In dieser Verbindung erfüllt Körpersprache die Funktion der *Reaktion*.

Beispiele:

Solche körpersprachlichen Äußerungen sind gegebenenfalls • das Anblicken und leichtes Zunicken (Aufmerksamkeit), • ein ungläubiges Stirnrunzeln oder Senken/Zusammenziehen der Augenbrauen (nicht verstehen), • das Applaudieren oder skeptisches Kopfwiegen, abfällige Gesten wie ein • Abwinken bzw. Hinwegwischen (bewerten).

---

[3] FITTKAU, B/MÜLLER-WOLF, H.–M./SCHULZ VON THUN, F.: Kommunizieren lernen (und umlernen). Hahner Verlagsgesellschaft, Aachen–Hahn 1987, S. 18 ff

④ Dialogische Funktion

Die Körpersprache organisiert und lenkt den Verlauf von Dialogen.

a) Entsprechende Elemente der dialogischen Funktion erfüllen die Aufgabe der *Regulation* des Dialoges.

Beispiele:

• Stimmgebung, Pausen oder Gesten kündigen an, ob eine Person die Ausführungen beendet: die Stimme senkt sich oder schweigt, die möglicherweise eben noch zum Gestikulieren benutzten Hände werden wieder zum eigenen Körper geführt oder die beim Reden geöffneten Hände werden geschlossen, ein längerer Blick signalisiert das Ende.

• Gestik und Mimik kennzeichnen, ob eine Frage rhetorisch respektive wirklich fragend zu verstehen ist. Bei einer rhetorischen Frage geht die Stimme am Ende nicht so hoch, Gesten sind entweder an eine imaginäre Entscheidungsinstanz bzw. ohne Orientierung in den Raum gerichtet, oder die Gesten leiten unverzüglich zum nächsten Gedanken über, um die Aufmerksamkeit von der Frage auf den folgenden Inhalt zu ziehen.

b) Durch die Art und Weise, in der eine Person dialogregulierende körpersprachliche Äußerungen präsentiert, setzt sie sich zu anderen in Beziehung. In diesem Zusammenhang betrachtet, erfüllt die Körpersprache eine *Relationsfunktion*.

Beispiele:

• Mimik, Gestik und Körperhaltung signalisieren Ungeduld der Zuhörerschaft, wenn jemand zu lange spricht und dabei womöglich ins Dozieren verfällt. Ungeduldiges Hin– und Herwiegen, Hände klappen auf Flächen von Möbeln oder des eigenen Körpers, Luft wird demonstrativ ein– und ausgeatmet, Gesichter werden verzerrt (die Stirn in Falten gelegt, der Mund entweder sehr breit gezogen oder zugespitzt, mit den Augen wird gerollt oder sie bleiben stark nach oben gerichtet).

• Gestik, Haltung und Blickverhalten deuten an, daß sich jemand äußern möchte: meist wird eine Hand angehoben, als würde sie in die »Gesprächswolke« eingeführt, um teilzunehmen, dabei wackelt sie mitunter leicht, die Person holt langsam Atem, blickt die noch sprechende Person an und beugt sich bisweilen leicht vor.

• Mit Körperhaltung und Gestik fällt man (bewußt) jemandem ins Wort (das unbeabsichtigte Ins–Wort–Fallen ist kaum von körpersprachlichen Gesten begleitet) etc.

• Mit Gestik, Mimik, Blickverhalten und Körperbewegung wendet man sich der Person zu, die man zum Sprechen auffordern möchte: der Kopf (leicht nickend) und/oder der Oberkörper wenden sich der betreffenden Person zu, sie wird angeblickt und möglicherweise angelächelt oder fordernd streng angestarrt, eine Handbewegung erfolgt, die quasi das Wort überreicht.

Die funktionale Betrachtung des körpersprachlichen Ausdrucksverhaltens illustriert, in welchem Umfang man die Körpersprache benötigt, um sich wirklich verständlich machen zu können. Es wird aber auch deutlich, wieviele Gesten, Minenspiele und Körperhaltungen man unbewußt und komplett automatisiert verwendet, um mit anderen zu kommunizieren. Sicherlich fallen jedermann Beispiele ein, welche der genannten Erscheinungen auf ihn selber zutreffen und welche nicht, warum man bestimmten Personen bereitwilliger zuhört, obwohl sie sich inhaltlich nur wenig von anderen unterscheiden, warum manche Personen in Dialogen kaum zu Wort kommen, obwohl sie sich gerne äußern würden. Die Beispiele für einzelne Funktionen markieren parallel, daß das körpersprachliche Ausdrucksverhalten neben dem Befördern inhaltlichen Verständnisses vor allem die Beziehung zwischen den kommunizierenden Personen definiert[4]. Auf diese Weise geraten Inhalte sehr rasch in den Hintergrund, vordergründig geht es dann eher um Persönliches. Das ist der klassische Verlauf vieler Diskussionen. Es soll über die Sache geredet werden, Beziehungsbotschaften werden jedoch abgefeuert. Inzwischen hat sich im deutschsprachigem Raum auf diesem Sektor eine hohe Schule entwickelt. Unter dem Decknamen »sachlich« werden klammheimlich auf die Person und nicht auf die Sache gerichtete Informationen eingeschmuggelt. Entsprechende Äußerungen werden durch Körpersprache ausgesprochen filigran flankiert. Es hat jedoch wenig Sinn, Rechenschaft für diese körpersprachlichen Signale und die damit verbundene Botschaft zu fordern. Angesichts der im Abschnitt *KÖRPERSPRACHE – KÖRPERSPRACHLICHES AUSDRUCKSVERHALTEN ALLGEMEIN* unter Punkt 4 erwähnten Verhandelbarkeit, wäre eine öffentliche Zurechtweisung wegen des körpersprachlichen Ausdrucksverhaltens verschwindend chancenreich. Folglich gibt man sich also »geschlagen« oder arbeitet mit gleichen Waffen – das Ende jeder Sachdiskussion[5].

---

[4] Um nicht jedes Mal die Folgenschwere dieses Gedankens auseinanderzusetzen, scheint es zweckmäßig, kurz und knapp an WATZLAWICKs et al. ... *derart, daß der Beziehungsaspekt den Inhalt bestimmt* zu erinnern (WATZLAWICK, P./BEAVIN, J.H./JACKSON D.D.: Menschliche Kommunikation. Formen, Störungen, Paradoxien. Verlag Hans Huber, Bern 1990, S. 56)
[5] Diejenigen, die über Strukturen und Mechanismen dieses Phänomens mehr wissen möchten, können auf unterhaltsame und lehrreiche Weise nachlesen bei SCHULZ VON THUN: Miteinander Reden 1 Störungen und Klärungen. Rowohlt, Reinbeck 1993, S. 130 ff

Kanäle körpersprachlichen Ausdrucksverhaltens

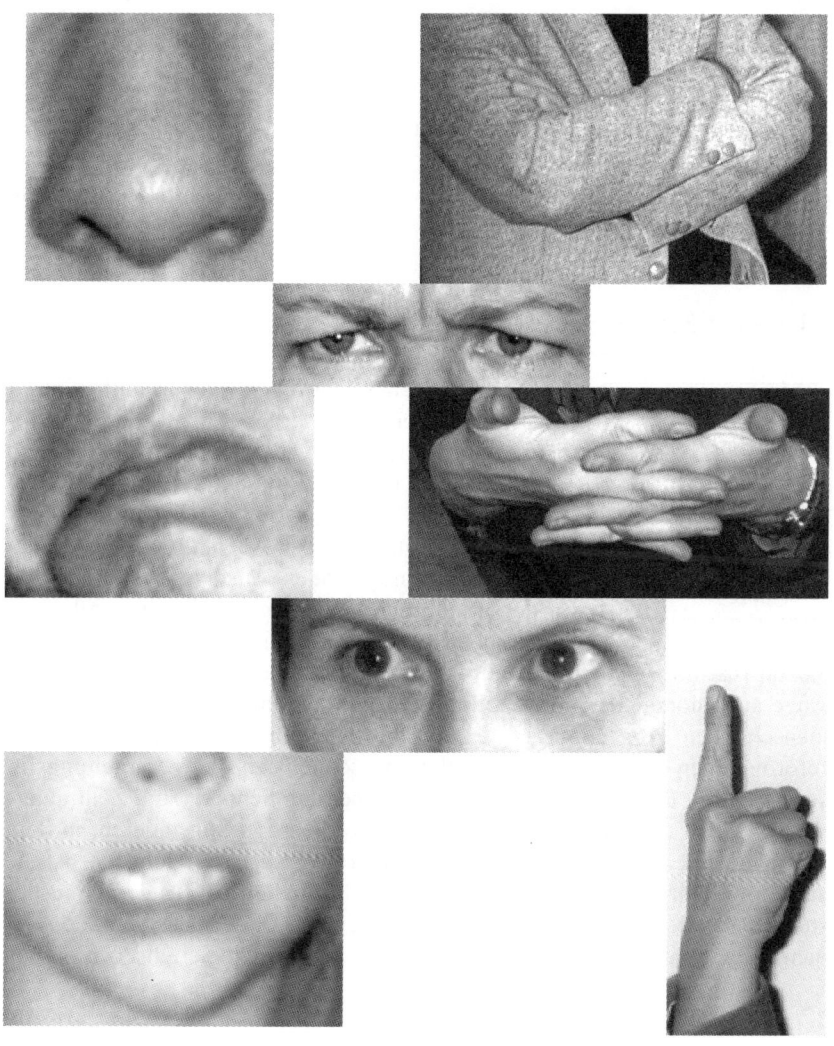

Kanäle körpersprachlichen Ausdrucksverhaltens

Auf den folgenden Seiten werden die im Abschnitt *VERHÄLTNIS VON WORT UND KÖRPERSPRACHE IM ALLTAG* als Übersicht (vgl. dort Abb. 8) zusammengestellten körpersprachlichen Kanäle und deren wesentliche Aspekte erläutert und diskutiert.

Visueller Kanal

visueller Kanal
⇨ Augensprache
⇨ Mimik
⇨ Gestik
⇨ Körperhaltung
⇨ Pantomimik
⇨ Haare

Der visuelle Kanal subsumiert die Gesamtheit jenes körpersprachlichen Ausdrucksverhaltens, daß optisch wahrgenommen werden kann. Entsprechend »arbeiten« die Elemente dieses körpersprachlichen Kanals optisch wirkungsvoll. Er steht nicht grundlos an erster Stelle in der Aufzählung. Der Anteil visuell wahrzunehmenden Ausdrucksverhaltens ist in der Bandbreite aller Kanäle auffällig groß. Das hängt höchstwahrscheinlich mit der Aufnahmekapazität (ca. 80% aller Informationen über die Außenwelt werden mit dem Auge aufgenommen) und vor allem mit der Aufnahmegeschwindigkeit des menschlichen Auges zusammen. Von allen sinnlich wahrgenommenen Informationen erreichen die visuellen am schnellsten die Verarbeitungsinstanz Gehirn. Der Weg vom Auge direkt über den Sehnerv zum Zentralnervensystem ist der kürzeste. Es wäre nicht verkehrt zu konstatieren, in dem Moment, da eine Information die Netzhaut des Auges erreicht hat, ist sie auch im Gehirn angekommen. So ließe sich letztlich das Auge als ausgestülpter Teil des Zentralnervensystems betrachten. Das erklärt die hohe Aufnahmegeschwindigkeit. Unter dem Eindruck der privilegierten Position des

Auges dürfen einige Unzulänglichkeiten in der Wahrnehmung mit dem Auge nicht übersehen werden.

Es nimmt einen vergleichsweise kleinen Teil des gesamten Farbspektrums wahr, funktioniert nur bei mittlerer Helligkeit, verglichen mit den Augen eines Adlers kann sein Auflösungsvermögen nur wenig beeindrucken, zudem läßt es sich optisch täuschen und besitzt zu guter Letzt einen blinden Fleck. Das ist jene Stelle auf der Netzhaut, an welcher der Sehnerv austritt. Dort hat die Abbildung auf der Netzhaut also ein »Loch«. Die Abbildungen 1,2 und 3 illustrieren anhand verschiedener Schulbeispiele, wie leicht das menschliche Auge zu täuschen ist.

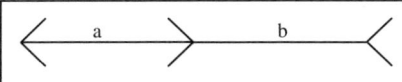

Abbildung 1
Optische Täuschung: obwohl die Strecken a und b gleich lang sind, scheint b größer.

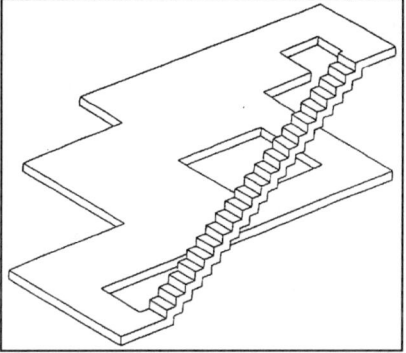

Abbildung 2
Optische Täuschung: »Unmögliche Figur« von OSCAR REUTERSVÄRD, 1984

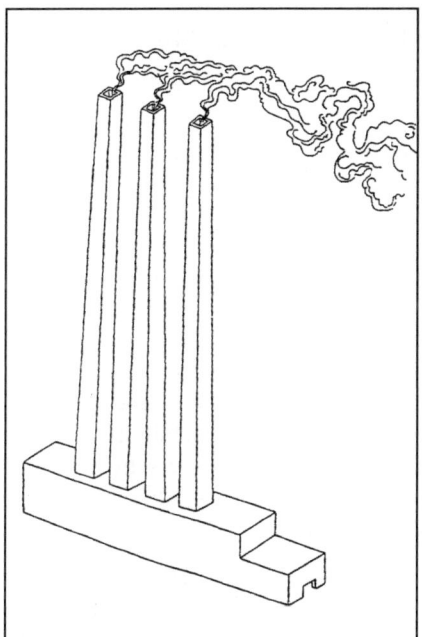

Abbildung 3
Optische Täuschung: »Unmögliche Figur« von OSCAR REUTERSVÄRD, 1984

Optische Täuschung: Die unterste und die oberste Treppenstufe befinden sich in derselben Ebene (Abb. 2). Aus vier Schornsteinen in der Basis werden drei Schorsteinköpfe (Abb. 3).

Die Darstellung in Abb. 4 versucht, den blinden Fleck »sichtbar« zu machen.

Abbildung 4
Darstellung zur Übung am blinden Fleck

An dieser Stelle ist die Aktivität der Lesenden erbeten. Mit anschließend beschriebener Vorgehensweise ist es möglich, sich im Selbstversuch den blinden Fleck quasi zu veranschaulichen.

Anleitung: Um den blinden Fleck zu »sehen«, führen Sie folgenden Versuch durch. Vorausgesetzt, Sie sehen auf beiden Augen gleich gut, decken Sie Ihr linkes Auge mit der Hand ab, so daß es nicht mehr sehen kann. Ansonsten decken Sie das weniger gut sehende Auge ab. Halten Sie mit der anderen Hand das Buch aufrecht in einem Abstand von ca. 20 cm vor Ihr Gesicht. Konzentrieren Sie den Blick Ihres rechten (bzw. besser sehenden) Auges auf das Kreuz über dem kleinen Kreis. Das Schachfeld mit dem weißen Kreis in der Mitte haben Sie im Blick, konzentrieren sich jedoch auf das Kreuz. Ändern Sie nun den Abstand zwischen Ihrem Auge und der Darstellung, indem Sie das Buch horizontal langsam und vorsichtig nach hinten bzw. vorne verschieben. In einer bestimmten Entfernung verschwindet der weiße Kreis und Sie sehen nur noch ein Schachfeld. In dieser Position wurde der weiße Kreis auf Ihrem blinden Fleck abgebildet.

Damit in unserer visuellen Wahrnehmung nicht ständig Bilder mit einer Fehlstelle erzeugt werden, generiert das Gehirn aus den unmittelbaren Umgebungswerten der Abbildung ein geschlossenes Bild. Im vorliegenden Beispiel liefert das Schachfeld jene Bildinformationen, die vom Gehirn benutzt werden, um das Bild zu schließen.

Trotz der erwähnten Unzulänglichkeiten des menschlichen Auges, kann diesem Organ summa summarum nur Hochachtung erwiesen werden. »Das menschliche Auge ist das außergewöhnlichste Organ des menschlichen Körpers. Es ist in der Lage auf eineinhalb Millionen Reize gleichzeitig zu reagieren, und doch ist es nicht größer als ein Tischtennisball.«[1]

⇨ Augensprache

»Das Auge ist der Spiegel zur Seele.« oder »Das Auge ist das Fenster, durch das man sieht und durch das man gesehen wird.« Angesichts der erwähnten Direktverbindung zwischen Auge und Gehirn besitzen solche Metaphern überdies einen physisch begründeten Bestand. Die unmittelbare Verbindung zwischen Auge und Zentralnervensystem macht unsere Augensprache so zu einem außerordentlich wichtigen Bestandteil der Körpersprache. In dem gleichen rasenden Tempo, in dem visuelle Informationen das Gehirn erreichen, verlassen andererseits Informationen das Gehirn über das Auge. Der Mensch hat zwar gelernt, in bestimmten Situationen Gefühle zu unterdrükken, das gelingt ihm jedoch nicht gleichermaßen erfolgreich auf allen Kanälen. Trotz Beherrschung und Selbstkontrolle erfahren andere Personen durch die Augensprache eines Menschen sehr wohl, ob etwas erfreut, ängstigt oder erschreckt. Grund der Direktverbindung zum Gehirn ist der verräterische Blick ausnahmslos schneller als die träge Selbstkontrolle. Mitunter schlägt auch ein noch so großes Bemühen um Selbstkontrolle völlig fehl. Um dieses Handicap auszugleichen, hilft sich der Mensch, indem er in solchen Momenten automatisch die Augenlider niederschlägt, manchmal die Augen sogar fest zukneift oder schützend die Handflächen bzw. quer den Handrücken vor die Augen hält. So gelingt es ihm, seine Gefühle zu verbergen. Fast die gleichen Bewegungen werden auch ausgeführt, wenn sich jemand stark konzentrieren möchte. Dann geht es nicht darum, Informationen über sich selbst zu verbergen, sondern sich gegen visuelle Informationen aus der Außenwelt abzuschotten, um für die zu absolvierende Gedankenarbeit jegliche visuelle Ablenkung auszuschließen. Vielfach geht diese visuelle Abschottung auch mit dem Reiben der Augen einher, oder Daumen und Zeigefinger einer Hand werden über der Nase angesetzt und reiben jeweils auf einer Augenbraue langsam von innen nach außen. Der Ellbogen ist dabei meist auf einer Fläche abgestützt, der Kopf gesenkt und die Augen geschlossen. Bewegungen, die den visuellen Informationsfluß von außen nach innen unterbrechen, verlaufen geringfügig langsamer als jene, mit denen der Informationsfluß von innen nach außen blockiert werden soll.

---

[1] MORRIS, D.: Körpersignale: Vom Scheitel bis zum Kinn. (Titel der englischen Originalausgabe: Bodywatching. A field guide to the human species.) Wilhelm Heyne Verlag, München 1993, S. 82

Abbildung 5
Nachdenklichkeit und Konzentration. Visuelle Reize werden durch den »Blick nach innen« ausgeblendet

Erscheint das Schließen oder Verdecken der Augen zum Zwecke der Konzentration unangemessen – zum Beispiel in einem offiziellen Gespräch –, wird die Vielfalt visueller Reize zumindest eingeschränkt, indem der Blick eine beliebige Stelle zum »Ruhen« sucht. Das entlastet die zentrale Verarbeitung. Meist sucht der Blick diese Ruhestelle rechts von der Person, mit der gesprochen wird. GALIN & ORNSTEIN beobachteten, daß die Blickabwendung jeweils in entgegengesetzter Richtung zur aktivierten zerebralen Hemisphäre erfolgt. Verbale Aufgaben haben die Aktivierung der linken Hemisphäre zur Folge, die Augenbewegung ist also nach rechts orientiert. Räumliche Aufgaben dagegen aktivieren die rechte Hemisphäre und bewirken im Falle der Blickabwendung ein Augenbewegung nach links.[2] Häufig wird dieses Ausweichen des Blickes als Unsicherheit bewertet. Um dem zu entgehen, entwickelte der Mensch ablenkende Strategien. Er reagiert auf Aussagen oder Anfragen zuerst mit einer Scheinreaktion, indem Routinesätze oder Gegenfragen präsentiert werden. Jedermann kennt derartige Phrasen: »Darüber muß ich erst mal nachdenken.«, »Diese Frage habe ich schon erwartet!«, »Sehen sie das wirklich so?«, »Der Aspekt ist sicherlich nicht zu vernachlässigen.« Interviews mit Politikern sind Paradebeispiele dafür, zu welcher Meisterschaft diese Strategie geführt werden kann. Überdies sind Politiker in ihrer Öffentlichkeitsarbeit daran interessiert, Blickabwendungen weitgehend zu überspielen, da die Erfahrung belegt, Blickkontakt erhöht für Zuhörer die Authentizität einer Mitteilung.

Sympathie, Antipathie sowie Täuschungsabsichten gegenüber den Gesprächs-

---

[2] GALIN, D./ORNSTEIN, R.: Individual differences in cognitive style. I. Reflective eye movements. In: Neuropsychologia 12, 1974, S. 367–376

partnern entscheiden ebenfalls über die Länge eines Blickkontaktes. Antipathie und Täuschungsabsicht sind von wesentlich weniger und viel kürzeren Blickkontakten begleitet. Bereits Lob und Zustimmung erhöhen die Länge des Blickkontaktes. In angenehmen Situation – das kann sogar durch die Sympathie für den Gesprächsinhalt hervorgerufen

Abbildung 6
Abschätzender Blick.

werden – stellt sich für die Blickzuwendung ein zunehmend wechselseitiger Verlauf ein. Forcierte Blickzuwendung des einen löst beim anderen ebenfalls mehr Blickzuwendung aus. Daneben kann ein langer Blickkontakt auch Ausdruck von Selbstbewußtsein, Aktivität und Dominanz sein. Flankiert von korrespondierenden Signalen des Gesichtsausdrucks wirkt ein langer starrer Blick auch warnend bis ausgesprochen bedrohlich (in der Tierwelt und verbreitet auch für den Menschen als Drohstarren bezeichnet). Deshalb meidet der Mensch unwillkürlich ein langes Anstarren. Das ist im Alltag gut zu beobachten, wenn zwei Menschen über eine Wegstrecke aufeinander zugehen. Sie sehen sich dabei nicht ununterbrochen an, statt dessen wenden sie ihre Blicke voneinander ab. Erst, wenn sie dicht beieinander sind, blicken sie sich wieder an.

Während beim Blickverhalten eines Menschen sowohl Augenbewegung als auch Blickrichtung recht deutlich und häufig sogar bewußt wahrgenommen werden, bleibt die Pupillengröße meist unbemerkt und wird eher unbewußt wahrgenommen. Dabei liefert gerade die Pupillengröße ein untrügliches Indiz für die Gefühle eines Menschen. Sieht der Mensch Personen oder Gegenstände, die er als ausgesprochen anziehend empfindet, erweitert sich seine Pupille. Umgekehrt wirken ihrerseits Menschen mit erweiterten Pupillen anziehend [3]. Diese Zusammenhänge sind sowohl für die Steuerung des eigenen Verhaltens als auch für die Beobachtung bei anderen nur schwer verwertbar. Erstens sind jene Muskelaktivitäten, die zur Änderung der Pupillengröße führen, nicht willentlich beeinflußbar. Zweitens werden emotional bedingte Pupillenerweiterungen stets durch die Wirkung der Lichtverhältnisse überlagert.

[3] STASS, J.W./Willis, F.N.: Eye contact, pupil dilatation and personal preference. In: Psychon. Sci. 7, 1967, S. 375–376

Interaktionsabläufe werden durch das Blickverhalten regulierend beeinflußt. Kontaktaufnahme, Begrüßung, Aufmerksamkeit einfordern, das Wort erteilen, Kommentieren des Gesprochenen, Verständigen, Beziehungen herstellen, Verabschieden – alle diese Vorgänge erhalten durch das Blickverhalten ihre Charakteristik und ließen sich sogar durch das Blickverhalten vollständig abwickeln.

Vergegenwärtigt man sich die unglaubliche Beredsamkeit des Auges, wird der Symbolcharakter des Auges zwingend verständlich. Neben seiner besonderen Rolle in den verschiedensten Epochen der Kunst, erfährt das Auge auch im Alltag starke Akzentuierung. Seit alters her schminken Menschen ihre Augenregion, um sie noch auffälliger zu gestalten. Die Varianten, Augenpartien zu schminken, verstärken die Wirkung der Augensprache. Gefärbte oder gar verlängerte Wimpern verleihen einem Augenaufschlag Ausdruck und gestalten ein Blinzeln oder Zwinkern wirkungsvoller. Augen scheinen größer, wenn die Lidränder nachgezogen sind. Lidschatten bewirken einen guten Kontrast zum Augenweiß. Gleichermaßen wirkungsvoll sind Gestalt und Auswahl einer Brille. Die Sonnenbrille wird sogar zum idealen Versteck für die Augen genutzt. Nichts ist unangenehmer als sich mit jemandem zu unterhalten – noch dazu ernsthaft –, der eine Sonnenbrille trägt. In diesen Situationen stellt man fest, wieviel Aufmerksamkeit man unbewußt den Augen der Gesprächspartner schenkt und wie intensiv man die Informationen der Augensprache benötigt und verwertet.

⇨ Mimik

Das Spektrum des mimischen Repertoires eines Gesichts ist bemerkenswert. Ein und dasselbe Gesicht kann sowohl Furcht einflößen als auch Geborgenheit vermitteln. Zwischen diesen Extremen existiert eine unglaubliche Vielzahl weiterer Gesichtsausdrücke.

Im Zusammenhang mit

Abbildung 1
Schmerz und Schreck vom Gesicht bis in die Fingerspitzen (Foto übernommen von Berliner Zeitung)

den Beschreibungen zum drohenden Blick wurden die engen Berührungen zwischen Blick und Mimik offenkundig. So geht mit einem Blick, der Erstaunen oder Furcht ausdrückt, das Anheben des Oberlids einher, freundliche und traurige Blicke werden durch angehobene Wangen und eine gefaltete Stirn begleitet. Die gesonderte Darstellung von Augensprache und Mimik ist zwar der Versuch einer real undurchführbaren Trennung, erweist sich jedoch im Sinne einer überschaubaren Darstellung als zweckmäßig.

Ob ein Blick traurig, freundlich oder bedrohlich ist, entscheiden sichtbare und unsichtbare Aktivitäten eines feinen Muskelgeflechts. Auf Grundlage der sichtbaren Muskelaktivitäten entwickelten EKMAN und FRIESEN[4] eine Technik zur Beschreibung des Gesichtsausdrucks, die auf einer anatomischen Analyse basiert. Dabei erfolgte die Registrierung *aller* Informationen, die Beobachter den Gesichtern entnahmen. Auf diesem Wege entstand ein umfassendes System und Trainingsprogramm, das alle sichtbaren, erkennbaren und unterscheidbaren Gesichtsbewegungen erfaßt. Ein System, mit dem beispielsweise Zusammenhänge zwischen Gesichtsausdruck und Emotion zuverlässig erkannt werden, funktionale Aspekte des Gesichtsausdrucks in-

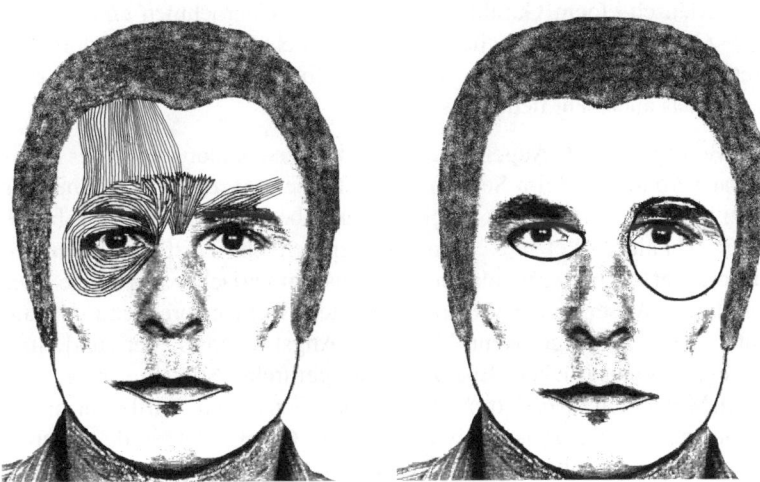

Abbildung 8
Die Darstellungen a) und b) zeigen die Muskeln, deren sichtbare Aktivität Veränderungen im Aussehen der Augenbrauen hervorrufen. (Nach: »Facial Action Coding System« von PAUL EKMAN & WALLI FRIESEN.)

---

[4] EKMAN, P./FRIESEN, W.V.: Facial Action Coding System. Human Interaction Laboratory, Department of Psychiatry, University of California San Francisco, 1978

nerhalb einer Konversation illustriert sowie Zusammenhänge zwischen dem semantischen Kontext und bestimmten Gesichtsbewegungen beurteilt werden. Abb. 8 kennzeichnet beispielsweise die Muskeln, die das Erscheinungsbild der Augenbrauen steuern. Ihre Aktivitäten und damit die Veränderung der Augenbrauen lassen sich besonders gut beim sogenannten Augengruß (Anheben) oder bei einem finsteren sowie skeptischen Blick (Senken) beobachten. Bei Gefahr – vor allem physischer – senken sich die Augenbrauen bis zum schützenden Schließen der Augen. Das Schließen (völlig oder bis zu einem minimalen Sehschlitz) gelingt erst, wenn gleichzeitig die Wangen angehoben werden. Es wird angenommen, daß die ursprüngliche Funktion der Augenbrauen und vor allem ihrer Senkbewegung dem Schutz der Augen diente[5]. Daraus erklärt sich, warum ein von heruntergezogenen Augenbrauen begleiteter finsterer Blick eher defensiv als aggressiv wirken kann. Auch das Weinen oder ein schmerzverzerrtes Gesicht ist mit gesenkten Augenbrauen verbunden. In diesen Fällen ist das Schutzbedürfnis des Menschen ausgesprochen nachzuvollziehen. Wie ist aber zu erklären, daß auch beim kräftigen Lachen die Augenbrauen gesenkt werden? Möglicherweise treten gesenkte Augenbrauen immer dann auf, wenn der Mensch einem Gefühl oder Eindruck (Wahrnehmen eines merkwürdigen Geruchs) ausgesprochen stark ausgeliefert ist. Genaugenommen verändern sich die Augenbrauen mit jeder Stimmung. Dank des Haarbewuchses ist das auch sehr deutlich sichtbar.

Mit der Bewegung der Augenbrauen ist das Erscheinungsbild der Stirn untrennbar verbunden. Beim Senken entsteht eine senkrechte Falte über der Nase, beim Heben bilden sich hingegen fast über die gesamte Stirnbreite querliegende Falten. Letzteres – umgangssprachlich meist als *gefurchte Stirn* bezeichnet – wird gerne als Indiz für das grüblerische, skeptische oder nachdenkliche Wesen einer Person gewertet. Dementsprechend ist die gefurchte Stirn anzutreffen, wenn Menschen Angst, Skepsis, Verwunderung oder Verneinung ausdrücken. Ebenso ist die gefurchte Stirn in sehr gegensätzlichen Momenten anzutreffen, die mit den genannten Attributen nichts gemein haben. So zum Beispiel, wenn jemand Glück, Neugierde, Überraschung oder Unwissenheit ausdrückt. MORRIS erklärt diese Ambivalenz damit, daß ursprünglich das Heben der Augenbrauen eine Erweiterung des Gesichtsfeldes bewirkte und damit eine Verbesserung der Sehtüchtigkeit[6]. Nach dieser Erklärung möchte und/oder muß der Mensch folglich jene Situationen, in denen die o.g. Gefühle und Haltungen ausgedrückt werden, schnell und gut durchschauen. Das würde auch erklären, warum es in

---

[5] MORRIS, D.: Körpersignale: Vom Scheitel bis zum Kinn. Heyne Verlag, München 1993, S. 66
[6] Ebenda, S. 67

bestimmten Situationen zu einem ausgesprochen kurzzeitigen Hochreißen der Augenbrauen kommt. Es ist dann zu beobachten, wenn Menschen im Gewimmel eines Kaufhauses unerwartet einem Bekannten begegnen. Die Überraschung hält nur sehr kurz an, das Gesichtsfeld normalisiert sich schnell – sofern die Begegnung nicht generell unangenehm ist.

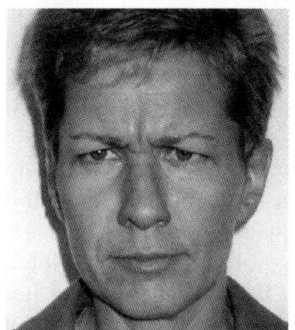

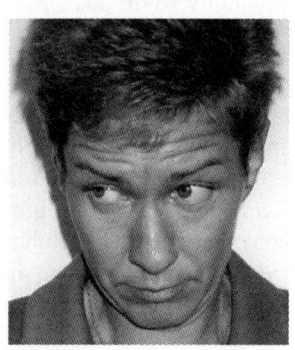

Abbildung 9
Senkrechte Stirnfalten beim Senken
der Augenbrauen

Abbildung 10
Gefurchte Stirn beim Heben der Augenbrauen

EKMAN & FRIESEN untersuchten die Erzeugung des Gesichtsausdrucks im Zusammenhang mit der Hemisphären–Theorie[7]. Simpel gesagt steuern die Hirnhälften spiegelverkehrt die Körperseiten. Die rechte Gesichtshälfte wird demnach durch die linke Hirnhälfte gesteuert und umgekehrt. Zudem gilt die linke Hirnhälfte als die systematisch und analytisch arbeitende, die rechte hingegen als die emotional und analog arbeitende. Deshalb gilt die linke Gesichtshälfte als die ausdrucksstärkere. In ihren Untersuchungen beobachteten EKMAN & FRIESEN, wie sich der Gesichtsausdruck verändert, wenn nichtauthentische Gefühle vorgetäuscht werden. Ein »falsches Lächeln« ist asymmetrisch. Beispielsweise das Lächeln, mit dem eine Bitte um Hilfe verweigert wird. Nicht nur aus diesem Grund wird das Lächeln als sozial–instrumentelles Lächeln betrachtet. Lächeln wird hauptsächlich als partnergerichtetes Signal verwendet. • Erfreut sich eine Person an einer Sache, lächelt sie meist erst dann, wenn sie sich anderen zuwendet, • andere mit einem Lächeln beschwichtigen, • durch ein Lächeln wird Fremden bei der ersten Begegnung signalisiert, man sei ihnen gegenüber friedlich gesonnen, • Verlegenheiten werden durch ein Lächeln überspielt. Unsere Primaten ziehen die Mundwinkel nach hinten, wenn sie Angst und Unsi-

---

[7] EKMAN, P./FRIESEN, W.V.: Nonverbal Leakage and Clues to Deception. In: Psychiatry, 1969, Vol. 32, S. 83-105.

cherheit ausdrücken, um den Gegner zu besänftigen. Dabei ziehen sich ihre Lippen so weit nach oben/unten, daß die Zähne sichtbar liegen. Der Menschen zieht im Falle der Angst ebenfalls seine Mundwinkel nach hinten, die Lippen werden dabei sehr schmal und gerade, die Zähne sind jedoch nur teilweise sichtbar. Zu diesem Ursprung zurückverfolgt erklärt sich, warum ein Lächeln instinktiv so oft aus Unsicherheit verwendet wird.

Andere typische Ausdrucksformen des Mundes sind der • Schmollmund (die Mundwinkel sind nach unten gezogen, die Unterlippe ist leicht nach vorne und ein wenig nach oben gedrückt), • der spitze Mund oder Kußmund (die Mundwinkel sind eng zusammengezogen und drücken die Lippen spitz nach vorne), • Zunge–Herausstrecken, • Unklarheit (die Mundwinkel sind nach hinten gezogen, die Unterlippe nach vorne geschoben – geht mit hochgezogenen Augenbrauen einher), • die Lippen lecken, • Gähnen[8], • luftreiches Stöhnen (die Wangen sind mit Luft gefüllt, die langsam durch einen schmalen Schlitz der relativ entspannt und beinahe aufeinander liegenden Lippen entweicht), • Ekel (die Mundwinkel sind nach hinten und die Oberlippe ist dabei nach oben gezogen).

⇨ Gestik

Im Alltag ist für Gestik die Umschreibung »Sprache der Hände« verbreitet. Wird die Handfläche leicht nach oben bewegt, erzählen die Hände über die Wertigkeit einer Sache. Gleichzeitig vermitteln sie den Eindruck von Offenheit und Aktivität. Nach unten bewegte Handflächen beschreiben etwas Niederes, Minderwertiges. Die Geste vermittelt eher Verschlossenheit. Die nach vorne gerichteten Handflächen sind beredter Ausdruck für das Abwehren, Zurückweisen oder Abgrenzen. Personen, Dinge und Aussagen werden mit derartigen Gesten auf Distanz gehalten. Nach innen (zum Körper) gerichtete Handflächen symbolisieren den Vermittlungsmechanismus zwischen einer Person und deren Umwelt.

Die meisten Gesten sind eng mit der verbalen Sprache verzahnt. Zusätzlich ist von der »Sprache der Hände« die Rede. Eine irreführende Doppelung in diesem Ausdruck? Insofern nicht, als daß unsere Hände in der Tat das gesprochene Wort nicht nur synchronisieren, sondern darüber hinaus auch

---

[8] »Das Gähnen ist ein seltsamer Vorgang, bei dem wir unsere Kiefer– und Brustmuskulatur auf übertriebene Weise strecken. Oft wird es auch vom Strecken anderer Körperteile begleitet, und das Ergebnis ist ein leichter Anstieg des Herzschlags und vielleicht auch eine leichte Kreislaufverbesserung, die zum Anstieg der Blutzufuhr zum Gehirn führt.« MORRIS, D.: Körpersignale: Vom Scheitel bis zum Kinn. Heyne Verlag, München 1993, S. 181

ohne Worte eindeutige Informationen übermitteln. Diese Gesten sind also selbst bedeutungstragend. Um so mehr gebührt den Händen ein Anrecht auf die Akzeptanz ihrer Gesten als eigene Sprache. Nicht zuletzt die Vielzahl und Kombinierbarkeit solcher bedeutungstragenden Gesten führte zu der Annahme, die Sprache habe sich aus Gestik entwickelt. [9]

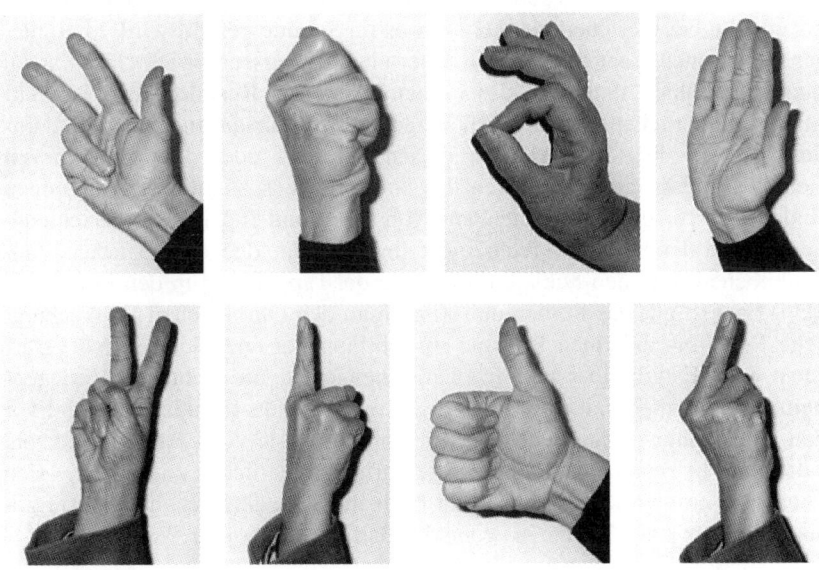

Abbildung 11
»Gestenworte«

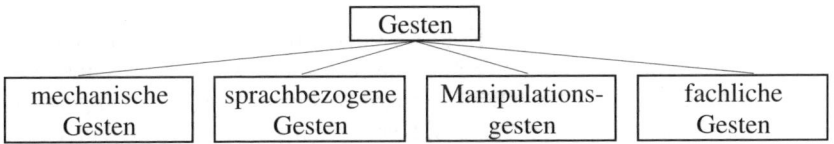

Abbildung 12
Funktionale Unterscheidung der Gesten

Gesten treten zwar in erheblichem Maße sprachbegleitend auf, sie lassen sich jedoch gleichwohl funktional differenzieren. Die Abb. 12 offeriert eine Möglichkeit, Gesten zu unterscheiden.

---

[9] HEWES, G.W.: Primate communication and the gestural origin of language . Current Anthropology 14, 1976, S. 165–196

Mechanische Gesten – oft auch als Verlegenheitsgesten bezeichnet – erfolgen ohne die Absicht, Informationen zu vermitteln, bieten jedoch Aufschluß über die körperliche Verfassung bzw. Stimmung der betreffenden Person. Meist sind solche Gesten Resultat physischer Zusammenhänge. Ein typisches Beispiel ist das Reiben der Nase oder Zusammendrücken der Nase. Diese Geste ist dann zu beobachten, wenn jemand intensiv über ein Problem nachdenkt, bei Unsicherheit, wenn etwas im Schilde geführt wird. In all diesen Situationen steht der Mensch unter einem gewissen Streß. Und »...weil die Nasenhöhlen unterhalb des Nasenrückens als Reaktion der Nase auf Streß vorübergehend einen leichten Schmerz verursachen können«[10], lindert oder beruhigt der Mensch diesen Schmerz oder das Kribbeln mit Reiben bzw. Zusammendrücken des Nasenrückens. Ähnliche Erklärungen finden sich für den Zusammenhang von Streß und Juckreiz an verschiedenen Stellen des Kopfes: • rechte oder linke Schädeldecke, • über den Wangenknochen, • an den Schläfen, • entlang der Lippen und in den Mundwinkeln. Ebenso gilt das Reiben und Zupfen an den Ohrläppchen als mechanische Reaktion auf einen Blutstau im Ohrläppchen, der durch Streß verursacht wird. Es gibt aber auch mechanische Gesten, die nichts mit Verlegenheitsgesten gemein haben: • Abwehrgeste bei Gefahr (Hände schützend vor den Kopf halten) • das Bedecken der Ohren, um sie vor Lärm zu schützen, • die Nase bei unangenehmen oder gefährlichen Gerüchen zudrücken, • sich über das Kinn streichen, wenn man nachsinnt. Die letztgenannte Geste gilt als Relikt aus jenen Zeiten, in denen der Bart als Symbol für Weisheit galt.[11]

Einer instinktiven Abwehr– oder Verteidigungsgeste verdankt der Mensch das berühmte Kratzen am Hinterkopf. In Momenten höchster Anspannung, Wut und Aggression ist diese Bewegung typisch. Sie hat ihren Ursprung in der zum Angriff oder zur Verteidigung ausholenden Schlagbewegung, die jeder Mensch, jedes Kind automatisch mit einer Ausholbewegung beginnt, wobei der Arm leicht über den Kopf gehoben wird. Bei hoher Anspannung setzt dieser Urtrieb auch ohne Gegner ein. Entweder wird die Ausholbewegung durch Kratzen getarnt oder die innere Anspannung wird offen gezeigt, indem die Arme kurz über dem Kopf verweilen und die Hände zur Faust geballt werden. Die Tarnung durch Kratzen ist inzwischen ebenfalls derart automatisiert, daß diese Bewegung bereits zur eigenständigen Geste wurde. Die Hand wird also bei Anspannung direkt für eine Kratzbewegung zum Hinterkopf geführt.

---

[10] MORRIS, D.: Körpersignale: Vom Scheitel bis zum Kinn. Heyne Verlag, München 1993, S. 129
[11] Ebenda, S. 204

Sprachbezogene Gesten sollen das Wort illustrieren und die Aufmerksamkeit der Zuhörenden erhöhen. Entsprechend unterscheiden EKMAN & FRIESEN die sprachbezogenen Gesten in Illustratoren und Embleme [12]. Illustratoren können die Sprache mannigfaltig unterstützen. Zu ihnen gehören:

Illustratoren	Taktgeber
	Ideographen
	Deiktische
	Spatiale
	Rhythmische
	Kinetographen
	Piktographen

Abbildung 13
Arten von Illustratoren, übernommen aus: ELLGRING, H.: Nonverbale Kommunikation. Einführung und Überblick. S. 35. [13]

• Taktgeber – Hand– und Armbewegungen, die das Gesagte prononcieren. Wenn beispielsweise die Hand den Sprechrhythmus oder die Betonung akzentuiert.
• Ideographen – Gesten, die den Gedankenfluß andeuten. Der Arm ist angewinkelt und etwas gehoben, die Hand beschreibt eine leicht kreisende Bewegung. Auf diese Weise wird das Fortsetzen eines Gedanken angedeutet oder begleitet.
• Deiktische Gesten – mit ihnen weist die sprechende Person auf Bezugsobjekte. Das kann zu Mißdeutungen führen, wenn die sprechende Person in Richtung einer Tür hindeutet, und eben nur diese Person weiß, daß im Raum dahinter genau jenes Objekt steht, über das gerade gesprochen wird. Für alle anderen bleibt die Bedeutung der Geste unklar.
• Spatiale Gesten – Hand– und Armbewegungen, mit denen Distanzen oder räumliche Verhältnisse veranschaulicht bzw. symbolisiert werden. Hand– und Armbewegungen, die räumliche Ausdehnungen andeuten oder konturieren. Das Anzeigen von Abständen, indem die parallel gegenübergehaltenen Handflächen diesen Abstand markieren.
• Rhythmische Gesten – Bewegungen, die zeitliche Relationen abbilden.

[12] EKMAN, P./FRIESEN, W.: The repertoire of nonverbal behavior - categories, origins, usage and coding . Semiotica 1, 1969, S. 49-98
[13] ELLGRING, H.: Nonverbale Kommunikation – Einführung und Überblick. In: ROSENBUSCH, H.S., SCHOBER, O.: Körpersprache in der schulischen Erziehung. Schneider Verlag Hohengehren GmbH, Baltmannsweiler 1995, S. 9–53

Etwa bei der Darstellung zeitlicher Abläufe oder dem Verweis auf Zeiträume.
• Kinetographen – Bewegungsabläufe werden durch entsprechende Gesten veranschaulicht. Hervorragend zu beobachten, wenn sich Kinder gegenseitig filmische Actionszenen (vor allem Prügeleien) nacherzählen, besser: nacherleben.
• Pictographen – vor allem mit den Händen werden Objekte nachgebildet. Zum Beispiel die Hände zu einem Trichter formen oder sich die Hörner eines Stiers aufsetzen, indem die Hände rechts und links oben am Kopf angesetzt werden, wobei nur der Zeigefinger gestreckt sind. Weil sich diese Gesten auf eine Darstellung des hervorstechenden Merkmals der jeweiligen Sache beschränken, firmieren sie häufig auch unter der Bezeichnung »stilisierte Geste«.

Merkmale der Embleme und entsprechende Beispiele wurden bereits im Abschnitt *FUNKTIONEN KÖRPERSPRACHLICHEN AUSDRUCKSVER-HALTENS IN DER ZWISCHENMENSCHLICHEN KOMMUNIKATION* gekennzeichnet. Deshalb werden sie an dieser Stelle der Vollständigkeit halber nur erwähnt.

Manipulationsgesten sind weniger mit der Sprache als mit dem emotionalen Status der sprechenden Person verknüpft. Entsprechende Gesten können selbstbezogene, auf andere Personen oder auf Objekte bezogene Bewegungen sein. Folgende Beispiele beschreiben solche Gesten und versuchen zu illustrieren, warum diese Gesten als Manipulatoren bezeichnet werden.
• Während jemand sagt »Meiner Meinung nach ...«, führt er dabei die Hände mit der Innefläche ruhig zur Brust (Variante a). • Während jemand sagt »Meiner Meinung nach ...«, schlägt er die Hände zur Faust geballt gegen die Brust (Variante b). (siehe Abb. 14–① und 14–②)
• Während jemand sagt »Könnten Sie ...« führt er seine Hand zur Schulter des anderen (Variante a). • Während jemand sagt »Könnten Sie ...« greift er den Oberarm des anderen (Variante b). (siehe Abb. 15–① und 15–②)

Die Varianten a) und b) verursachen jeweils sehr kontrastierende Assoziationen. Das zweite Beispiel (Abb. 15) läßt sogar nachvollziehen, in welch unterschiedlicher Weise einem selbst die Gesten nahegehen. In diesem Sinne rational betrachtet lassen sich zweifellos sämtliche Zärtlichkeitsgesten als Manipulationsgesten verstehen.

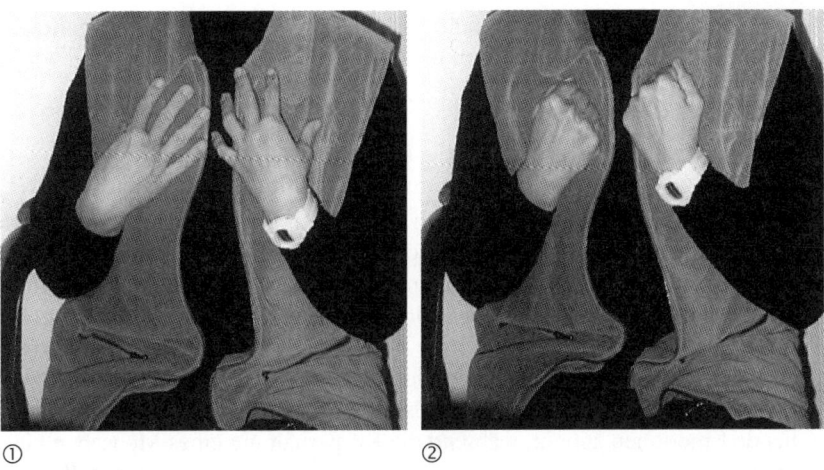

①   ②

Abbildung 14
Manipulationsgeste: Selbstbezogene Gesten

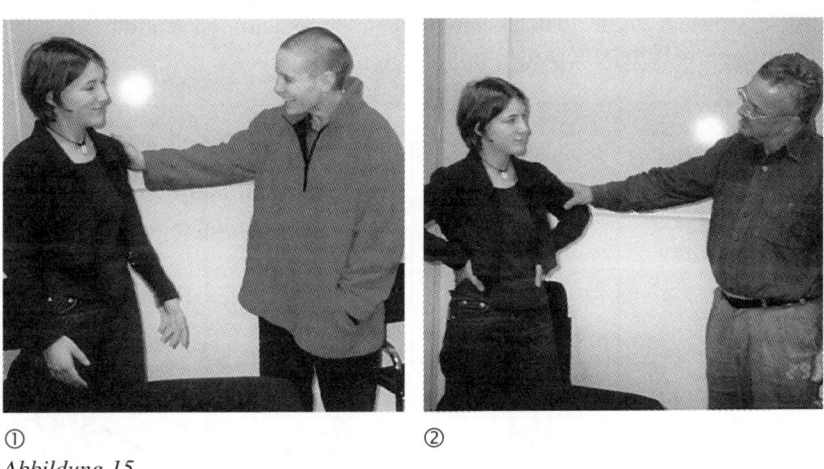

①   ②

Abbildung 15
Manipulationsgeste: Personenbezogene Gesten

Fachliche Gesten sind Spezialgesten für »Eingeweihte«. Präzise festgelegte Arm– und Handbewegungen übermitteln eindeutig Informationen. Die Schaffung solcher Gesten ist dort erforderlich, wo eine verbale Kommunikation weitestgehend ausgeschlossen ist – sei es aus technischen oder konspirativen Gründen. Bilder von Verständigungsprozessen in Börsen oder Instruktionen von Trainern an die Mannschaftsspieler dokumentieren solche fachlichen Gesten. Auf Baustellen sind sie bei Einweisungen von Baufahrzeugen oder Kranführern ebenfalls zu beobachten.

⇨ Körperhaltung

ARGYLE benennt drei Haupthaltungen beim Menschen: Stehen, Sitzen (auch Hocken, Knieen) und Liegen.[14] Jede dieser Haupthaltungen wird durch vielfältige Arm–, Bein– und Kopfhaltungen sowie Köperbeugungen variiert. Gleichermaßen wie der Gesichtsausdruck stellen Kopfhaltung, Haltung der Wirbelsäule und der Schultern für die meisten Beobachter Schlüsselinformationen dar, um mit ihrer Hilfe die Gefühle eines Menschen einzuschätzen. Wobei der Gesichtsausdruck häufig als Indiz für aktuelle und damit vorübergehende Emotionen spricht, während die Körperhaltung eines Menschen vielfach als Ausdruck manifestierter emotionaler Zustände und Einstellungen gilt. Der Versuch von Sarbin & Hardyck[15], in dem Probanden deuten sollten, welche Gefühle durch stilisierte Körperhaltungen in Strichfiguren ausgedrückt werden, ergab, daß es den Probanden erstaunlich leichter fiel, den Strichfiguren Tätigkeiten zuzuordnen.

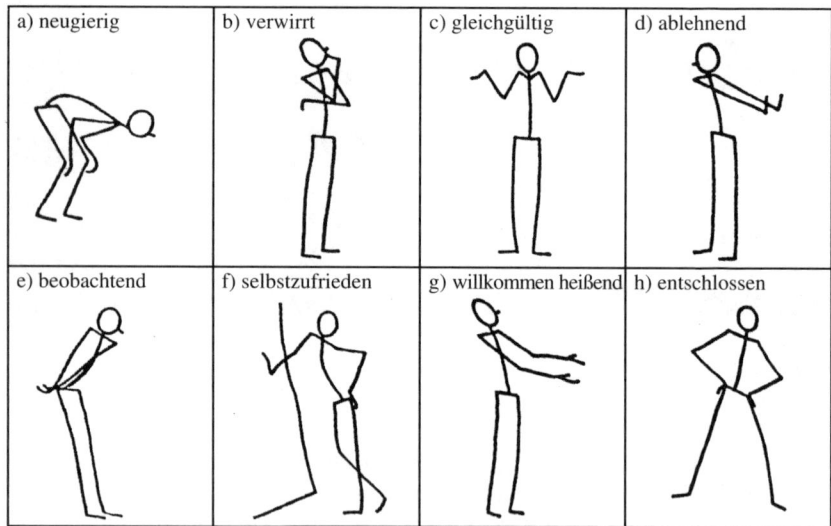

| a) neugierig | b) verwirrt | c) gleichgültig | d) ablehnend |
| e) beobachtend | f) selbstzufrieden | g) willkommen heißend | h) entschlossen |

---

[14] ARGYLE, M.: Körpersprache & Kommunikation. Junfermann–Verlag, Paderborn 1989, S. 255
[15] Ebenda, S. 255 ff, aus: SARBIN, T.R/HARDYCK, C.D.: Contributions to role–taking theory: role perception on the basis of postural cues. (unveröffentlicht)

i) verstohlen	j) suchend	k) beobachtend	l) aufmerksam
m) heftiger Ärger	n) aufgeregt	o) sich streckend	p) überrascht, dominant, mißtrauisch
q) schleichend	r) schüchtern	s) nachdenklich	t) affektiert

Abbildung 16
Interpretierte Strichfiguren nach SARBIN und HARDYCK (1953). Übernommen aus Kommunikation & Körpersprache von M. ARGYLE

Die Abb. 16 a) bis t) zeigt solche Strichfiguren und deren Interpretation. Fraglos verwenden wir im Alltag Informationen aus der Körperhaltung dazu, auf die gerade verrichtete Tätigkeit einer Person zu schließen. Wir entnehmen der Körperhaltung aber auch zwischenmenschliche Einstellungen einer Person.

Körperhaltung als Ausdruck interpersonaler Einstellungen impliziert, daß die Körperhaltung auch etwas über den sozialen Status verrät, den eine Person für sich definiert hat bzw. der für diese Person im Kontext gesellschaftlicher Rollen definiert wurde. Man stelle sich beispielsweise a) einen Diener und b) einen Arzt vor. Vergleichen Sie die Körperhaltungen beider vorgestellten Menschen. Sicherlich bereitet es keine Schwierigkeiten, zu beiden

Personen Vorstellungen zu produzieren, obwohl man vielleicht noch nie einem Diener persönlich begegnete. Die Öffentlichkeit hat jedoch über Kunst, Film und Literatur das Wesen eines Dieners so akkurat charakterisiert, daß es jedermann möglich ist, Rückschlüsse auf die Persönlichkeit und damit auf wahrscheinliche Körperhaltungen zu ziehen. Die bildhafte Vorstellung von einem Arzt könnte garantiert bei jedem sowohl aus eigenen Erfahrungen als auch dem öffentlichen Bild von dieser Berufsgruppe entworfen werden. Obwohl jeder weiß, wie auffällig Körperhaltungen innerhalb von winzigen Momenten ihr Erscheinungsbild verändern können, ist es sehr verbreitet, aus Körperhaltungen auf Persönlichkeitseigenschaften zu schließen. Mit Sicherheit finden sich viele Bestätigungen für einen derartigen Zusammenhang von Charakter und Körperhaltung. Die nachstehenden Beispiele verfolgen jedoch nicht die Absicht, Persönlichkeitsdeutungen vorzustellen, sondern sie skizzieren interpersonelle Phänomene.

Zunächst zwei Beispiele, die illustrieren, wie rasant Fehl- oder Überinterpretation körpersprachlichen Ausdrucksverhaltens vorgenommen werden können: • Aufrecht stehend die Hände in die Hüften stemmen – eine Haltung, die absichtsvoll eingesetzt werden kann, um Stärke, Kampfgeist oder gar Überlegenheit zu demonstrieren. Die seitlich abgespreizten Ellbogen signalisieren Raumanspruch. Diese Haltung hilft aber auch der kurzzeitigen Entlastung von Rücken–, Schulter– und Armpartien. • Beim Sitzen die Beine übereinander schlagen und die Arme vor der Brust verschränken – vielfach als Ausdruck der Verschlossenheit und der Abgrenzung gegenüber anderen bewertet, dient das gleichzeitig als stabilisierende Sitzhaltung. Längeres Sitzen überdauert der Körper nur ausgesprochen selten in ein und derselben Sitzhaltung. Zwischenzeitlich sucht er sich wechselnde Entspannungs–, Entlastungs– und Stabilisierungshaltungen. Zu diesen gehört auch das Übereinanderschlagen der Beine und Verschränken der Arme. Setzen Sie sich aufrecht auf einen Stuhl und lehnen sich an. Die Beine positionieren Sie dabei parallel und stellen die Knie möglichst eng nebeneinander. Nach einer Weile werden Sie das Bedürfnis verspüren, die Beine übereinander zu schlagen, um weiterhin aufrecht sitzen zu können.

Die Hände in den Taschen – vor einiger Zeit galt diese Haltung noch als unhöflich oder nachlässig. Geblieben ist lässig. Heute gilt es vor allem bei Männern als flott und souverän, wenigstens eine Hand bequem in der Hosentasche zu tragen. Geschäftsleute scheinen während ihrer Vorträge oder Pausengesprächen gar nicht mehr anders stehen zu können (oder zu dürfen?). Mit dieser Haltung wird ein wichtiges Problem gelöst: Wohin mit den Händen. Sie sind nicht permanent für Gesten oder zum Hantieren erforderlich.

Für Raucher kein Problem. Die Hände könnten noch auf dem Rücken verschränkt werden. Das hat jedoch eine optisch unschöne Krümmung des Rückens nach vorne zur Folge. Die Hände könnten auch vor dem Körper ineinander gelegt werden. Die Schultern werden durch diese Handhaltung

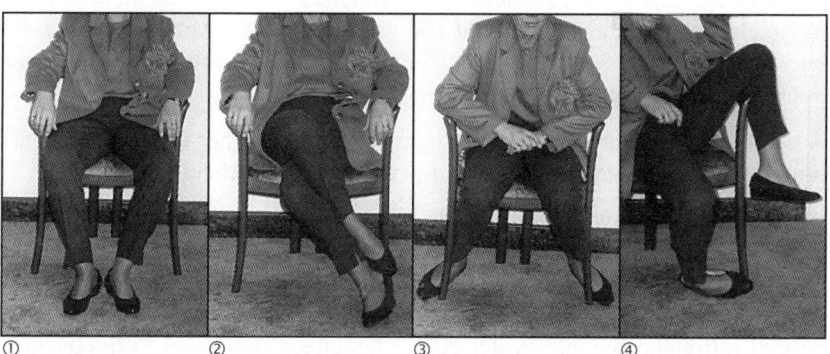

Abbildung 17
Körperhaltungen beim Sitzen

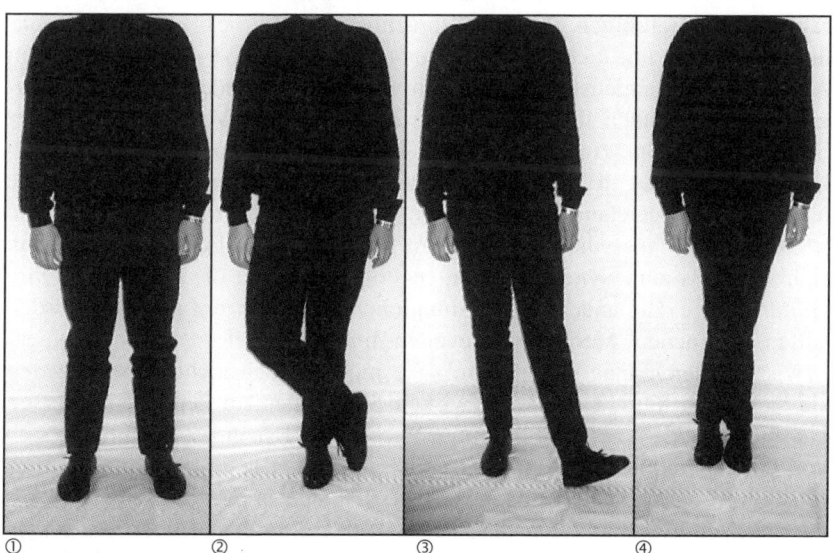

Abbildung 18
Körperhaltungen beim Stehen

nach vorne gezogen. Für viele wirkt solche Haltung verlegen oder hat etwas hausbackenes. Ein Gegenstand in den Händen würde das Problem lösen. Unwillkürliches Spiel damit, wirkt jedoch nervös. Summa summarum lösen die Hände in den Hosentaschen viele Probleme. Vergegenwärtigt man sich die Verschiedenartigkeit zu stehen oder zu sitzen, wird anschaulich, wieviel Beispiele sich noch aufzählen und erläutern ließen. Die Abbildungen 17–① bis ④ und 18–① bis ④ zeigen nur einige Steh– und Sitzvarianten, deren Spektrum von fläzig über lässig bis verkrampft reicht.

Ausführliche Diskussionen und Bilddarstellungen solcher und anderer Haltungen sind bei SAMY MOLCHO »Körpersprache«[16] nachzulesen.

Untersuchungen, inwiefern spezielle Körperhaltung als Ausdruck für konkrete Einstellungen und Statusrelation gegenüber Interaktionspartnern zu bestimmen sind, verliefen relativ unfruchtbar. Es stellte sich jedoch heraus, daß *Spannung* oder *Entspannung* sowie die *Unmittelbarkeit* sehr zuverlässige und hilfreiche Signale in der Körperhaltungen darstellen.[17] Beobachter entnehmen diesen beiden Dimensionen vielerlei Informationen über interpersonale Einstellungen und Statusrelationen. Ausdruckssignale für *Entspannung*: offen nach hinten lehnen, entspannte Hände, asymmetrische Arm– sowie Beinhaltung, zur Seite lehnen, fläzen. Vielfach weist die Literatur solche Haltungen als körpersprachliches Ausdrucksverhalten gegenüber Menschen mit niedrigerem Status aus. Sie sind jedoch gleichermaßen Ausdruck einer angenehmen Situation wie einer Zufriedenheit – im selbstgefälligen aber auch im allgemeinen Sinne. Für den Verlauf angenehmer Situationen ist eine zunehmende Zahl kongruenter Körperhaltungen auffällig. Beispielsweise in zwanglosen Unterhaltungen mit engen Freunden, die überdies die gleichen Auffassungen zur Gesprächsthematik vertreten. MORRIS bezeichnet dieses Phänomen als »Haltungs–Echo«.[18] Das kann sich sogar bis zum Synchronverhalten steigern: ändert die eine Person ihre Haltung, tut es die andere auch. Situationen, die entspannt gestaltet werden sollen, versuchen Menschen zuweilen mit der Aufforderung zu einem gewissen Gleichklang einzuleiten: »Sie müssen doch nicht stehen, setzten sie sich doch hin.« Umgekehrt wirken Situationen, in denen eine Person eine völlig andere Haltung einnimmt, gespannt: Jemand steht auf, um sich von einer gemütlichen Runde zu verabschieden. Die in diesem Fall noch relativ verträglichen Spannungen offenbaren sich in den spitzzüngigen bis übermütigen Kommentaren der Verbleibenden zu dem frühen Aufbruch.

---

[16] MOLCHOW, S.: Körpersprache. Mosaik Verlag GmbH, München 1983
[17] MEHRABIAN, A..: Nonverbal Communication. Aldine, Chicago 1972
[18] MORRIS, D.: Der Mensch, mit dem wir leben. Ein Handbuch unseres Verhaltens. Knaur, München 1981, S. 126

Begleitende Beobachtungen von gruppendynamischen Prozessen markieren für autoritäre Personen eine geringe Variabilität in ihren Körperhaltungen [19]. *Unmittelbarkeit* zeigt sich im Nach–Vorne–Lehnen, in der Orientierung des Körpers auf andere, im Schaffen von Nähe, bis hin zur Berührung. Im Gegensatz dazu stehen sogenannte Barriere–Signale: jemand wendet seinen Oberkörper von einer anderen Person ab, indem er sich zurücklehnt oder leicht verdreht, so daß sich die eigene Schulter als Barriere dazwischen schiebt.

⇨ Pantomimik

Pantomimische Körpersprache ist immer mit Imitation verbunden. Personen, Tiere oder Vorgänge werden nachgeahmt. Ähnlich der Kunst der Pantomime möchte derjenige, der sich pantomimisch ausdrückt, andere Botschaften vermitteln, als nur das Wiedererkennen seiner Imitation. Meist ist Verspottung beabsichtigt. Typisches im körpersprachlichen Ausdrucksverhalten der nachgeahmten Person wird übertrieben. Damit ist sowohl die Verspottung beabsichtigt als auch ein Wiedererkennungswert der wesentlichen Merkmale dieser Person für das »Publikum« hergestellt.

⇨ Haare

In der Lehrerbefragung (vgl. Abschnitt *LEHRER ÄUSSERN SICH ZUR KÖRPERSPRACHE IHRER SCHÜLER*) wurde wiederholt Unbehagen über den Anblick mit ihren Haaren spielender Mädchen geäußert. Deshalb seien die Haare an dieser Stelle als Teil körpersprachlichen Ausdrucksverhaltens erwähnt.

Unter allen Lebewesen ist der Mensch das einzige, das sein Haar bewußt zur Schau stellt. Auf ihre Weise pflegen es Männer und Frauen gleichermaßen als körpereigenen Schmuck. Verglichen mit anderen Lebewesen wächst besonders das Kopfhaar des Menschen kontinuierlich und schnell. [20] Dafür

---

[19] SCHERER, K.R./WALLBOTT, H.G.: Nonverbale Kommunikation: Forschungsberichte zum Interaktionsverhalten. Beltz, Weinheim 1979
[20] Die Gesamtzahl der Haare des Menschen beträgt etwa 300000-500000. Davon entfallen rund 25% auf die Kopfbehaarung. Entscheidend für die Anzahl ist die Haarfarbe. Blonde Menschen haben mehr Haare als dunkelhaarige. Rothaarige weisen durchschnittlich die niedrigste Haarzahl auf. Die Gründe für diese Tatsache sind bisher unbekannt. Ein menschliches Haar ist etwa 40-100 µm dick. Es wächst täglich (mit Ausnahme der Augenbrauen, die nur etwa halb so schnell wachsen) zwischen 0,25 und 0,40 mm. Zwischen dem 16. und dem 24. Lebensjahr ist

sind dem Menschen funktionale Aspekte der Haare abhanden gekommen. Als einziges Wesen unter den Säugetieren besitzt der Mensch keine Sinneshaare und ist auch nicht in der Lage, sein Haar zu sträuben, wenn er zornig ist. Wahrscheinlich würde es vermeintliche Gegner auch nur wenig beeindrucken, könnten Menschen ihre spärliche Körperbehaarung sträubend aufrichten. Ein Grund mehr, daß der Mensch seine Umwelt auf andere Weise mit den Haaren zu beeindrucken sucht. Interessanterweise besitzt der Körper aber noch die zum Aufrichten der Haare erforderliche Muskulatur an den Haarbälgen. Ihrer noch vorhandenen Aktivität verdankt der Mensch seine Gänsehaut bei Kälte oder Angst. Der eigentliche Zweck der Muskulatur dient dazu, die Haarbälge hervortreten zu lassen und so ein Aufrichten der Haare zu bewirken. Die Pelzdecke würde sich verdicken, es entstünden also durch die Gänsehaut weitere Lufträume zwischen den einzelnen Haaren, die als zusätzliche Luftschichten zur Erwärmung des Körpers führten.

Im Laufe der Geschichte nahm bei Frauen das Zur–Schau–Stellen der Haare äußerst aufwendige Züge an. Langes, seidiges, herabhängendes Haar wurde und wird als sexuell anregend betrachtet. Das führte in bestimmten ethnischen Gruppen zu der Anordnung für Frauen, ihre Haare zu verhüllen.

Die von Frauen vielfach unbewußt ausgeführten Pflegebewegungen (beispielsweise Zurechtrücken der Frisur) gelten laut Verhaltensforschung als unbewußt vermittelte Einladungssignale. Darüber hinaus zählen Haarberührungen zu den meistausgeführten Selbstberührungsgesten. Solche Gesten dienen der eigenen Beruhigung oder dem Trost. In der Rangfolge ihres Auftretens lassen sich folgende Selbstberührungsgesten zur Beruhigung beobachten: • Kiefernstütze, • Kinnstütze, • Haarberührung, • Wangenstütze, • Mundberührung, • Schläfenstütze [21] Während die meisten Selbstberührungsgesten sowohl von Männern als auch Frauen in gleichem Maße eingesetzt werden, tritt die Haarberührung bei Frauen drei mal häufiger auf.

Diese Bemerkungen vermögen nicht, die ewigen Haarberührungen der Mädchen in den Augen der Lehrer attraktiver erscheinen zu lassen, sie erklären aber die übliche Spielerei mit dem Haar.

---

das Wachstum am größten. Die Lebensdauer eines einzelnen Haares kann bis zu 6 Jahren betragen. Es könnte also rechnerisch bei gutem Wachstum eine Länge von 85 cm erreichen. Diese Zahl kann durch Wegfall der Wachstumspause eines Haares enorm erhöht werden und die Körpergröße eines Menschen weit überschreiten.
[21] MORRIS, D.: Der Mensch, mit dem wir leben. Ein Handbuch unseres Verhaltens. Knaur, München 1981, S. 148

Abb. 19 konkretisiert abschließend in auffälliger Weise mehrere der für den visuellen Kanal erwähnten Aspekte, eine verbale Erläuterung macht sich überflüssig.

Abbildung 19
Augensprache, Mimik, Körperhaltung [22]

---

[22] Berliner Zeitung, 10. Oktober 1997, Reuter/Paul Hanna

Auditiv–akustischer Kanal

auditiv–akustischer Kanal
⇨ Klangfarbe der Stimme
⇨ Stimmstärke
⇨ Sprechtempo
⇨ Sprechmelodie
⇨ Sprechrhythmus

Zum auditiv–akustischen Kanal gehören alle für das Ohr wahrnehmbaren körpersprachlichen Äußerungen. Bereits der Abschnitt *DAS VERHÄLTNIS VON WORT UND KÖRPERSPRACHE IM ALLTAG* merkte an, daß im Alltagsverständnis dieser Kanal vielfach gar nicht mit der Körpersprache assoziiert wird. Das gesprochene Wort ist logischerweise im Verständnis der meisten Menschen identisch mit der Stimme. Folglich wird Stimme als an das Wort und nicht an den Körper gebunden betrachtet. Dabei erweist sich der auditiv–akustische Kanal ausgesprochen bedeutungsprägend für die Sprechinhalte. Spricht man beispielsweise die Frage »Gefällt ihnen das?« mehrmals laut vor sich hin und betont dabei jedes Mal nur eines der Worte, zielt jede der drei Fragen auf etwas völlig anderes, obwohl sich nur die Betonung veränderte.

⇨ Klangfarbe der Stimme

Eingehende experimentelle Versuche haben nachgewiesen, daß die Sprachlaute aus einem Grundton und einer Fülle von Unter– und Obertönen bestehen. Der Grundton bzw. die Grundfrequenz liegt für männliche Stimmen zwischen 110 und 130 Hz und für weibliche Stimmen zwischen 210 und 250 Hz[1]. Die untere hörbare Grenze liegt bei 16 Hz. Noch niedrigere Frequenzen werden meist als Erschütterung und nicht mehr als Ton wahrgenommen. Die obere Grenze liegt im jugendlichen Alter bei ca. 20 000 Hz, sie sinkt mit zunehmendem Alter auf ca. 10 000 Hz. Das Zirpen der Grillen wird von hochbetagten Menschen oft nicht mehr wahrgenommen. Bestimmte Laute sind naturgemäß mit höheren Frequenzen verknüpft. So erfolgt der Ausruf »Ih!« immer in einem höheren Frequenzbereich als der Ausruf »Ah!«. Unschwer ist im Selbstversuch festzustellen, wieviel mehr Kraft es der Aussprache eines *i* gegenüber dem *a* bedarf. Eine höhere Frequenz ist nicht nur für den Sender anstrengend, auch der Empfänger wird strapaziert. Jeder kennt die nervende Wirkung zu hoch angesetzter Stimmen. Das geschieht vor allem bei Ärger oder Angst, aber auch vor Glück oder Ver-

---

[1] Um das Frequenzspektrum der menschlichen Stimme mit vertrauten anderen Klangquellen zu vergleichen, findet sich am Ende des Abschnitts *AUDITIV–AKUSTISCHER KANAL* eine Übersicht (Abb. 3).

gnügen. Die Erzeugung hoher Frequenzen wirkt häufig gepreßt, der Zuhörer fühlt sich genervt sowie gestreßt. Abb. 1 soll helfen, diese Auswirkung hoher Töne zu veranschaulichen. Sie zeigt die Ausbreitungscharakteristik von Schallwellen in Abhängigkeit von der Frequenz.

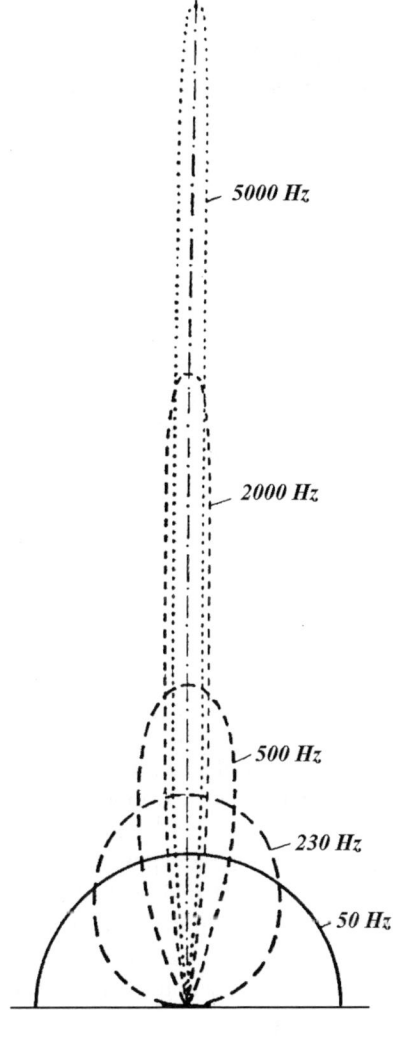

Abbildung 1
Ausbreitungscharakteristik bei gleicher Leistung für alle Frequenzen.
Aus: Grundlagen der Elektroakustik von REICHARDT, W. [2]

[2] REICHARDT, W.: Grundlagen der Elektroakustik. Akademische Verlagsgesellschaft, Leipzig 1954, S. 415

Es ist deutlich zu erkennen, wie sich hochfrequente Schallwellen in eine bevorzugte Raumrichtung geradezu keulenartig ausbreiten. Niederfrequente Schallwellen breiten sich hingegen kugelförmig und damit gleichmäßig im Raum aus. Mit anderen Worten, hochfrequente Töne treffen das menschliche Ohr wie eine Keule. Es ist nur allzu verständlich, wenn Menschen darauf nicht immer gelassen reagieren. In erregtem Zustand verfällt die weibliche Stimme naturgemäß in höhere Töne/Frequenzen. Durch damit verbundene Sprechanstrengung gekoppelt mit knapper Atemtechnik – in erregtem Zustand ringt jeder nach Atem – wird die Stimme schnell als nervend empfunden und als hysterisch etikettiert. Dieses Manko bleibt der männlichen Stimme erspart.

⇨ Stimmstärke

Die Lautstärke entscheidet maßgeblich über die Intensität der o.g. Wirkungen hoher Frequenzen.

Vergnügtheit oder Verdruß lassen sich gut an Höhe der Lautstärke einer Stimme einschätzen. Aktivität, Glück oder Vergnügen gehen vorwiegend mit einer mäßig erhöhten Lautstärke einher. Jede Erregung steigert sie, bei Furcht bis zu extremen Werten.

Eine Kombination von Stimmklang und Stimmstärke kann lautes Sprechen energisch–engagiert oder aggressiv und kämpferisch erscheinen lassen.

⇨ Sprechtempo

Das Sprechtempo ist immer relativ. Bei Besprechung trauriger Ereignisse oder komplizierter Sachverhalte erwartet bzw. wünscht fast jeder ein langsames Sprechtempo. Sehr alte Menschen schätzen ebenso eine getragene Unterhaltung, sie können physisch bedingt einem hohen Tempo weniger folgen. Kinder vermögen nicht in dem gleichen Tempo zu sprechen, wie sie ihre Gedanken begeistert loswerden wollen. Atemnot und sich überschlagende Gedanken sind deshalb häufige Begleiter der Schilderungen aus Kindermund. Das Zuhören erfordert Konzentration sowie Ausdauer. Sprechen Erwachsene auffällig schnell, ist ebenfalls hohe Konzentration gefordert. Durch das Sprechtempo wird die Wortfolge derart verdichtet, daß dem Zuhörer nur dann eine Trennschärfung der Worte gelingt, wenn er konzentriert zuhört, blitzschnell analysiert, was gemeint ist. Dabei können akustische Hörlücken sogar vom Gehirn geschlossen werden. Diese menschliche Fähigkeit ist vor allem dort unerläßlich, wo das hohe Sprechtempo durch Verschlucken ganzer Wortsilben seinen Preis gefordert hat. Abgesehen von der Gewohnheit eines Menschen, schnell oder langsam zu sprechen, ist das Sprechtempo auch Ausdruck der Stimmung. Höheres Sprechtempo läßt sich beispielsweise beobachten, wenn jemand vergnügt oder glücklich ist, wenn er sich aktiv und stark fühlt, aber auch, wenn er Furcht hat oder verärgert ist.

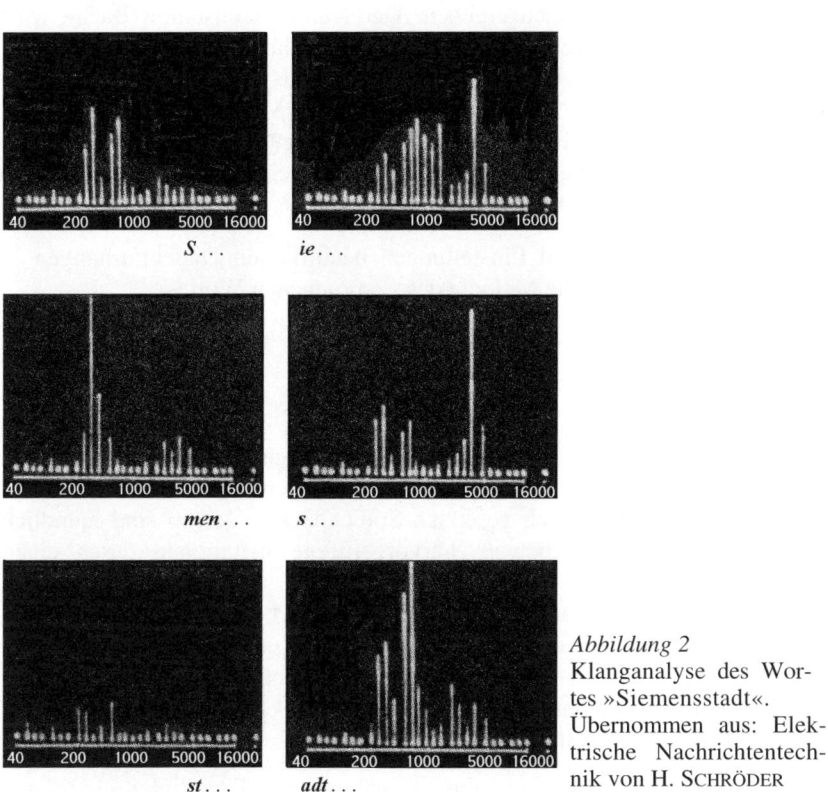

Abbildung 2
Klanganalyse des Wortes »Siemensstadt«. Übernommen aus: Elektrische Nachrichtentechnik von H. SCHRÖDER

⇨ Sprechmelodie

Die Sprechmelodie ist die Art und Weise, in der die Stimme gehoben und gesenkt wird. Am Ende einer Frage wird die Stimme gehoben, am Ende einer Aussage gesenkt, für ein Komma punktiert gehoben usw. Deshalb läßt

75

sich die Sprechmelodie – auch Intonationsverlauf genannt – als vokaler Illustrator betrachten. Folgende Beispiele versuchen, die Ausdrucksmöglichkeiten durch Sprechmelodie zu demonstrieren. Es empfiehlt sich, diese Sätze laut zu lesen:

① »Constantin Bach war in der fünften Stunde nicht im Unterricht.«
② »Constantin Bach ist ein wirklich hilfsbereiter Schüler.«

Im Vergleich beider Sprechmelodien müßte sich für den gesamten Satz ② ein größerer Melodiebogen ergeben. Der Name »Constantin Bach« wird länger und mit etwas gehobener Stimme gesprochen. Der Satz ① hat kaum einen Melodiebogen und wird vielleicht etwas lauter und punktierter gesprochen. Bereits die Sprechmelodie kann also Verärgerung oder Bewunderung ausdrücken. Abb. 2 veranschaulicht klanganalytisch, die Vielfalt an Klanginformationen, die das menschliche Ohr erreichen, wenn nur das Wort »Siemensstadt« gesprochen wird.

Neben den Gefühlen und Einstellungen beeinflussen Dialektfärbungen in unüberhörbarer Weise die Melodie des gesprochenen Wortes.

⇨ Sprechrhythmus

Der Sprechrhythmus wird meist erst dann wahrgenommen, wenn er vom Üblichen abweicht – bei momentanen oder dauerhaften Sprechstörungen, bei sehr langen oder falsch gesetzten Sprechpausen. Jedem sind mündlich tradierte Beispiele für bewußt hervorgerufene Irritationen durch einen abweichenden Sprechrhythmus aus Kindheitstagen vertraut: »Kuhliefumden Teich«, »Blumento Pferde«. Bei der ersten Hörbegegnung war klar, die Worte ergeben keinen rechten Sinn. Weder der Teich noch die Pferderasse waren bekannt. Nach wiederholtem Hörversuch ließen sich richtiger Sprechrhythmus und damit korrekte Betonung rekonstruieren zu »Kuh lief um den Teich« bzw. »Blumentopferde«.

Sprechpausen fungieren nicht nur als »akustische Trennlinien« zwischen den Worten. Sie stellen ebenso jene Phasen dar, in denen: • grammatikalisch bedingte Pausen – für Nebensätze, Satzenden etc. – erfolgen, • Sprechplanung ablaufen kann, • Gehörtes verarbeitet wird, • Atem geholt wird, • ein Zögern signalisiert wird, • die Sprechpause als Betonungsform eingesetzt wird, • sich die Koordination des Gesprächs vollzieht (Ende der eigenen Ausführungen, Wort weitergeben, Antwort/Reaktion erwarten). Beim Telefonieren kommt der Sprechkoordination durch Sprechpausen besonderes Gewicht zu, da eine Koordination durch das Blickverhalten entfällt. ELLGRING beobachtete in seinen Untersuchungen Zahl und Länge von Sprechpausen als Indikator für depressive Stimmungen[3].

Bisweilen werden Sprechpausen mit einem gedehnten »jaaa«, »allllsooo« oder einem geräuschvollen Ein– bzw. Ausatmen gefüllt. Meist geschieht das, wenn die Stille einer Sprechpause vermieden werden soll – oft zu registrieren als Überleitung zu Antworten auf bedrängende Fragen. Kürzere Sprechpausen werden durch »äh«, »äm«, »hm« gefüllt. Rhetorisch hat sich die (Un)Sitte eingebürgert, Sprechpausen auffällig häufig mit einem »äh« oder »äm« zu füllen. Es entsteht ein Sprechrhythmus, der vielmehr auf diese Füllsel ausgerichtet ist als auf den angebotenen Text. Dadurch treten für den Zuhörer die äh–Laute in den Hörvordergrund. Das ist ausgesprochen störend für den eigentlichen Inhalt.

Mit den separat erläuterten Aspekten des auditiv–akustischen Kanals operiert der Mensch komplex. Durch ihr raffiniertes Zusammenspiel ist der Mensch in der Lage verschiedenartige Gefühle und Einstellungen zu vokalisieren. Um herauszufinden, wie konkrete Gefühle vokal enkodiert werden, sollten Versuchspersonen vorgegebene Texte so vorlesen, als wären sie glücklich, wütend oder traurig. Wer eine derartige Übung praktizieren will, um die Kontrollierbarkeit des eigenen auditiv–akustischen Kanals zu erleben, verlese den folgenden Text als a) Trauerrede, b) Sportkommentar und c) Beschimpfung.

»Viele Menschen verraten mit Mimik, Gestik und Körperhaltung, daß sie etwas ganz anderes wollen oder fühlen als sie sagen. Wer die Zeichen zu deuten weiß, läßt sich nicht täuschen. Mitunter findet ein Mensch, der gerne mit uns in gute Beziehungen treten möchte, nicht die richtigen Worte, er ist schüchtern oder gehemmt. Die richtige Deutung körpersprachlicher Äußerungen vermag hier zu helfen. Man wird durch ihre Kenntnis ›einsichtig‹ und nachsichtig, ohne das Nachsehen zu haben.«   W. ZIELKE[4]

Es erstaunt immer wieder, was mit dem auditiv–akustischen Kanal vorgetäuscht werden kann. Mögliche Begeisterung über den Erfolg der eben gemachten Übung muß allerdings gebremst werden. Die Schlußfolgerung,

---

[3] ELLGRING, H.: Nonverbale Kommunikation im Verlauf der Depression – Zum Ausdruck der Stimmungen und des Befindens in Mimik, Blickzuwendung, sprechen und Gestik. Habilitationsschrift, Justus–Liebig–Universität, Gießen 1984
[4] ZIELKE, W.: Sprechen ohne Worte. Mimik, Gestik, Körperhaltung verstehen und einsetzen. mvg verlag, Landsberg1987, S. 9

jedes Gefühl könne nach Belieben vokalisiert werden, ist daraus nicht abzuleiten. Untersuchungen zur Gesichts– und Stimmkontrolle beim Lügen weisen nämlich nach, daß die Stimme das am schwierigsten zu kontrollierende Organ ist[5]. Keiner Versuchsperson gelang es, die eigene Stimme beim Lügen vollständig zu kontrollieren.

Abbildung 3 (nebenstehend →)
Die Abbildung stellt für die wichtigsten Musikinstrumente, die menschliche Stimme und einige Geräusche den jeweiligen Frequenzbereich dar. Die Tonhöhe ist dabei sowohl in den musikalischen Notenbezeichnungen, wie auch in Schwingungszahlen [Hz] angegeben. Wie man nach den musikalischen Notenbezeichnungen annehmen könnte, ist es aber keineswegs so, daß beim Singen oder Spielen einer Note nur eine zugeordnete Schwingungszahl erregt wird. Die Note kennzeichnet lediglich die jeweils tiefste, die Grundschwingung. Tatsächlich erklingen aber fast immer zahlreiche ganzzahlige Vielfache dieser Grundschwingung, die Obertöne, mit. In welcher Zahl und Stärke das geschieht, ist sehr verschieden und das wichtigste Merkmal für den Klangcharakter.
In Abbildung bedeuten:
Fett gezeichnete Bereiche = Grundtöne
Schwach gezeichnete Verlängerung = mitklingende Obertöne
Schraffierte Bereiche = unharmonisch mitschwingende Geräusche

Übernommen aus: Grundlagen der Elektroakustik VON W. REICHARDT[6]

---

[5] ZUCKERMAN, M/DEFRANK, R.S.: Facial and Vocal Cues of Deception and Honesty. In: Journal of Experimental Social Psychology, 1979, Vol. 15, S. 378-396. *sowie*
ZUCKERMAN, M., LARRANCE, D.T./SPIEGEL, N.H./KLORMAN, R.: Controlling Nonverbal Cues: Facial Expressions and Tone of Voice. In: Journal of Experimental Social Psychology, 1981, Vol. 17, S. 506–524.
[6] REICHARDT, W.: Grundlagen der Elektroakustik. Akademische Verlagsgesellschaft, Leipzig 1954, S. 186

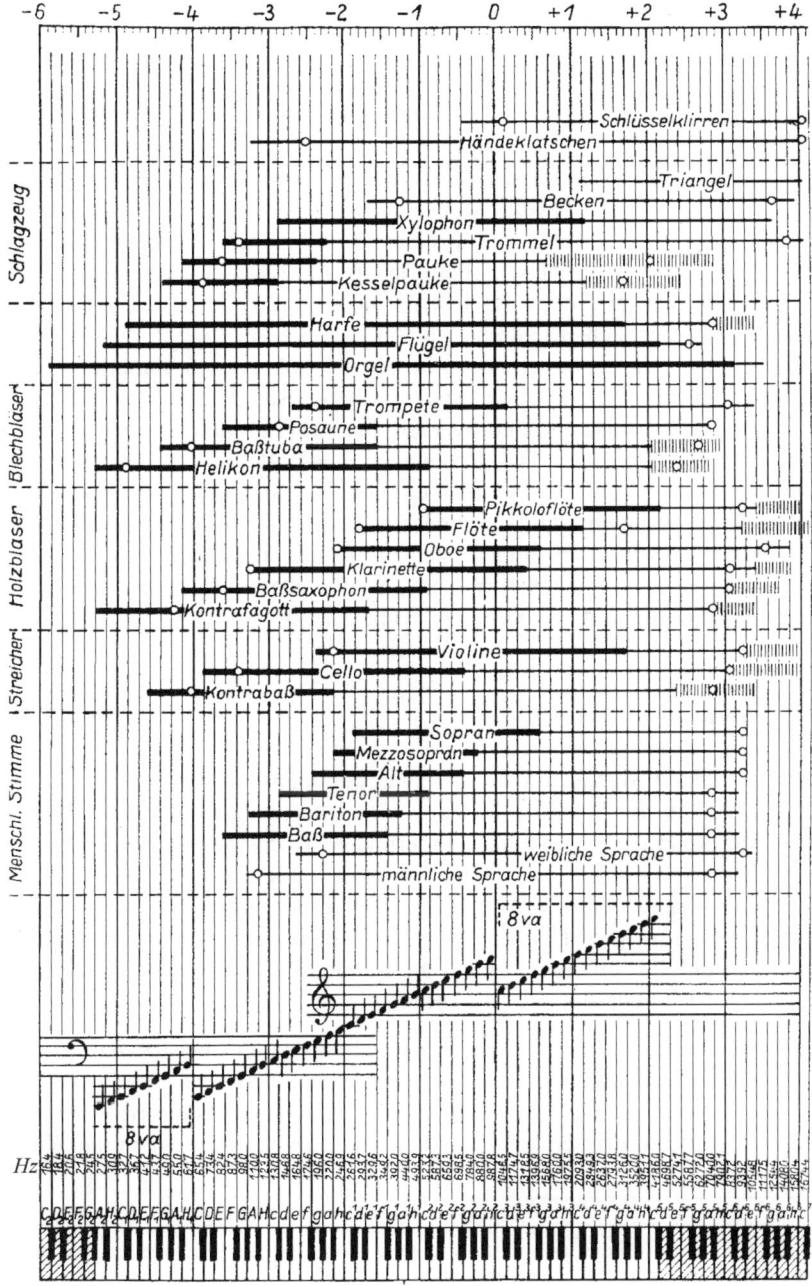

Vegetativer Kanal

vegetativer Kanal
⇨ Erröten
⇨ Schwitzen
⇨ Erblassen
⇨ Zittern

Der vegetative Kanal umfaßt jene körpersprachlichen Äußerungen, die nervlich gesteuert werden. Im Unterschied zu verschiedenen Aspekten der anderen Kanäle sind sie jedoch kaum oder gar nicht bewußt kontrollierbar. Beginnt jemand plötzlich zu zittern – in einer Prüfung oder bei einem Streit –, hat die betreffende Person sich weder mit der Absicht getragen zu zittern, noch kann sie es außer Betrieb setzen. Eine Tatsache, mit der sich betroffene Menschen entweder täglich plagen oder sie haben sich damit abgefunden, in für sie belastenden Situationen zu erröten oder zu zittern. Zwar sind typische Situationen bekannt, die mehrheitlich als belastend erlebt werden, die Kriterien dafür sind allerdings sehr subjektiv festgelegt. Das Reden vor einem Publikum kann für den einen die Hölle und für den anderen ein Genuß sein. Daraus läßt sich nicht zwangsläufig herleiten, daß derjenige, für den es die Hölle ist, automatisch zu schwitzen beginnt, zu zittern oder zu erröten. Wiederum gibt es viele Menschen, die nicht verstehen, warum sie schwitzen oder erröten, denn sie empfinden die Situation absolut nicht als belastend.

⇨ Erröten

Eines der ersten Signale für Überhitzung des menschlichen Körpers zeigt sich im Erröten der Wangen. Mögliche Ursachen liegen entweder in einer zu hohen Raumtemperatur oder in erhöhter Körpertemperatur. Letztere kann wiederum Auswirkung • einer Krankheit (Fieber), • einer intensiven Bewegungsphase, • eines kreislaufanregenden Getränks oder • einer emotionalen Erregung sein. Der Vorgang des Errötens läßt sich nicht unterbrechen [1], bestenfalls verbergen, indem die Hände rasch die Wangen bedecken oder der Körper gebräunt bzw. geschminkt ist.

Das Erröten vor Scham oder aus Verlegenheit beginnt meist genau in der Wangenmitte und breitet sich über die Wangenoberfläche aus. Verstärkt sich das Erröten weiter, sind davon auch Hals– und oberer Brustbereich sichtbar betroffen. Erröten die Wangen hingegen vor Wut, scheint die Wan-

---

[1] Die erhöhte Körpertemperatur hat eine Erweiterung der Blutgefäße zur Folge. Der Blutkreislauf fungiert nun als Wärmetauscher. Das Blut wird direkt unter die Hautoberfläche transportiert, um dort möglichst viel Wärmeenergie an die Umwelt abzugeben.

genfärbung scheckig zu verlaufen. [2] Die von der Mitte aus beginnende Färbung ist in diesem Fall nicht zu beobachten.

⇨ Schwitzen

Analog dem Erröten kann das Schwitzen durch die gleichen Ursachen ausgelöst werden. Es entzieht sich gleichermaßen der bewußten Kontrolle. Neben dem Schwitzen auf Grund erhöhter Außen– bzw. Innentemperatur gibt es überdies den sogenannten kalten Schweiß. Starker Streß löst Körperreaktionen aus, zu denen eine Überfunktion der Nebennieren gehört. Verschiedene Hormongruppen [3] werden produziert, die u.a. eine verstärkte Produktion von Körperflüssigkeit zur Folge haben. Da sich ebenfalls die Zusammensetzung der Körperflüssigkeit in Abhängigkeit von der Nebennierenfunktion ändert, ergaben chemische Analysen von »Sportschweiß« und von »Streßschweiß« unterschiedliche Zusammensetzungen. Sie lassen sich bisweilen sogar durch unsere Nase bewußt wahrnehmen. Die chemische Analyse von Tränen führte gleichermaßen zu unterschiedlichen Ergebnissen zwischen jenen Tränen, die der Mensch vor Wut und Freude oder solchen, die er als Schutzreaktion (bei starkem Wind) produziert.

⇨ Erblassen

Im Erregungsfall eines aggressiven Menschen werden seine Wangen blaß. Das Blut weicht aus den Wangen zurück. Ein Angst– oder Furchtzustand kann das gleiche Erscheinungsbild auslösen. Angst oder Schrecken verursachen eine Gefäßerweiterung in den Extremitäten, das Blut weicht aus dem Kopfbereich zurück.

---

[2] MORRIS, D.: Körpersignale: Vom Scheitel bis zum Kinn. Heyne–Verlag, München 1986, S. 149 ff
[3] Im wesentlichen sind das:
- *Androgene* (Geschlechtshormone),
- *Glukokortikoide*, die v.a. den Kohlenhydrat-, Fett- und Eiweißstoffwechsel beeinflussen. Beim Streß nimmt die Glukokortikoidsekretion zu, wodurch der Blutzuckerspiegel als schnell verfügbarer Energielieferant angehoben wird.
- *Mineralokortikoide* mit überwiegender Wirkung auf die Elektrolytkonzentration und -zusammensetzung in den Körperflüssigkeiten.

⇨ Zittern

Auf zu niedrige Temperaturen reagiert der Körper mit Muskelkontraktionen, um durch die damit verbundene Zitterbewegung Wärmeenergie zu erzeugen. Neben der Temperatur können auch andere Reize Muskelkontraktionen auslösen: übermäßige Kraftanstrengung, Streß, Angst, Zorn. Möglicherweise auftretende Gänsehaut vgl. Abschnitt *KANÄLE KÖRPER-SPRACHLICHEN AUSDRUCKSVERHALTENS – VISUELLER KANAL – HAARE.*

Proxemik

Proxemik
⇨ Sprechdistanz
⇨ Verhalten/Bewegung im Raum
⇨ Sitzordnung

Zur Proxemik gehören jene Aspekte, die das räumliche Nähe– und Distanzverhalten kennzeichnen. Eine Untersuchungsstrategie, auf der sogar die Idee für eine später berühmte Filmszene basierte, illustriert die Regelwelt der Proxemik: Im Fahrstuhl eines öffentlichen Gebäudes fahren ca. 10 Personen, die instruiert wurden, daß sie sich nach dem Einsteigen nicht wie üblich umdrehen, sondern mit dem Rükken zur Fahrstuhltür stehen bleiben. Das Beobachtungsinteresse galt dem Verhalten einer zusteigenden Versuchsperson. In welche Richtung würde sie sich stellen? Der typische Ablauf nach dem Betreten des Fahrstuhls verlief derart, daß sich die Versuchsperson nach dem Einsteigen drehte und mit dem Gesicht zur Tür stand. Nachdem sie bemerkte, daß alle anderen Personen mit dem Rücken zur Fahrstuhltür standen, drehte sich die Versuchsperson ebenfalls mit dem Rücken zur Tür. Das Beispiel zeigt den Einfluß sowohl konkreter örtlicher Gegebenheiten als auch des Verhaltens anderer auf die eigene Proxemik. Angesichts des zu erwartenden Normalverhaltens der Versuchsperson – Eintreten und Umdrehen –, wird deutlich, daß die Proxemik soziale Fertigkeiten impliziert. Mit anderen Worten, man weiß, wie man sich wo zu verhalten hat.

⇨ Sprechdistanz

Im Zusammenhang mit bereits erwähnten Rhetorikkursen stehen ebenfalls Überlegungen, sogenannte Sprechdistanzen zu definieren, um für Vorträge und Gesprächsführung optimale Wirkungen zu erzielen: Ansprache 3–4 m, Ge-

82

spräch 2–3 m, persönliches Gespräch 60–150 cm, Intimgespräch 50–60 cm. Solchermaßen zweckorientierte Empfehlungen für Sprechdistanzen beziehen ihre Angaben aus Forschungen zum »persönlichen Raum«[1] bzw. zu funktional definierten Distanzzonen zwischen Personen[2].

⇨ Verhalten/Bewegung im Raum

Der persönliche Raum markiert jene unmittelbare Zone um einen Menschen, die er als Territorium für seinen Körpers beansprucht. Die Ausdehnung dieses Territoriums variiert mit der Situation. Die gleiche Nähe fremder Menschen, die im Fahrstuhl noch als akzeptabel hingenommen wird, wäre beim anschließenden Aufenthalt auf dem leeren Korridor inakzeptabel. Ähnlich unterschiedlich definieren wir unseren persönlichen Raum an der Bushaltestelle bzw. im voll besetzten Bus. Normalerweise stellt sich niemand bereits an der Bushaltestelle so dicht neben eine fremde Person, wie es im Bus oft erforderlich ist. So, wie jedermann freiwillig die Ausdehnung seines persönlichen Raumes in Abhängigkeit von der Situation definiert, werden diese Definitionen gegenseitig akzeptiert. Wenn nicht unbedingt erforderlich, werden entsprechend unsichtbare Grenzen nicht überschritten. Untersuchungen der Regelhaftigkeiten, die den jeweiligen Entscheidungen über eine Ausdehnung des Territoriums und den damit verbundenen Distanzen zwischen Menschen zugrunde liegen, führten zur funktionalen Aufteilung in vier unterschiedliche Zonen: *Intimzone, persönliche, soziale* und *öffentliche Zone*[2]. Physikalisch ist die *Intimzone* mit < 35 cm festgelegt, wenn also die Distanz zwischen den Gesichtern weniger als 35 cm beträgt. Normalerweise ist dieser Bereich engen Freunden und Familienmitgliedern vorbehalten. Im überfüllten Bus oder im Fahrstuhl ist es auch fremden Menschen gestattet, sich in diese Zone zu begeben. Dennoch erlebt kaum jemand solche Situationen als angenehm. Das ungebetene Eintreten Fremder in die Intimzone wird auch in diesen Fällen als intensive Annäherung oder als Bedrohung und damit als Verletzung der eigenen Sicherheit erlebt. Als Schutztechnik in jenen Situationen, in denen Fremde unter Umständen zwangsweise die Grenzen zur Intimzone überschreiten müssen, lassen sich häufig Schutzhaltungen beobachten, wie das Kreuzen der Hände oder Arme in irgendeiner Weise vor dem eigenen Körper (siehe Abb. 1 ① bis 1 ③).

---

[1] HAYDUK, L.A.: Personal space: Where we now stand. Psychological Bulletin 94, S. 293–335, 1983
[2] HALL, E.T.: Proxemics: A study of man's spatial Relationship. In: Man's image in medicine and anthropology, 1963

Allein das Verschränken der Arme kann als Schutzwall dienen. Solcherart Schutzsignale fungieren als unmißverständliche Markierung der unsichtbaren Grenzen einer Intimzone. Sie sollen andere von einem möglichen Eindringen abhalten. Im Gedränge kommt diese Art Schutzverhalten nicht primär zum Einsatz. Der Mensch wehrt sich in diesem Fall weniger gegen Personen als gegen eine Art physische Mauer[3]. Als solchermaßen entpersonifiziertes Objekt verliert sie die Bedrohung, die von einer einzelnen Personen ausginge.

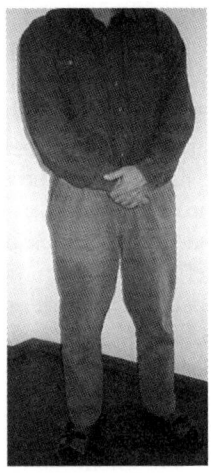  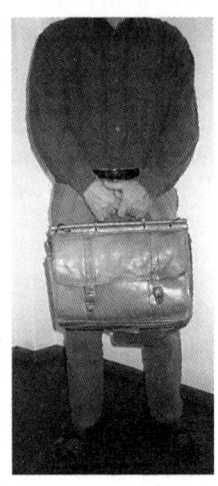

① Kreuzen vor dem Körper

② Der zur Umhängetasche geführte Arm als Schutzbarriere

③ Das Kreuzen wird durch eine vorgehaltene Tasche verstärkt.

Abbildung 1
Erscheinen soziale Situationen bedrohlich, wird versucht, ein »Hindernis« zu errichten. Ein Muster für dieses Hindernis stellt das Kreuzen der Arme vor dem Körper dar.

Nachgewiesenermaßen beanspruchen ältere Menschen[4], psychisch Kranke[5] sowie Menschen mit höherem sozialen Status[6] eine größere Ausdehnung der Intimzone.

Gleichsam dem Zwiebelschalenprinzip folgen weitere umhüllende Zonen.

---

[3] VINE, I.: Social spacing in animal and man. Social science information 12, S. 7–50, 1973
[4] HAYDUK, L.A.: Personal space: Where we now stand. Psychological Bulletin 94, S. 293–335, 1983
[5] HOROWITZ, M.J./DUFF, D.F./STRATTON, L.O.: Body buffer zone. Archives of general Psychiatry 11, S. 651–656, 1969
[6] VINE, I.: Social spacing in animal and man. Social science information 12, S. 7–50, 1973

Zunächst die *persönliche Zone*. Ihre physikalischen Grenzen sind mit 35 cm ≤ persönliche Zone ≤ 1,20 m angegeben. Es ist jene Zone, in der private Angelegenheiten besprochen werden. Folglich akzeptieren wir nur Freunde, Verwandte und manchmal auch wirklich gute Bekannte in dieser Zone. BIRKENBIHL definiert diesen Personenkreis: »In unsere persönliche Zone lassen wir freiwillig all jene Personen hinein, mit denen wir nicht so intim sind, daß sie unsere Intimzone betreten dürfen, die uns aber auch nicht so fremd sind, daß sie in unserer nächstweiten Zone verbleiben müssen« [7]. Umgekehrt wird von der Umwelt Nähe zwischen zwei Personen als Sympathie dekodiert. Auch für diese Zone wird das Kreuzen der Arme vor dem Körper als typisches Schutzsignal eingesetzt. Bereits durch Vor– und Zurücklehnen des Oberkörpers, das Ausstrecken/Übereinanderschlagen oder Heranziehen der Beine kann die persönliche Zone eines Menschen betreten und verlassen werden. Gleichermaßen agieren Hand– und Armgesten entweder innerhalb der eigenen Intimzone oder reichen in die persönliche Zone des anderen. Indem persönliche Gegenstände in die persönliche Zone eines anderen gelegt werden, kann die Grenze dieser Zone ebenfalls überschritten werden. In vielen Situationen tendieren Menschen dazu, die Grenzen ihrer persönlichen Zone sichtbar zu machen. In Lesesälen von Bibliotheken werden Hefter und Schreibutensilien entsprechend ausgebreitet, im Restaurant Mäntel oder Gegenstände auf freie Stühle verteilt, am Strand sogar ganze Strandburgen gebaut.

Die nächste Hülle wird als *soziale Zone* bezeichnet, deren Grenzen zwischen 1,20 m und 4,00 m liegen. In dieser Zone erfolgen unpersönliche Konversationen und damit der Großteil alltäglicher Interaktionen wie Unterhaltungen mit Kollegen, Bekannten oder Nachbarn, formale Arbeitsgespräche, Einkauf, Amtsgänge. In vielen Situationen aus den genannten Bereichen wird die Distanz zwischen den Personen durch den Ort der Begegnung und seine Möblierung vordefiniert. Abfertigungstresen, große Schreibtische und ähnliches distanzieren Personen bereits auf mindestens 1,50 m. Diese Distanzierung schützt gleichermaßen die persönliche Zone sowie die Intimzone jeder Person und bildet zugleich eine Barriere.

Ist die Distanz zwischen den Personen größer als 4 m, wird von *öffentlicher Zone* [8] gesprochen. Die obere Grenze variiert mit der Wahrnehmungsgrenze

---

[7] BIRKENBIHL, V.F.: Signale des Körpers. Körpersprache verstehen. mvg verlag, München 1992, S. 153

[8] Im Original bezeichnet HALL die Zone als *public zone*. Im Englischen steht *public* ebenfalls für das im Deutschen gebräuchliche *allgemein. Öffentlich* meint also in diesem Zusammenhang nicht *offiziell* oder *behördlich*. Das sei beiläufig erwähnt, weil *öffentlich* angesichts von Bezeichnungen wie Öffentlicher Dienst, öffentlich–rechtlich, öffentlicher Fernsprecher

Abbildung 2
Menschen in der Intimzone

Abbildung 3
Menschen in der persönlichen Zone

Abbildung 4
Menschen in der sozialen Zone

auf allen Ausdruckskanälen. Diese Distanzen sind in Konferenzen (zwischen Konferenzvorsitz und Teilnehmern), in Lehrveranstaltungen (zwischen Lehrenden und Schülern), bei Vorträgen (zwischen Referent und Auditorium) anzutreffen. Distanzen dieser Größenordnung verlangen zwangs-

verstärkt institutionelle Assoziationen weckt.

läufig Veränderungen im körpersprachlichen Ausdrucksverhalten. Gesten, Mimik und Betonung verlaufen langsamer und demonstrativer, um wirkungsvoll die Distanz zu überwinden.

Neben der horizontalen Distanz spielt ebenfalls die räumliche Positionierung eine nicht unbeachtliche Rolle. Stehen bzw. auf einem Stuhl oder dem Fußboden sitzen, von einem Podium aus zu reden, das alles bezieht in das Geschehen die dritte Dimension ein. Sie kann auch durch hohe Absatzschuhe oder die Körperhaltung genutzt werden. Untersuchungen ergaben, daß der Winkel, den Personen zueinander wählen, im Zusammenhang mit der Tätigkeit und der Distanzzone stehen. Für kooperative Tätigkeiten wird eine Orientierung Seite–an–Seite favorisiert, konkurrierendes Agieren bevorzugt das Gegenüber und für Konversationen wird der Über–Eck–Position ein Vorrang gegeben. Sitzen Menschen vis–à–vis, kann das statt einer konkurrierenden bisweilen auch eine sehr einträchtige Situation kennzeichnen. Beide widmen einander ihre völlige Aufmerksamkeit. Konzentriert kann so jede Thematik – ob eine sachliche oder emotionale – besprochen werden. Jeder erkennt am Verhalten seines Gegenübers genau, ob das Gespräch auf ein Miteinander ausgerichtet ist. Bei sehr engagiert vorgetragenen Argumenten kann ein vis–à–vis–Gespräch leicht konfrontativen Charakter annehmen. Diese Gefahr läßt sich durch eine Über–Eck–Stellung erheblich mindern. In dieser Orientierung kann der direkte Kontakt gehalten werden, es besteht zugleich Freiraum für Verhaltensweisen, die in der vis–à–vis–Stellung irritieren. So können sich die Augen Ruhepunkte suchen, ohne auffällig dem Blick des anderen auszuweichen. In der Über–Eck–Position verzichten Gesprächspartner viel leichter auf permanenten Blickkontakt.

⇨ Sitzordnung

Oftmals sind die Möglichkeiten, Nähe und Distanz zu anderen herzustellen bzw. sich im Raum zu bewegen, bereits durch die Anordnung der Sitzgelegenheiten vorentschieden. Möblierung und der Anlaß einer Zusammenkunft erlauben häufig kaum Variationen der traditionellen Sitzordnung. • Für Veranstaltungen mit mehr als 20 Personen gestattet die klassische Reihensitzordnung eine optimale Raumauslastung, die Anwesenden können Präsentationen gut sehen, jedoch nur begrenzt und umständlich miteinander kommunizieren. • Im Gegensatz dazu erlaubt die U– oder kreisförmige [9] Sitzord-

---

[9] Eine wirkliche Kreisform ist selten zu finden. Meist weicht die Anordnung elliptisch von der Kreisform ab, so daß an einem Scheitelpunkt die Schlüsselperson der Veranstaltung Platz findet.

nung allen Teilnehmern komfortable Möglichkeiten zur Kommunikation. Einerseits diszipliniert die Tatsache, einander beobachten zu können. Mangelnde Aufmerksamkeit bleibt nicht unentdeckt. Andererseits ist aber auch ablenkenden Momenten viel Raum gegeben, indem jeder jeden ausgiebig und neugierig beobachten kann, anstatt der Hauptpräsentation zu folgen. • Tische zwischen den Teilnehmenden bieten eine sinnvolle Schreibfläche, schaffen gleichzeitig große Distanzen und können sogar eine Art Sicherheitszone darstellen. • Entfallen die Tische, sitzen sich alle Teilnehmenden quasi ungeschützt gegenüber. Abhängig von der einzelnen Persönlichkeit forciert diese Sitzordnung zum einen größere Offenheit bei den Beteiligten, zum anderen kann sich auch das Bedürfnis nach Sicherung der persönlichen Zone verstärken und deutlich Schutzsignale intensivieren.

Bei festgelegter Anordnung der Sitzplätze und freier Wahl des Platzes ist in vielen Situationen ein typisches Entscheidungsverhalten zu beobachten.

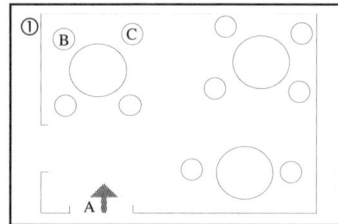 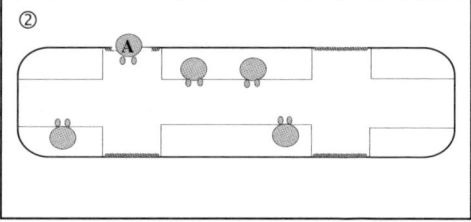

Abbildung 5
Wahlmöglichkeiten des Sitzplatzes nach dem Betreten ① eines Lokals, ② eines Zugwagens

Die Zeichnungen in Abb. 5 ① und ② skizzieren zwei häufig anzutreffende Alltagssituationen. Die Person A betritt ein Lokal oder einen Zugwagen und entscheidet sich für einen der freien Sitzplätze. Sofern der Kontakt zu anderen Personen nicht ausdrücklich gesucht wird, zeigt die Entscheidung der Platzwahl stets folgende Kennzeichen: • die eigene persönliche Zone wird die der bereits Sitzenden nur dann berühren oder gar überschneiden, wenn es nicht anders möglich ist; • die auf den gesamten Raum bezogene Qualität der eigenen persönlichen Zone darf nicht deutlich unter der der anderen Personen liegen; • Gelegenheit für zufällige Übergriffe durch Blicke oder ausholende Gesten der anderen in die eigene persönliche Zone werden so gering wie möglich gehalten; • frontales Gegenübersitzen wird gemieden, • die Entscheidungen werden von einem nur kurzen Zögern begleitet. Aus eigener Erfahrung sind mögliche Entscheidungsvarianten der Person A in den Abbildungen 5 ① und ② im Selbstversuch nachvollziehbar. Eine anschließende Überprüfung klärt, inwieweit die oben genannten Kennzeichen zutreffend sind.

Olfaktorischer Kanal

olfaktorischer Kanal
⇨ Körpergeruch (Schweiß, Parfüm, Rauch, Mundgeruch)

Informationen über diesen Kanal empfängt der Mensch mit seiner Nase. Im Zusammenhang mit dem Kindchen–Schema fand die Nase als anziehend–reizvoller Punkt im Gesicht eines Kleinkindes Erwähnung. Die Nase Erwachsener erfährt höchst selten Bewunderung. Vielmehr wird sie in der Umgangssprache als Gegenstand verspottender Bezeichnungen gepflegt – Hakennase, Zinken, Riechkolben, Gesichtserker, Himmelfahrtsnase ... Auch in Redewendungen ist der Nase vorzugsweise ein Platz in abfälligen Bemerkungen zugeordnet – »die Nase voll haben«, »die Nase hoch tragen«, »jemanden auf der Nase herumtanzen«, »seine Nase in alles stecken«, »an der Nase herumführen«. Aus dieser Sicht stellen die Wendungen, »die Nase vorn haben« und »eine gute Nase haben« beachtenswerte Ausnahmen dar. Zu guter Letzt wird auch ihre Fähigkeit, Gerüche wahrzunehmen, arg bezweifelt. Sicherlich hält die menschliche Nase einem Vergleich mit der Tiernase [1] nicht stand. Angesichts der Erschwernisse, denen eine Nase heutzutage ausgesetzt ist, muß ihr noch verbliebenes Wahrnehmungsvermögen beeindrucken. Belastungen durch Umweltgerüche decken natürliche Düfte zu, für deren Wahrnehmung die Nase eigentlich geschaffen ist. Solche Belastungen sind häufig derart massiv, daß sich die Nase aus Selbstschutz dagegen unempfindlich machen muß. Im Zuge dieser Entwicklung ist denkbar, daß die menschliche Nase einige natürliche Fähigkeiten »verlernt« hat.

Von der menschlichen Nase ist nur der aus dem Gesicht hervorspringende äußere Teil sichtbar. Er ist der physiologisch weniger bedeutsame Teil, ist jedoch für die Physiognomie des einzelnen Gesichts bedeutsam. Der physiologisch wesentliche Teil der Nase – das Naseninnere – ist dem Betrachter

---

[1] Auf dem Riechepithel, das der Geruchswahrnehmung dient, sitzen beim Menschen mehrere Millionen Geruchssinneszellen (als Riechkegel und Riechhärchen). Angaben zur Zahl der Geruchssinneszellen beim Menschen schwanken zwischen einer und fünf Millionen, beim Hund beispielsweise sind es 220 Millionen.

nicht zugänglich (vgl. Abb. 1). Die wulst– bzw. muschelartigen Gebilde, die sich in jeder Nasenhöhle befinden (Conchen), kanalisieren den Luftstrom. Mit Ausnahme des Naseneingangs, ist der gesamte Bereich des Naseninneren mit einer Schleimhaut ausgekleidet. Eine besondere Schleimhaut – die Riechschleimhaut – liegt in der Gegend des Nasendachs. Diese Riechschleimhaut galt bis vor einiger Zeit als der eigentliche »Sitz« des Geruchssinns. Inzwischen spricht jedoch vieles dafür, daß die auf der gesamten Schleimhaut befindlichen Nervenendigungen ebenfalls auf Duftstoffe ansprechen. Durch eine besondere Art des Einatmens – dem Schnüffeln – kann der Riechschleimhaut eine erhöhte Menge von Atemluft zur olfaktorischen Analyse zugeführt werden.[2]

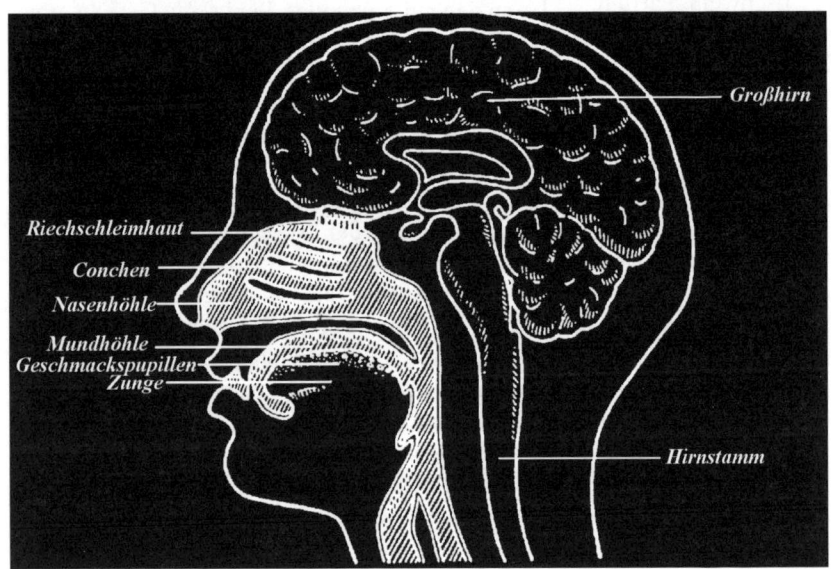

Abbildung 1
Nasenhöhle, Mundhöhle und Rachen. Übernommen von BURDACH[3]

»...Geruchsmodalitäten haben engste Beziehung zur Sphäre des Vitalen und Affektiven, wogegen ihr rationaler Anteil nur schwach entwickelt ist.«[4] Deshalb sind Gerüche weitestgehend »begriffsfremd« und entziehen sich

---

[2] BURDACH, K.J.: Geschmack und Geruch. Gustatorische, Olfaktorische und trigeminale Wahrnehmung. Verlag Hans Huber, Bern 1988, S. 16 ff
[3] Ebenda, S. 15
[4] HENSEL, H.: Allgemeine Sinnesphysiologie. Hautsinne, Geschmack, Geruch. Springer–Verlag, Heidelberg 1966, S. 265

einer wissenschaftlichen Klassifikation. Auch die Alltagssprache hält keine präzisen Geruchsklassen bereit. Für Farb– oder Geschmacksqualitäten verfügt jeder über klare Begrifflichkeiten (Rot, blau, sauer, salzig usw.), für die Beschreibung wahrgenommener Gerüche müssen erst anschauliche und verständliche Attribute gesucht werden. Die stark gefühlsbetonte Komponente des Geruchserlebnisses legte nahe, Gerüche danach auch einzuteilen. So wird in Wohlgerüche und Gestänke sowie indifferente Gerüche unterschieden. Um von affektbetonten Einteilungen der Gerüche abzusehen, wurde versucht, Gerüche nach phänomenalen Ähnlichkeiten einzuteilen. Eine darauf beruhende Einteilung nach HENNING aus dem Jahre 1924 [5] hat bis in die Gegenwart Gültigkeit und konnte nur unerheblich verfeinert werden.

Drei Funktionen hat die Nase im wesentlichen zu erfüllen:
① Aufbereitung der einströmenden Luft, um Irritationen oder Schädigungen des Atmungssystems zu minimieren/verhindern – • Reinigung durch Härchen, • Befeuchtung durch Schleimhäute (von 35% auf 80%), • Erwärmung auf Körpertemperatur.
② Chemosensorische Analyse der Atemluft. So wird der Organismus mit Informationen versorgt, die über Beaschaffenheit von Nahrungsmitteln, bei der Suche nach Geschlechtspartnern oder bei Gefahren (giftige Gerüche, Brandgeruch) orientieren.
③ Analyse flüchtiger Duftstoffe, die im Verlaufe der Nahrungsaufnahme über den Rachenbereich aus der Mundhöhle kommen. »Geschmacksempfindungen, die nicht der Klasse der Grundgeschmacksqualitäten zuzuordnen sind, sondern durch Nahrungsmitteldüfte (z.B. Frucht– oder Brataromen) hervorgerufen werden, basieren nach übereinstimmender Ansicht auf solchen Stimulationsprozessen.« [6]

---

[5] Einteilung der Gerüche nach HENNING, H.: Der Geruch. Johann Amrosius Barth, Leipzig 1924

Qualität	Substanz	
1. würzig oder gewürzhaft	Pfeffer, Ingwer	(Versuchspersonen haben ca.
2. blumig oder duftend	Jasminöl	400 verschiedene Substanzen
3. fruchtig	Apfeläther	unwissentlich gerochen und
4. harzig oder balsamisch	Räucherharz	wurden veranlaßt, die Gerüche
5. faulig	Schwefelwasserstoff	nach Ähnlichkeiten zu ordnen)
6. brenzlig	Teer	

[6] BURDACH, K.J.: Geschmack und Geruch. Gustatorische, olfaktorische und trigeminale Wahrnehmung. Verlag Hans Huber, Bern 1988, S. 17

⇨ **Körpergeruch**

Erfahrungen im Alltag zeigen, wie gut die Nase arbeitet. Im zwischenmenschlichen Bereich informiert uns ihre Wahrnehmung über sehr Persönliches: was die Menschen gegessen und getrunken haben, ob sie Raucher sind, wie ihre Verdauung arbeitet, welches Parfüm sie bevorzugen, wie gut ihre Körper–, Mund– und Kleidungshygiene ist, ob sie erregt oder gestreßt sind. Das sind sehr private Informationen, die weitaus mehr über einen Menschen aussagen, als dieser möglicherweise preisgeben möchte. Angesichts dieser Intimität verwundert es nicht, in welch hohem Maße solche Geruchswahrnehmungen über Stimmungen und interpersonale Einstellungen entscheiden. Vielfach entziehen sich Gerüche auch einer bewußten Wahrnehmung, werden jedoch von der Nase registriert und lösen im Körper Reaktionen aus, die für unsere Stimmung, für Sympathie und Antipathie entscheidend sind. Gerade die Beziehung zwischen den Geschlechtern wird von diesen unbewußt ablaufenden Geruchswahrnehmungen beträchtlich beeinflußt. Alles in allem gibt es kaum einen Geruch, der nicht Lust oder Unlust erzeugt und dadurch auf das vegetative Nervensystem einwirkt. Ekelerregende Düfte können die Tätigkeit der Verdauungsdrüsen hemmen, zum Erbrechen führen, den Blutkreislauf stören und Schwindelgefühle hervorrufen. Angenehme Düfte oder Lieblingsgerüche fördern dagegen die Leistungsfähigkeit. Düfte haben häufig einen hohen Gedächtniswert und können als Schlüsselreize wirken. Die individuellen Geruchsempfindungen differenzieren nicht nur hinsichtlich der Intensität sondern auch in Bezug auf die Qualität. Beispielsweise legen nicht nur der ausgewählte Duft sondern auch die Menge eines verwendeten Parfüms dafür beredtes Zeugnis ab.

Gustatorischer Kanal

gustatorischer Kanal
⇨ Geschmack (Küssen, Lecken)

Zur Informationsbeschaffung über diesen Kanal ist die Zunge das wichtigste Werkzeug. Insgesamt ist ihre Leistung innerhalb der Kommunikation bemerkenswert. Bereits für den akustischen und den visuellen Kanal konnte sie als vielseitiges Organ beschrieben werden. Sie ist für das Sprechen unerläßlich und vermag außerdem visuelle Signale zu vermitteln wie die Zunge herausstrecken oder die Lippen lecken. Sofern sie nicht kommunizieren muß, hat sie Zerkleinerungs–, Schluck–, Reinigungs– und Beobachtungsaufgaben im Mund zu erfüllen.

⇨ Geschmack

Mit der Zunge können vier Geschmacksqualitäten wahrgenommen werden: süß und salzig – mit den Geschmacksknospen an der Zungenspitze – sowie sauer und bitter – mit den Geschmacksknospen am Zungenrand (vgl. Abb.1).

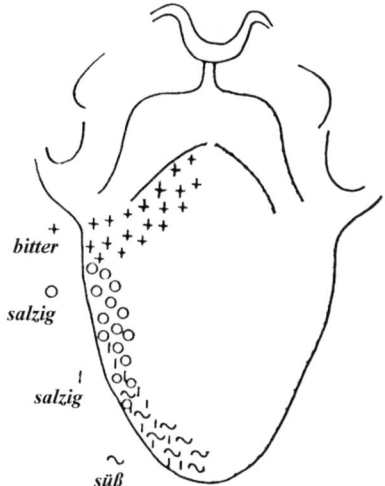

Abbildung 1
Verteilung der Vorzugsempfindlichkeit für verschiedene Geschmacksqualitäten. Übernommen aus »Geschmack und Geruch« von K.J. BURDACH [1]

Andere Zonen des Mundes, die konzentriert Geschmacksknospen aufweisen, sind im Rachenbereich sowie im Bereich des Gaumens zu finden. Die Zunge weist jedoch die sensibelsten Bereiche auf und ist der eigentliche Sitz des gustatorischen Wahrnehmung. Wendungen aus der Alltagssprache wie »Gaumenfreuden«, »ein feiner Gaumen« oder »den Gaumen kitzeln« gehen am eigentlichen Geschmackssinn vorbei.

Die bereits von Aristoteles bezeichneten vier Grundqualitäten (sauer, süß, salzig, bitter) lassen sich phänomenal nicht weiter zerlegen. Außer diesen reinen Geschmacksqualitäten werden viele Mischqualitäten wahrgenommen. Verschiedene Geschmackskomponenten verschmelzen mitunter zu neuen Qualitäten, verdecken oder kompensieren einander [2]. So verändert beispielsweise Salz die Art, wie Geschmack wahrgenommen wird. Diesem Phänomen verdanken

---

[1] BURDACH, K.J.: Geschmack und Geruch. Gustatorische, olfaktorische und trigeminale Wahrnehmung. Verlag Hans Huber, Bern 1988, S. 47
[2] »Besonders leicht verschmelzen süß–sauer, süß–salzig, sauer–salzig, weniger leicht: süß–bitter, schwer oder gar nicht: sauer–bitter und salzig–bitter.« – HENSEL, H.: Allgemeine Sinnesphysiologie. Hautsinne, Geschmack, Geruch. Springer–Verlag, Heidelberg 1966, S. 230ff

viele Knabber–Gebäcke (Chips, Salzstangen) ihre Beliebtheit. Das Salz fungiert als Geschmacksfilter, indem es bittere oder nicht schmackhafte Bestandteile maskiert und so die angenehmen Elemente verstärkt.

Innerhalb der zwischenmenschlichen Kommunikation werden nur beim Kuß oder beim gegenseitigen Lecken Informationen über den gustatorischen Kanal unmittelbar ausgetauscht. Das heißt, dieser Kanal spielt hauptsächlich bei sehr intimer Kommunikation eine Rolle. Aber auch ein flüchtiger Kuß kann auf den Lippen genügend Geschmacksreize hinterlassen, die von der Zunge anschließend durch eine genußsuchende oder zurückweisende Bewegung aufgenommen werden. Mit den gleichen Bewegungen signalisiert die Zunge auch als visuelle Geste Mißfallen und Gefallen. Bei besonders unangenehm schmeckenden Dingen kann zusätzlich zu der damit verbundenen Mimik auch die Zunge weit herausgestreckt werden. (siehe Abb. 3).

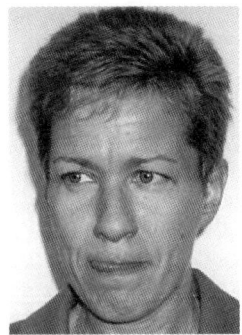

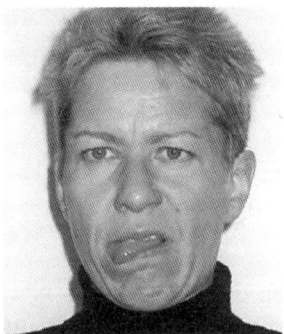

Abbildung 2
Genußsuchende Bewegung: die Zunge ertastet angenehme Reize

Abbildung 3
Abweisende Bewegung: die Zunge versucht den unangenehmen Geschmack wegzuwischen

Eine ganze Reihe solcher durch Geschmackseindrücke hervorgerufenen körpersprachlichen Ausdrucksformen verwendet der Mensch als Gesten, um seine Einstellungen gegenüber anderen Personen und Vorgängen oder Situationen absichtsvoll zu visualisieren bzw. zu akzentuieren. Bei Mißfallen tritt solches Ausdrucksverhalten auch mechanisch auf.

MORRIS führt das Repertoire der Zungenbewegungen auf zwei frühkindliche Mundbewegungen zurück: »die steif herausgestreckte Zunge, die die Brustwarze von sich weist, wenn das Baby satt ist, und die gebogene, forschende Zunge, mit der das Baby die Brustwarze sucht.«[3] Das könnte auch erklären, warum Menschen, die gerade einer konzentrierten Tätigkeit nachgehen, oft die Zunge herausstrecken oder sie genüßlich an der Oberlippe entlangführen. Mit dem Herausstrecken weist die Zunge quasi jede Störung zurück. Das lustvolle Lecken der Oberlippe betont die Freude am eigenen Tun.

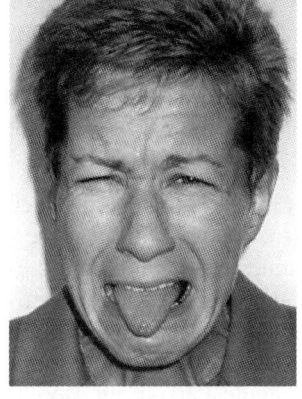

Abbildung 1
Heftiges Zurückweisen eines Geschmacks

Taktiler Kanal

taktiler Kanal
⇨ Beziehungssignale
⇨ Interaktionssignale
⇨ Zeremoniesignale

Gedanken zum taktilen Kanal, also jenem Kanal, über den durch Körperberührungen kommuniziert wird, sind eng mit der Proxemik verknüpft. Die Hautoberfläche ist die räumliche Grenze, bis zu der im allgemeinen das sinnesorganische Erlebnis des eigenen Körpers reicht. Durch diese körperliche Selbstwahrnehmung grenzt sich der Mensch gegenüber Dingen der Außenwelt ab. Damit besitzen alle körperoberflächlichen Berührungen einen Doppelcharakter: einerseits sind sie gegenstandsbezogen oder »*objektiviert*« andererseits selbstbezogen oder »*somatisiert*«. [1] Die Grenzlinie zwischen Objektivierung und Somatisierung verschiebt sich mit der intentionalen Einstellung. Deshalb betrachtet dieser Abschnitt die Signale des taktilen Kanals geordnet nach den intentionalen Orientierungen der Beziehungs–, Interaktions– und Zeremoniesignale. Die Mannigfaltigkeit der lokal unterschiedlichen Hautempfindungsqualitäten (z.B. Druck, Berührung, Vibration, Kitzel, Jucken, Kälte, Wärme, Hitze, Schmerz) findet

---

[3] MORRIS, D.: Körpersignale: Vom Scheitel bis zum Kinn. Heyne-Verlag, München 1986, S. 179
[1] HENSEL, H.: Allgemeine Sinnesphysiologie. Hautsinne, Geschmack, Geruch. Springer–Verlag, Heidelberg 1966, S. 99 ff

demzufolge im Zusammenhang mit einzelnen Intentionen bzw. weiteren Kanälen des körpersprachlichen Ausdrucksverhaltens Erwähnung.

Einzelne Körperstellen übertreffen an Feinheit ihrer Berührungswahrnehmung viele andere Bereiche des Körpers. Zu den besonders feinsinnigen Berührungswahrnehmern gehören die Fingerbeeren oder die Zungenspitze. Die Zungenspitze wird wegen ihrer ausgesprochen differenzierten Wahrnehmung und dem damit verbundenen Informationseindruck, den sie vermittelt, gerne als »Tastlupe« beschrieben. Entsprechend sensibel nimmt jedermann Veränderungen an seinem Gebiß wahr.

Körperkontakt durch Berührung ist nur bei Eintritt in die Intimzone möglich – erlaubt oder unerlaubt, gebeten oder ungebeten, erwünscht oder unerwünscht. Das macht Berührungen in der zwischenmenschlichen Kommunikation zu einer diffizilen Angelegenheit. Wer darf unter welchen sozial definierten Umständen in wessen Intimzone eindringen? Berührungen werden in weitaus stärkerem Maße kontrolliert als die übrigen körpersprachlichen Äußerungen. Durchschnittlich verwendet die sendende Person auf Berührungen mehr Behutsamkeit als auf Gesten oder ähnliches. Ebenso nimmt ein Empfänger Berührungen sensibler wahr. Der ausgesprochen vorsichtige und zurückhaltende Umgang mit Berührungen ist um so bemerkenswerter, als Körperberührungen die körpersprachliche Urform in der zwischenmenschlichen Kommunikation darstellen. Durch Körperkontakt geschieht die erste soziale Kommunikation mit einem Neugeborenen und es bleibt vorerst auch der wichtigste Kommunikationskanal.

⇨ Beziehungssignale

Wahrscheinlich entsteht aus diesen Erstberührungen die Eltern– und vor allem die Mutterbindung des Kindes. Während des ersten Lebensjahres stellen alle Familienmitglieder – auch Geschwister – ihre Beziehung zum Baby durch Körperkontakte her. Das beginnt mit vorsichtigen Berührungen und setzt sich fort in streicheln, liebkosen und kitzeln.

Die intensivste Form menschlichen Körperkontaktes ist bei der Sexualität zu finden. Außerordentlich intime und vertrauliche Berührungen wirken sowohl erregend als auch befriedigend und verstärken die Bindung zwischen beiden Partnern. Beim Menschen besteht die Hauptfunktion sexueller Kontakte nicht in der Fortpflanzung, sondern in der Schaffung stabiler Paarbindungen. Die wirksame Bindekraft intimer Körperkontakte bis hin zu einem Orgasmus kennzeichnet MORRIS als derartig ausgeprägt, daß es »...

sogar zwei ansonsten gar nicht zusammenpassende Menschen aneinander fesseln kann«[2]. In der Entwicklung intimer Annäherungen durchlaufen Paare nach MORRIS zwölf Stadien der Intimität, die sich fast immer in derselben Abfolge vollziehen[3]. Dabei können einzelne Stadien auch übergangen werden. Im Unterschied zu anderen Primaten sind bei den Menschen die weiblichen Partner sexuell ständig ansprechbar. Die jeweilige Stufe initiiert gewöhnlicherweise der Mann. Interessanterweise läßt sich aus dieser Hierarchie entnehmen, daß Körperkontakte eine klar strukturierte Bedeutung aufweisen. Nach dieser Bedeutungsstruktur können Menschen zu einer weiteren Hierarchiestufe des Körperkontaktes übergehen, wenn die vorhergehende Stufe sozial formalisiert wurde. Entsprechende Strukturen finden sich in vielerlei Beziehungsbereichen: Nachdem man sich zum Beispiel bei den ersten Begrüßungen mit einem fremden Menschen zuerst nur zunickte (2), grüßt man einander sprechend (3) und reicht sich möglicherweise bald die Hände (4). Je nach weiterem Verlauf der Beziehung kann die Begrüßungsform Stufen größerer Intimität erreichen. Werden einzelne Stufen zu eilfertig übersprungen, trägt das entsprechende Signal des Körperkontaktes eher zur Verwirrung als zur Herstellung einer Beziehung bei. Bedankt sich beispielsweise ein neuer Kollege gleich am ersten Tag mit einem Schulterklopfen für hilfreiche Hinweise, kann dieser voreilige Körperkontakt vielleicht als anmaßender Übergriff oder als schnelles Gemein–Machen ausgelegt werden.

Folgen die Signale den Hierarchiestufen, tragen sie wesentlich dazu bei, kooperative und freundschaftliche Beziehungen herzustellen. ARGYLE markiert Körperkontaktsignale, die der Herstellung freundschaftlicher Beziehungen mit Ebenbürtigen dienen, als Signale der *Affiliation*.[4] Im Mannschaftssport gehören sie so gut wie zum Alltag. Sowohl bei Erfolgserlebnissen als auch beim demonstrativen Vorführen des Mannschaftsgeistes sind Ausdrucksformen des taktilen Kanals unübersehbar. Einander an den Händen halten, umarmen, gegenseitig an den Händen abklatschen, die Arme über die Schultern legen, bisweilen dabei einen Kreis aller Mannschaftsmitglieder bilden, einander hochheben und sogar hochwerfen. (vgl. auch Abb. 2)

In einer vermeintlich weniger demonstrativen Form stellen sich Körperberührungen dar, die scheinbar beiläufig gemacht werden. Beispielsweise

[2] MORRIS, D.: Der Mensch, mit dem wir leben. Knaur, München 1981, S. 361
[3] Zwölf Stadien der intimen Annäherung nach MORRIS (Ebenda, S. 361): (1) Auge–Körper, (2) Auge–Auge, (3) Stimme–Stimme, (4) Hand–Hand, (5) Arm–Schulter, (6) Arm–Taille, (7) Mund–Mund, (8) Hand–Kopf, (9) Hand–Körper (10) Mund–Brust, (11) Hand–Geschlechtsorgan, (12) Geschlechtsorgan–Geschlechtsorgan, ein weiteres Stadium wäre Mund–Genitalien
[4] ARGYLE, M.: Körpersprache & Kommunikation. Junfermann–Verlag, Paderborn 1979, S. 273

zurechtrücken, schließen und öffnen von Kleidungsstücken, hinwegwischen von Schmutzteilchen, korrigieren der Frisur. Eltern tun das besonders intensiv bei ihren Kindern. Deren Körpersprache signalisiert wiederum – regelrecht provozierend –, wie unangenehm sie das finden. Meist verdrehen sie die Augen, weichen zurück und wehren sogar mit den Händen ab. Mit diesem körpersprachlichen Ausdrucksverhalten wollen sie nicht ihre Zugehörigkeit zu den Eltern verleugnen, sie verteidigen lediglich ihre Intimzone.

Abbildung 2
»Anflug zum Patschhändchen« aus: Berliner Zeitung, 24. Oktober 1997, AP/ARMANDO FRANCA

Dieses Beispiel verdeutlicht, daß Berührungen nicht nur Beziehungen sondern auch deren aktuelle Qualität signalisieren. Die Berührungen gegen den Willen des Kindes tragen deutlichen Dominanzcharakter. Ein um die Schulter gelegter Arm vom Chef ist weniger Ausdruck eines ehrlichen Zusammengehörigkeitsgefühls als einer sozialen Hierarchie. Umgekehrt scheint der Arm eines Mitarbeiters um die Schulter des Chefs geradezu undenkbar. HENLEY & LAFRANCE stellten in ihren kulturübergreifenden Untersuchungen die Berührung als Status–Indikator fest.[5] Demnach berührt eher ein Ranghöherer einen Rangniedrigeren als umgekehrt. Das Phänomen war bei Männern deutlich präsenter als bei Frauen. Diese Auffassung von Berührung als Status–Indikator bietet eine mögliche Deutung, warum die von MORRIS beschriebenen Stufen der intimen Annäherung vom Mann begonnen werden, wiewohl er der positiven Reaktion bedarf, bevor er die nächste Stufe einleitet. Ebenso könnte das erklären, warum tröstende Berührungen durch die Krankenschwester vor einer Operation auf Frauen beruhigend wirken (geringer Blutdruckanstieg, weniger Angst), von Männern hingegen als lästig aufgenommen werden. Während Frauen den Vorgang als Zuwendung und Mitgefühl bewerteten, betrachteten Männer diese Art von Berührung durch eine rangniedere Person als ungebührlich.[6]

Neben jenen taktilen Signalen, die Zusammengehörigkeit herstellen oder demonstrieren, kann Körperkontakt auch dann erfolgen, wenn Menschen einander abgrenzen, wenn sie Aggressionen ausdrücken: schieben, schubsen, ziehen/zerren, durchschütteln, stoßen, ein Bein stellen, schlagen, treten. Formen aggressiven Ausdrucksverhaltens lassen sich im Unterschied zur Körpersprache der anderen Kanäle an Alters– und Gesellschaftsgruppen binden. Unter Jugendlichen oder kriminellen Gruppen werden Kämpfe eher ausgetragen als unter Rentnern oder Bürokräften. Aggressiv taktiles Ausdrucksverhalten tritt auch in weniger feindselig geprägten Situationen auf wie bei Kampfsportarten, Mannschaftssportarten, Boxen, aber auch, wenn Eltern ihre Kinder züchtigen.

⇨ Interaktionssignale

Zweckgebundene Berührungen kommunizieren nicht in erster Linie interpersonale Einstellungen. Sie erfolgen bei Hilfeleistungen oder Gefälligkeiten und sehr oft aus beruflichen Gründen. Letztgenannte Berührungen ergeben sich bei Kleiderproben während eines Einkaufs oder beim Schneider, bei Arztbesuchen, beim Friseur, Masseur etc. Nahezu alle dieser »beruflichen« Berührungen erfolgen an Körperstellen, die sonst nur intimen Partnern oder engen Freunden erlaubt sind. Selbstverständlich lösen auch diese

---

[5] HENLEY, N.M./LAFRANCE, M.: Gender as culture: Difference and dominance in nonverbal behavior. In: WOLFGANG, A.: Nonverbal behavior. Perspectives applications and intercultural insights. Hogrefe, New York 1984
[6] WHITACKER, S.F./FISHER, J.D.: Multidimensional reaction to therapeutic touch in a hospital setting. Journal of Personality & Social Psychology 37. S. 87–96, 1979

Körperkontakte Reize aus. Eine Reaktion wird unterdrückt, indem – ähnlich der Situation im überfüllten Bus – die betreffende Person als Objekt betrachtet und die gesamte Prozedur als funktional notwendig eingeordnet wird.

⇨ **Zeremoniesignale**

Es gibt wohl kaum ein zeremonielles Ereignis, auf dessen Höhepunkt es nicht zu einem Körperkontakt kommt. Ob bei der Hochzeit der Austausch der Ringe und der anschließende Kuß, bei Preisverleihungen das Händeschütteln, beim Defilee das Händereichen, beim Gottesdienst die Segnung. Zeremonielle Berührungen sind bedeutungstragende Signale, sie stets einen symbolisieren Vorgang.

Thermaler Kanal

thermaler Kanal
⇨ Körperwärme

Informationen über die Temperatur eines Menschen werden weit häufiger über den visuellen, taktilen und vegetativen Kanal ausgetauscht als über den thermalen Kanal selbst. Der thermale Kanal an sich kann erst dann als Informationsträger agieren, wenn auch der taktile Kanal wirksam ist. Aus dem Gesamtkomplex der cutanen Sinnesmannigfaltigkeit lassen sich die Temperaturerlebnisse insofern gut ausgliedern, als sie sich an zwei bipolaren Qualitäten orientieren: Wärme und Kälte. Beide Qualitäten weisen sprachlich klar bestimmbare Abstufungen wie kühl, kalt, eisig für Kälte bzw. lau, warm, heiß für Wärme auf. Die Zeitdimension entscheidet bei extremen Temperaturerlebnissen, ob die Empfindungen in schmerzhafte Erlebnisse übergehen. Bei Körperberührungen werden Auffälligkeiten der Hautoberflächentemperatur wahrgenommen. Gründe und Ursachen für Veränderungen der Körper– sowie Körperoberflächentemperatur führte bereits der Abschnitt *VEGETATIVER KANAL* aus. Er benannte zudem Indikatoren, die über den visuellen Kanal Informationen bezüglich der Temperatur eines Menschen erschließen. Für die in diesem Zusammenhang genannten Beispiele fungiert der thermale Kanal selten als Entdecker von Temperaturabweichungen. Vielmehr bestätigt er die divergierenden Zustände. Vermutet man bei einem Menschen Fieber, würde die Temperaturerhöhung zuerst visuell festgestellt und anschließend thermal bestätigt, indem die Hand auf die Stirn gelegt wird.

⇨ Körperwärme

Selbständig entdeckt der thermale Kanal bei Berührungen erst dann Temperaturabweichungen, wenn sie noch nicht über andere Kanäle mitgeteilt wurden. Das ist beispielsweise beim Küssen und anderen intimen Berührungen der Fall oder wenn ein aus der Winterkälte kommender Gast herzlich umarmt wird. Auch in weniger intimen Situationen kann der thermale Kanal entdeckend tätig werden. So erzeugt Streß auffällige Temperaturschwankungen. Mit Sicherheit sind jedem schon einmal die eiskalten Hände eines anderen Menschen aufgefallen, obwohl Raum– und Wettertemperaturen für entsprechende Abkühlungen des Körpers gar keinen Anlaß gaben und diese Person ansonsten einen völlig ausgeglichenen Eindruck ausstrahlt. Diese eiskalten Hände – mitunter auch feucht – signalisieren, wie ungemein psychisch belastend die jeweiligen Verhältnisse von der betreffenden Person erlebt werden. In demselben Maße sind von diesen durch Streß erzeugten Durchblutungsstörungen die Füße betroffen. Und ebenso läßt ein Durchblutungsmangel bei längerem Sitzen Hände sowie Füße erkalten. In allen genannten Fällen bietet die thermale Wahrnehmung allerdings keine Information über die Kerntemperatur des anderen. Entdeckend tritt der thermale Kanal auch bei der Berührung von Kinderhänden in Erscheinung. Es wird eine vergleichsweise höhere Hauttemperatur empfunden. Die mittlere Körpertemperatur eines Kindes ist zwar nur um 0,3 °C höher als die des Erwachsenen, das reicht jedoch als Informationsgrundlage für den thermalen Kanal aus. Bei älteren Menschen signalisiert der thermale Kanal wiederum eine niedrigere Temperatur. Das hängt nicht nur mit deren Bewegungsmangel zusammen. Ihre mittlere Körpertemperatur liegt allgemein um 0,5 °C niedriger. Noch spürbarer lassen sich Temperaturunterschiede beim Berühren von Tieren erleben. Da die Kern– und Oberflächentemperatur bei vielen Haustieren bekanntermaßen höher liegt als die des Menschen [1], vermitteln solche Berührungen ausgesprochene Behaglichkeit. Das begehrt die menschliche Natur auf ihrer Suche nach Wärme und Geborgenheit im umfassenden Sinne. Welches Kind hatte nicht schon einmal den Wunsch nach einem eigenen Haustier?

---

[1] Beispielsweise gilt für den Hund: je nach Größe und Rasse schwankt die Körpertemperatur zwischen 37,5 und 39,0 °C. Bei Junghunden und Zwergrassen kann sie sogar bis zu 39,2 °C betragen.

Körpersprache der Schüler

Körpersprache der Schüler

Im Abschnitt *KÖRPERSPRACHE – KÖRPERSPRACHLICHES AUS-DRUCKSVERHALTEN ALLGEMEIN* war verabredet worden, mit einem generellen Bezug auf die Körpersprache zunächst eine Basis für die Verständigung in allen weiteren Überlegungen zu bieten. Sicherlich hat jeder altgediente Lehrer bei dieser Art, über Körpersprache zu theoretisieren, sofort passende Bilder von Schülern vor Augen gehabt: ihre Sitzhaltung, ihre Körpersprache in den Pausen, abwehrende Gesten, schutzsuchende Haltungen usw. Vielleicht war schon deshalb der theoretische Vorlauf keine verlorene Zeit und insofern haben die vielen Seiten hoffentlich nie zur Leseunlust geführt. Die Spezifik der Körpersprache von Kindern und Jugendlichen wird im folgenden aufgegriffen. Zunächst einige Bemerkungen zu jenen äußeren Bedingungen – sowohl allgemein soziale als auch gegenständliche –, die für das körpersprachliche Ausdrucksverhalten der Schüler Grenzen und Möglichkeiten darstellen.

Äußere Bedingungen

Die gesellschaftlich determinierte Sozialfunktion des Schülers (zu lernen) und die des Lehrers (zu lehren/zu erziehen) verhalten sich sehr ambivalent zueinander. Diese Sozialfunktionen sind komplementär, jede der beiden wäre ohne die jeweils andere überflüssig. Erst durch diese Sozialfunktion müssen Schüler und Lehrer überhaupt eine Beziehung eingehen. Innerhalb dieser Beziehung bringen die jeweiligen Sozialfunktionen dann sowohl einander Ergänzendes als auch Widerstrebendes hervor. Einander Ergänzendes besteht im: • Lernen–Lehren, • Erklären–Verstehen, • Unerfahrenheit–Helfen, • angeeignetes Wissen reproduzieren–Überprüfen, • Schülerleistung–Beurteilung durch den Lehrer. Unter einander Widerstrebendem ist beispielsweise zu verstehen: • Spontaneität–Kontrolle, • Kreativität–vorgegebener Stoff, • Individualität–Unterordnung. Die Gegensätzlichkeiten bergen ohne Frage Zündstoff. Spannungen zwischen Schülern und Lehrern sind vorprogrammiert. Allerdings auch die angeführten komplementären Sachverhalte können Spannungen erzeugen. Der Lehrer als Helfer aber auch Prüfer und Beurteiler, das mahnt den Schüler instinktiv zur Vorsicht.

Neben diesen potentiell vorhandenen inneren Spannungen unterliegen Lehrer zusätzlich einem äußeren Druck. Zur Orientierung, wie sie ihre Sozialfunktion auszufüllen haben, hält die Gesellschaft einen stattlichen Tugendkatalog bereit[1], der genaugenommen ein vernünftiges Maß an Berufsmoral übersteigt. Neben berechtigten und abrechenbaren fachlichen sowie methodischen Ansprüchen steht eine fast übermenschliche Meßlatte moralischer sowie charakterlicher Forderungen für die Berufstüchtigkeit eines Lehrers. Zur Illustration seien nur einige erwähnt: Unvoreingenommenheit, zuhören können, Takt, Geduld, Einfühlungsvermögen, Wohlwollen, Selbstdisziplin, Ehrlichkeit, Gerechtigkeit, Freundlichkeit, Hilfsbereitschaft usw.. Es ist nicht auszuschließen, daß derartig überzogene Forderungen beim Betroffenen eine Minimalismushaltung (»Dienst nach Vorschrift« oder »Nur das, was nötig ist und nicht das, was möglich ist«) initiieren. Stellt man sich hingegen den genannten Ansprüchen, ist manche Überforderungssituation des Lehrers im schulischen Alltag vorprogrammiert. Der Balanceakt zwischen Anspruch und Wirklichkeit mutiert zu dem Kraftakt, aus Wirklichkeit Anspruch werden zu lassen. In dieser Lage umgibt sich ein Lehrer mit sehr starken Symbolen, die allen deutlich machen, er will seine Sozialfunktion und die damit verbundenen Rollenerwartungen an ihn vollständig erfüllen (sehr exakte Unterrichtsplanung – bis hin zu den Schülerantworten –, Pflichtforderung, Ordnungsdruck, Rituale der Kontrolle). Er möchte also in einer Weise auftreten, die das Gelingen seiner eigenen Planung garantiert bzw. das Mißlingen seiner eigenen Planung verhindert. Zwei scheinbar gleiche Dinge? Ganz und gar nicht.

a) Erstes läuft auf ein konstruktives Auftreten, auf die Arbeit *mit* den Schülern hinaus.

b) Zweites wäre ein vermeidungstechnologisches Herangehen, in dessen Mittelpunkt Überlegungen stehen, wie störende Zwischenfälle zu vermeiden sind. Also, ein Arbeiten *gegen* zu befürchtendes Schülerverhalten.

Bezogen auf ein Verhalten, das durch Abwehr oder Vermeidung bestimmt ist, stellt WATZLAWICK fest: »...daß ... Vermeidung einer gefürchteten Situation oder eines Problems einerseits die scheinbar vernünftigste Lösung dar-

[1] BREZINKA, W.: Lehrerethos. Weinheim1989, S. 12

stellt, andrerseits aber das Fortbestehen des Problems garantiert.«[2] Mit anderen Worten beflügeln die Vermeidungsbemühungen des Lehrers das Störbedürfnis der Schüler. Jede dieser Vorgehensweisen a) und b) wird für sich allein wenig Überlebenschancen besitzen. Ein gesundes Maß von beidem ist erforderlich.

Sowohl der erwähnte Tugendkatalog als auch der Hinweis WATZLAWICKs müßten für jeden Lehrer die erste Variante favorisieren, dennoch erlebt man wiederholt Lehrende, die einem Gegen–die–Schüler weitaus mehr verhaftet sind als einem Mit–den–Schülern. Gründe für die weite Verbreitung einer Denkweise, die vermeidungstechnologisch orientiert ist, sind vielfältig.

Aus eigener Erfahrung als Schüler und aus ersten Erlebnissen als Lehrer weiß jeder Lehrer sehr genau um die Launen oder naive Techniken der Schüler, durch die sie das geplante Unterrichtsgeschehen stören, sogar vereiteln können[3]. Instinktiv wird man bei der Planung darüber nachdenken, einschlägig bekanntes Störverhalten der Schüler von vornherein zu unterbinden.

Die Tendenz, Schüler als »Störgröße« des Unterrichts zu betrachten, ist bereits langfristig durch gegenseitige Feindbilder[4] vorprogrammiert. Die Gesellschaft produziert über diverse Medien systematisch Angst, Abscheu und negative Erwartungshaltungen gegenüber Schülern. Vor diesem Hintergrund führen Überlegungen der Erziehungswissenschaftler, Erziehungsprozesse zu optimieren, zunehmend zu einer vermeidungstechnologischen oder technokratischen Betrachtung. Das gipfelt darin, das Berufsethos (Liebe zum Kind) zu verpönen und als unprofessionell zu disqualifizieren. Angesichts solcher Denkkulturen verwundert es kaum, wenn jeder am Berufsanfang stehende Lehrer selbstverständlich zu wissen glaubt, wie er sich hinsichtlich der von ihm anzuwendenden Strenge zu verhalten hätte. Ratschläge wie »Zuckerbrot und Peitsche« oder »erst knallhart durchgreifen, dann kann man die Zügel etwas locker lassen« prägen seine Taktik. Über das »Zuckerbrot« oder die »lockeren Zügel« bestehen gleichermaßen vage Vorstellungen wie über die Balance von »Zuckerbrot« und »Peitsche«.

Es ist also nur allzu verständlich, wenn das Denken des Lehrers vielmehr auf einen Machtkampf gegenüber ihm feindlich gesonnenen Schülern orientiert, als auf die Auseinandersetzung mit alterstypischen Verhaltensmustern der Schüler. Außerdem ist nicht auszuschließen, daß sich Lehrer dem Feindbild-

---

[2] WATZLAWICK, P.: Anleitung zum Unglücklichsein. München, 1995, S. 52
[3] Neben dem Wissen um solche Schülertechniken entscheidet die Einstellung des Lehrers (das kann von Verständnis bis hin zu Abscheu reichen) über die Vehemenz seiner Verhinderungstaktik.
[4] SINGER, K.: Lehrer–Schüler–Konflikte gewaltfrei regeln. Beltz, Weinheim 1993,S. 31 ff

denken anschließen, um sich auf diese Weise vor den übertriebenen Forderungen des o.g. Tugendkatalogs zu schützen. Womit wäre wohl auch zu rechtfertigen, dem »Störenfried« Schüler mit Einfühlungsvermögen zu begegnen?!

Wie verhält es sich mit der Bereitschaft des Schülers, seine Sozialfunktion (lernen) auszufüllen? MEYER [5] stellte Schülerinnen und Schülern einer 6. Klasse (Orientierungsstufe im ländlichen Raum) und einer 7. Klasse (Gymnasium einer Kreisstadt) die Frage »Was ist ein Schüler/eine Schülerin?«. Einige Beispiele illustrieren die Bandbreite der Antworten. Zunächst Äußerungen aus der 6. Klasse: »• bekommt etwas beigebracht, macht Hausaufgaben und übt viel, • fühlt sich manchmal doof, • soll gehorchen und den Unterricht nicht stören, • darf auch mal lustig sein, • machen Blödsinn, prügeln sich und rauchen, • hat Pflichten, Stunden, Pausen und Lehrer, • ist kein Sklave« [6] Bereits in der Klassenstufe 7 besitzen die Äußerungen einen deutlich kritischen Ton: »• Die Schüler sind sozusagen Sklaven und vorne an der Tafel steht Cäsar. • Ein Schüler ist ein sich mit Lehrern plagender Mensch, der vor Lernen einen dicken Kopf bekommt. • Ein Schüler ist ein armes Wesen« [7] Sowohl angesichts dieser Äußerungen als auch der realen Umstände ist auf die Frage – Wie verhält es sich mit der Bereitschaft des Schülers, seine Sozialfunktion (lernen) auszufüllen? – zu erwidern: Ihm bleibt kein wirklicher Spielraum, diese Sozialfunktion abzulehnen. Eltern fordern mehr oder weniger bestimmt die Wahrnehmung dieser Sozialfunktion in der Schule und beanspruchen darüber hinaus die Pflichterfüllung auch zu Hause. Parallel nötigt die Gesellschaft ebenfalls dem Schüler ab, sich in seine Sozialfunktion zu fügen und das per Zeugnis zertifizieren zu lassen. Anderenfalls wäre die Teilnahme am weiteren gesellschaftlichen Leben nur schwer möglich. Demgegenüber bietet das soziale Gefüge Mechanismen und Regelsysteme, die einem Schüler die Wahrnehmung seiner Sozialfunktion attraktiv und sinnvoll machen sollen (positive Sanktionen innerhalb und außerhalb der Schule, hilfreiche Arbeitsbedingungen). Dennoch finden sich Instrumente (Schulpflicht), die einen Schüler zwingen, seine Sozialfunktion zumindest minimal wahrzunehmen. Für einen maximalen Erfolg müßte allerdings das Netz gesetzgeberischer Maßnahmen und institutioneller Zwänge derart dichtmaschig sein, daß es für niemanden ein Entrinnen gäbe. Das ist aber nicht der Fall und angesichts des vorhandenen natürlichen Erkenntnisbedürfnisses bei Schülern auch nicht erforderlich. Selbstredend

---

[5] MEYER, H.: Schulpädagogik, Bd. 1. Für Anfänger. Cornelsen, Berlin 1997
[6] Ebenda S. 86
[7] Ebenda S. 87

lernen Kinder nicht ausschließlich wegen dieses Korsetts struktureller Momente. Ohne das natürliche Bedürfnis der Wissens– und Erfahrungsaneignung bei den Heranwachsenden griffen diese Strukturen sowieso nicht. Vorhandenes Erkenntnisbedürfnis hat jedoch nicht automatisch zur Folge, daß jede angebotene Erkenntnisvermittlung angenommen wird. Ob Schule inhaltlich die Erkenntnisbedürfnisse von Kindern und Jugendlichen trifft, sei hier nur Marginalie.

Als diffizil erweist sich, daß für denjenigen, der die Sozialfunktion Lernen zu erfüllen hat, das Belehrtwerden durch Erwachsene nervend präsent ist. Ein Akzeptiertwerden durch Erwachsene kann viel seltener erlebt werden. Erwachsene müssen im eigenen und im Interesse des Kindes/Jugendlichen stets darüber informieren, was in welchen Situationen zu tun oder zu lassen ist. Man vergegenwärtige sich, wieviel »Anweisungen« ein Jugendlicher im Elternhaus erhält, damit der familiäre Alltag effizient organisiert ist. Da der Jugendliche im Durchschnitt diesen Alltag nicht initiiert, erlebt er die koordinierenden Bemerkungen der Eltern als Einengung seines eigenen Spielraums. Nicht selten überstrapazieren die meisten Erwachsenen mit ihren dauernden Hinweisen und Belehrungen den Jugendlichen. Letztere Bemerkung meint nicht nur jene Menschen, die ohnehin gerne belehren. Das Bedürfnis Erwachsener, ihre mühevoll erworbenen Erfahrungen den Kindern und Jugendlichen förmlich zu implantieren, um deren Lebenswege zu ebnen, um sie vor Unangenehmem zu bewahren, wird von Jugendlichen ebenfalls als Belehrung empfunden. Das nervt. In solch einer Gesamtkonstellation verwundert es nicht, wenn das Schulkind und viel stärker der Schuljugendliche das Belehrtwerden ungleich sensibler wahrnimmt als das Akzeptiertwerden. Aus dieser selektiv sensiblen Wahrnehmung erklären sich Reaktionsweisen der Heranwachsenden, die in den Augen Erwachsener mehr als unangemessen scheinen.

Wenn schon vom »Feindbild« die Rede war, das Lehrer von Schülern haben, kann umgekehrt das »Feindbild« der Schüler vom Lehrer nicht unerwähnt bleiben. Lehrer bieten sich dafür geradezu als dankbares Opfer an. Sie sind geradezu berufene Vertreter jener Erwachsenen, die so »nervend« sein können, die ständig vorschreiben und nörgeln. Lehrer praktizieren derartiges Verhalten eben in viel höherem Maße als andere Erwachsene und drohen zudem mit Zensuren. Nichts ist einfacher, als von einem solchen Exemplar ein »Feindbild« aufzubauen. Vor allem, da Lehrer als Einzelkämpfer operieren müssen und Schüler sich einer gewissen Solidargemeinschaft sicher sein dürfen. In Schülergesprächen vor oder nach dem Unterricht hört man dann die Feindbild beschwörenden Sprüche wie »Den machen wir fertig!« oder »Die soll sich bloß nicht noch mal trauen, dann lernt sie mich aber kennen!«. Es darf nicht verschwiegen werden, daß solche Worte auch zur Tat werden können. Andererseits wissen erfahrene Lehrer, diese pubertäre »Großmäuligkeit« einzuordnen. Vielfach stellt nämlich für Schüler der verbale Austausch mit Gleichgesinnten bereits befriedigendes Kompensationsverhalten dar.

Schüler wechseln von einem Regelsystem zum anderen, von der Familie zur Schule, von einem Lehrer zum nächsten. Innerhalb dieser Regelsysteme korrespondiert kaum der soziale Status der Schüler mit ihrem Anspruch auf Akzeptanz und Selbstbestimmung. »Auch die menschenfreundlichsten und sinnvollsten Regeln, selbst solche, die Gruppen sich selber gegeben haben, können nicht bewirken, daß alle Kinder sie freiwillig und gern jederzeit einhalten, ...«[8]. In diesem Gefüge empfinden Schüler das permanente Belehrtwerden als Angriff auf ihre Person. Sich angegriffen fühlen, kann in einem latenten Dauerbefinden kulminieren. Die Folge davon ist entsprechend wehrhaftes Verhalten des Schülers. D.h., er signalisiert in seinem Verhalten unmißverständlich, daß er seine Sozialfunktion nicht nur auf das Lernen beschränkt wissen will. Untersuchungen von DRAGUNOWA belegen, daß Schule für Jugendliche viel mehr ein Ort ist, an den sie gehen, um mit Gleichaltrigen zu kommunizieren denn zu lernen[9]. Der Schulbesuch stellt sich also nur teilweise als Interesse an der Umsetzung ihrer Sozialfunktion dar.

Regelsysteme im Unterricht

Für diesen Kommunikationstreffpunkt mit Gleichaltrigen gelten Regeln, die nicht von den Kindern oder Jugendlichen aufgestellt wurden, jedoch den dortigen Alltag planmäßig durchstrukturieren.

Schule wirkt repressiv, weil sie einen gesellschaftlichen Auftrag zu erfüllen hat. Schule verlangt von den Schülern und Lehrern Anpassung an die zeitlich–räumlichen Strukturen ihrer Organisation, die Teilnahme an den von ihr organisierten Lernprozessen. Schüler und Lehrer müssen augenblicklich ihre Triebbedingungen zurückstellen.[1] Diese Kennzeichnung des Raums *Schule* scheint überzogen, weist jedoch auf potentiell angelegte Kollisionsstellen

---

[8] MOELLER–ANDRESEN, U.: Alltägliche Disziplinprobleme in den ersten Schuljahren. In: Disziplinkonflikte in Erziehung und Schule. Bad Heilbrunn/Obb., 1982, S. 155)
[9] DRAGUNOWA, W.: (Übersetzt aus dem Russischen) Das Konfliktproblem im Jugendalter. Moskau, 1981, Akademie der Pädagogischen Wissenschaften, Berlin, 1983, S. 3)
[1] MÜNCH, W.: Leiden und Lust an der Schule. Frankfurt/M Fachhochschule 1984, S. 32 ff)

von Schule (Lehrer) und Schülern hin. Die Regelsysteme von *Schule* sind allgegenwärtig: Zeitordnung, Raumordnung, Sitzordnung, Pausenordnung, Hausordnung, Zensurenordnung. Liest man entsprechende Ordnungen, fällt zudem auf, daß sie in den meisten Fällen einseitig an die Schüler (oft sogar *gegen* die Schüler) adressiert sind. So entsteht für Schüler das Bild, nur sie haben Ordnungserfüller zu sein. Regelsysteme dieser Art sind bestens geeignet, das latente Dauerbefinden des Sich–Bevormundet– und des Sich–Angegriffen–Fühlens bei Schülern zu befördern und in ihnen eine Art Berufsopposition gekoppelt mit Wehrhaftigkeit zu wecken. Das wird dann auf diversen Hinterbühnen [2] praktiziert. Schüler demonstrieren morgens vor der Schule und in der Pause ein möglichst ihren Vorstellungen von Selbstbestimmtsein nahes Verhalten (Rauchen, betont lässige Körpersprache, spezifische Sprechweise). Sie versuchen diese Hinterbühne in den Unterricht zu transportieren. Das beginnt mit der Art und Weise, in der Schüler den Klassenraum betreten und setzt sich fort in Techniken, sich dem Unterrichtsgeschehen zu entziehen (quatschen, Magazine lesen, spielen oder Ausreden zu erfinden, die ihr Fernbleiben vom Unterricht rechtfertigen usw.). Unterricht, dessen Anerkennungsmechanismen sich nach einem allgemeingültigen Leistungsprinzip strukturieren, zwingt Schüler, die durch dieses Raster fallen, über andere »Auftritte« Anerkennung zu suchen.

Der bisherige Exkurs in den allgemeinen Hintergrund sollte nicht vom körpersprachlichen Ausdrucksverhalten wegführen, sondern illustrieren, welche »Päckchen« über Körper und Geist eines Schülers bereits in den Unterricht hineingetragen werden. (Päckchen, die ein Lehrer abgesehen von seinen Verantwortlichkeiten mitzutragen genötigt ist.) Die Körpersprache der Schüler muß in diesem Kontext eingeordnet werden.

Ebenso sind einige Bemerkungen zu den gegenständlichen Bedingungen erforderlich. Raumgestaltung und Möblierung müssen aus praktischen und ökonomischen Erwägungen auf Zweckmäßigkeit und möglichst geringe Verschleißanfälligkeit ausgerichtet sein. Ergonomische Überlegungen werden in diesem Zusammenhang zwar einbezogen, sie können jedoch nicht bestimmend sein. Fraglos ist über die vergangenen Jahrzehnte ein enormer Fortschritt zu bilanzieren. Trotz erheblicher finanzieller Engpässe verfügen die Schulen im Durchschnitt über eine solide technische Ausstattung, die Beleuchtungsverhältnisse (natürlich und künstlich) in den Klassenräumen und Schulkorridoren schaffen eine angenehme Lichtfülle und helle Arbeitsatmosphäre, das Mobiliar in den Klassenräumen gestattet prinzipiell ein

---

[2] REINERT, G–B./ZINNECKER, J. (Hg.): Lehrer und Schüler im Schulbetrieb. Rowohlt, Reinbek, 1975

ordentliches Arbeiten. Wer relativ häufig am Schreibtisch tätig ist, weiß, welche Ansprüche der Körper an gesunden Sitzkomfort und ausreichend Arbeitsfläche stellt. Ein Vergleich der Arbeitsplatzbedingungen, die sich ein Erwachsener einrichtet, mit jenen, die im Klassenraum anzutreffen sind, ist zwar ökonomisch unzulässig, erlaubt jedoch, auch körperlich den Alltag eines Schülers nachzuvollziehen. Nur wenige Erwachsene könnten auf diesen Stühlen unbeschwert täglich ca. sechs Stunden sitzen. Beim Anblick der oft zum Überlaufen gefüllten Schreibtische in diversen Büros, deren Abmessungen zudem eine recht großzügige Ausdehnung aufweisen, ist anzunehmen, daß Erwachsene mit der Arbeitsfläche eines Schülertisches rasch Probleme bekämen. Im Unterschied zu den meisten Bürotischen kann nicht jeder Schülertisch optimal zu den Tageslichtverhältnissen positioniert werden. In jedem Klassenraum erzwingt auch eine noch so ausgeklügelte Sitzordnung Standorte, die keine guten Lichtverhältnisse bieten. Wie bereits mit dem Verweis auf ökonomische und praktische Erfordernisse festgehalten, reklamiert eine derartige Bestandsaufnahme nicht die vorsätzliche Vernachlässigung körperlicher Bedürfnisse der Schüler, aber im Gefüge der Bedingungen von Körpersprache darf dieser Aspekt nicht unerwähnt bleiben. Möglicherweise müssen Schüler zuweilen ungebührlich lümmeln, um ihre Körper zu entspannen.

Körpersprachliches Ausdrucksverhalten im Unterricht

Kommunikation ist ein allgegenwärtiges, die Gesellschaft konstituierendes Phänomen. So ist auch Unterricht ein Prozeß, der durch Kommunikation realisiert wird. Und das ohne Unterbrechung. Ununterbrochene Kommunikation im Unterricht ließe sich zwar verlaufsanalytisch überzeugend belegen, das ist jedoch entbehrlich, berücksichtigt man das metakommunikative Axiom »*Man kann nicht* nicht *kommunizieren*«[1]. Wie wollte man denn auch nicht kommunizieren? Die am Unterricht Beteiligten kommunizieren also permanent, ob das nun absichtsvoll geschieht oder nicht. In diesem Punkt unterscheidet sich das WATZLAWICKsche Verständnis von Kommunikation wohltuend von anderen, die Kommunikation mit absichtsvollem und/oder gelungenem Informationsaustausch identifizieren[2]. WATZLAWICK

---

[1] WATZLAWICK, P./BEAVIN, J.H./JACKSON, D.D.: Menschliche Kommunikation. Formen, Störungen, Paradoxien. Verlag Hans Huber,. Bern, 1990, S. 53
[2] Weitere Kommunikationsauffassungen
– Vorgang, durch den eine Nachricht ... von einem Organismus zu einem anderen gelangt und dessen Verhalten ändert. (SCHOECK, 1969, S. 194)
– Überbrücken der Verschiedenheit zweier Individuen durch die Produktion und Rezeption

et al. leiten das Axiom »*Man kann nicht* nicht *kommunizieren*« her, indem sie

- die Substanz jeglicher Kommunikation aus sprachlichen und körpersprachlichen Ereignissen – d.h., Verhalten jeder Art – innerhalb eines konkreten Kontextes zusammengesetzt sehen,
- aus der Feststellung, daß jedes Verhalten in einer zwischenmenschlichen Situation Mitteilungscharakter besitzt, genau dieses Verhalten als Kommunikation begreifen,
- schlußfolgern, daß eine grundlegende Eigenschaft von Verhalten den Fall des Nichtkommunizierens ausschließt: Verhalten besitzt keinen Gegenpol. Vereinfacht bedeutet das, man kann sich nicht *nicht* verhalten. Konsequenz: »*Man kann nicht* nicht *kommunizieren*«.

Mit ihrer Auffassung ermöglichen WATZLAWICK et al. ein Verständnis von Kommunikationsprozessen, das nicht nur den absichtsvollen und gelungenen respektive mißlungenen Informationsaustausch abbildet. Vielmehr schließt dieses Verständnis auch ohne Absicht erfolgte Mitteilungen ein, die eben nur dadurch entstanden sind, daß sich eine Person zu einem bestimmten Zeitpunkt, in einer konkreten zwischenmenschlichen Situation irgendwie verhalten hat. Damit kommt dem Mitteilungscharakter jeden Verhaltens eine ganz andere Dimension innerhalb der Kommunikation zu. Zieht man einfach nur das Verhältnis in Betracht, wieviel absichtsvoll geäußerte Mitteilungen und wieviel absichtsvolles und/oder unabsichtliches Verhalten jeder Unterricht bietet, erahnt man die Informationsfülle, die nur dadurch entsteht, daß sich Schüler und Lehrer während des Unterrichts zu jedem Zeitpunkt einer Unterrichtsstunde irgendwie verhalten. Welche Information glaubt ein Schüler zu erhalten, wenn er während einer Stillarbeit den Lehrer lächelnd und mit über der Brust verschränkten Armen auf sich zukommen sieht? Welche Mitteilung erhält ein Lehrer, wenn er einen Schüler mit aufgestütztem Kopf am Tisch lümmeln sieht, und der Schüler seinen Bleistift rhythmisch mit der Spitze auf sein Heft auftippen läßt? Welchen Mitteilungswert hat es, wenn ein Schüler im Unterricht sagt: »Was soll denn der ganze Schwachsinn! Braucht doch sowieso keiner!«, während er entweder über sein Blatt gebeugt sitzt und daran arbeitet, oder während er die Arme im Nacken verschränkt hat und mit dem Stuhl kippelt.

Für jede der skizzierten Vorstellungen hat der Leser sofort den entsprechenden Tonfall des Schülers im Ohr. Wenn an dieser Stelle mit den persönli-

---

von Botschaften, die bedeutungsvoll für beide sind (zitiert nach MERTEN, 1974, S. 196)
– Prozeß der Herstellung von (punktuellen) Gemeinsamkeiten unter der Voraussetzung, daß von beiden Partnern (Zweiseitigkeit!) Überraschungseffekte (neue Informationen!) eingebracht werden können (GÖPPNER, 1984, S. 25)

chen Vorstellungen des Lesers operiert wird, sei die Frage nach einer weiteren Assoziation erlaubt: Wird die Bemerkung »Was soll denn der ganze Schwachsinn! Braucht doch sowieso keiner!« von einem Mädchen oder von einem Jungen geäußert?

Je mehr man aufgefordert wird, sich eine entsprechende Situation vorzustellen, desto detaillierter vermag man, nuanciert das Verhalten des betreffenden Schülers und möglicherweise auch der in der Umgebung sitzenden Schüler zu konturieren. Die dabei assoziierten Details tragen absolut keinen schmückenden Charakter. Sie besitzen durchgehend Mitteilungscharakter. Sie stellen eine Art Trägermitteilung für die verbalisierte Mitteilung »Was soll denn der ganze Schwachsinn! Braucht doch sowieso keiner!« dar. Die Trägermitteilung selbst ist bedeutend komplexer strukturiert als die rein verbale Mitteilung und entscheidet zudem über die Struktur der verbalen Mitteilung. Der *Schüler kippelt mit dem Stuhl und hat die Arme im Nacken verschränkt* als Trägermitteilung verleiht der verbalen Mitteilung weitaus deutlicheren Konfliktcharakter als jene, daß der *Schüler über sein Blatt gebeugt sitzt und daran arbeitet.*

Die Schüler angemessen zu verstehen, erfordert mehr als das Hören der Worte. Viel stärker wird nonverbal kommuniziert[3]. ROSENBUSCH betont diesen Aspekt, indem er auf die nonverbale Kommunikation innerhalb drei von ihm gekennzeichneter Grundfunktionen der Unterrichtskommunikation hinweist: 1. die Übermittlung inhaltlicher Aspekte
2. die Übermittlung prozessualer Aspekte
3. die Übermittlung von Beziehungsbotschaften[4].

Diese Triade fußt ebenfalls auf der Axiomatik von WATZLAWICK et al., genauer auf den dort beschriebenen zwei Seiten jeder Kommunikation – dem Inhalts– und Beziehungsaspekt. Das dritte Element aus ROSENBUSCHS Triade stellt den prozeßregulierenden Aspekt dar und geht über die beiden anderen Aspekte hinaus. Der prozeßregulierende Aspekt deckt jenen Bereich ab, der dadurch entsteht, daß im Unterricht ca. 30 Menschen miteinander interagieren können. Eine geordnete Interaktion ist ohne Regelungen nicht möglich. WATZLAWICK et al. beziehen sich nur auf dyadische Interaktionen.

Das »Tannenbaumschema« nach ROSENBUSCH (siehe Abb. 1) illustriert ausgesprochen anschaulich, in welchem Verhältnis verbale und nonverbale

---

[3] MEHRABIAN, A.: Nonverbal communication. Chicago 1972
[4] ROSENBUSCH, H.S.: Nonverbale Kommunikation im Unterricht – Die stille Sprache im Klassenzimmer. In: ROSENBUSCH, H. S./SCHOBER, O.: Körpersprache in der schulischen Erziehung. Pädagogische und fachdidaktische Aspekte nonverbaler Kommunikation. Schneider Verlag Hohengehren GmbH, Baltmansweiler, 1995, S. 173 ff

Kommunikation jede der drei Grundfunktionen prägen. Der nonverbale Bereich schließt selbständige sowie sprachbegleitende Äußerungen ein. Hervorstechend ist das Übergewicht der nonverbalen Kommunikation innerhalb des beziehungsbestimmten Aspekts. Vergegenwärtigt man sich nochmals die Aussage der Axiome »Man kann nicht *nicht* kommunizieren« und »Jede Kommunikation hat einen Inhalts– und einen Beziehungsaspekt« ist die Größenordnung der markierten Proportionen von verbaler und nonverbaler Kommunikation in diesem Schema zwangsläufig.

Übermittlung vorwiegend	verbal	nonverbal

1. *inhaltlicher Aspekt*
   abstrakt
   z.B. Regeln
   Begriffe
   Handlung
   Sachverhalt
   Gegenstand

   konkret
2. *prozessualer Aspekt*
   ungeregelt
   z.B. Reaktion
   Monitore
   Steuerung z. B.Tempo
   Spannung
   turn–taking–
   Mechanismus
   geregelt
3. *beziehungsbestimmter Aspekt*
   bewußt
   z.B. Affiliation
   Relation
   Expression

   unbewußt

Abbildung 1
Triade der Grundfunktionen unterrichtlicher Kommunikation und das Tannenbaum-schema. Aus: H.S. ROSENBUSCH, Nonverbale Kommunikation im Unterricht. [4]

Kategorien körpersprachlichen Ausdrucksverhaltens im Unterricht

Erläuterungen zur Körpersprache der Schüler haben die Verpflichtung, einem logischen Ordnungsprinzip zu folgen. Ein solches Prinzip kann an ARGYLES Strukturierung der Körpersprache nach ihren Verwendungsbereichen [1] anknüpfen (siehe Abb. 1).

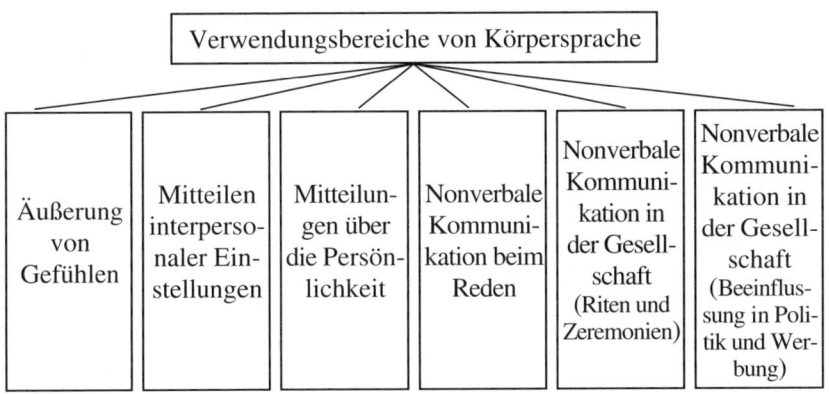

Abbildung 1
Die verschiedenen Verwendungsbereiche von Körpersprache nach ARGYLE [1]

Genauso bietet sich eine Gliederung nach den Kanälen körpersprachlichen Ausdrucksverhaltens an (vgl. Abb. 8, Abschnitt *DAS VERHÄLTNIS VON WORT UND KÖRPERSPRACHE IM ALLTAG*). Die beiden genannten Ordnungen strukturierten bereits – explizit und implizit – die allgemeinen Betrachtungen zum körpersprachlichen Ausdrucksverhalten. Die Körpersprache der Schüler nach dem gleichen Muster aufzuschlüsseln, setzt voraus, daß sich diese Darstellungen von den allgemeinen unterscheiden werden. Das ist zwar hin und wieder der Fall, trägt jedoch nicht als durchgängiges Ordnungsprinzip. Eigenarten körpersprachlichen Ausdrucksverhaltens der Schüler sind vor allem im Interaktionsraum Schule zu suchen. Folglich sind Kategorien, die eine sinnvolle und übersichtliche Darstellung erlauben, nicht nur in der Körpersprache selbst, sondern in deren wesentlichen Einflußfaktoren zu suchen. Die Ausführungen im Abschnitt *ÄUSSERE BEDINGUNGEN* kennzeichneten Spezifika, die Interaktionssituationen in der Schule respektive im Unterricht determinieren. Aus diesem Blickwinkel

---

[1] ARGYLE, M.: Körpersprache & Kommunikation. Junfermann–Verlag, Paderborn 1979

bietet sich an, Ausführungen zum körpersprachlichen Ausdrucksverhalten der Schüler im Zusammenhang mit den Besonderheiten schulischer Interaktionssituationen zu gliedern. Angesichts der beschriebenen Bedingungen lassen sich entsprechende körpersprachliche Schülerstrategien und –taktiken skizzieren, mit denen sie Interaktionssituationen in der Schule bewältigen. Überlegungen von WATZLAWICK et al., in welcher Weise Teilnehmer einer Interaktion dieser eine Struktur zugrunde legen, könnte eine solche Ordnung liefern. Die Aussagen rücken Übereinkünfte und Diskrepanzen der Interpunktionen[2] durch die Teilnehmer in den Mittelpunkt. Das bietet sich insofern für die Interaktionssituation zwischen Schülern und Lehrern an, als es auch ein Problem aufgreift, das Lehrer und Lehramtsstudenten in den unterschiedlichsten Zusammenhängen immer wieder ansprechen. Verallgemeinert ließe es sich so formulieren: Das tatsächlich gezeigte Verhalten der Schüler fällt nicht mit dem erwünschten zusammen. Eine weiter differenzierte Betrachtung entsteht, wenn die bipolare Charakterisierung der Interpunktionsstrategien WATZLAWICKS et al. untersetzt wird. Eine passende Ordnung ist bei GOFFMAN zu finden, der Strukturen und Regeln der Interaktion im öffentlichen Austausch[3] kennzeichnet[4]. Im Verständnis GOFFMANs umfaßt öffentlicher Austausch jenen Handlungsbereich, der durch Interaktionen von Angesicht zu Angesicht erzeugt wird und durch kommunikative Normen organisiert ist. Die Gesellschaft verlangt also Individuen im öffentlichen Austausch besondere Anstandsformen (Einhaltung von Regeln und Normen) ab. In diesem Sinne stellt Interaktion in der Schule einen öffentli-

---

[2] WATZLAWICK, P./BEAVIN, J.H./JACKSON, D.D.: Menschliche Kommunikation. Formen, Störungen, Paradoxien. Verlag Hans Huber, Bern, 1990, S. 57 ff Die von den Teilnehmern zugrunde gelegte Struktur bezeichnen WATZLAWICK et al. als Interpunktion von Ereignisfolgen. Diese Begrifflichkeit entstand, weil ihre gesamte Kommunikationstheorie in Anlehnung an mathematische Modelle strukturiert ist. So übertragen die Autoren von mathematischen Reihen den Terminus Interpunktion auf die Strukturierung der Kommunikationsabläufe. Auf diese Weise läßt sich ausgesprochen anschaulich illustrieren, welchen Einfluß geringfügigste Verhaltensänderungen auf die gesamte Kommunikation haben. Als Beispiel dienen drei veränderte Interpunktionen in der Reihe $R = a{-}a{+}a{-}a{+}a{-}a{+}a{-}a...$

a)
$R = (a{-}a){+}(a{-}a){+}(a{-}a){+}...$
$R = 0{+}0{+}0{+}...$
$R = 0$

b)
$R = a{-}(a{-}a){-}(a{-}a){-}(a{-}a){-}...$
$R = a{-}0{-}0{-}0{-}...$
$R = a$

c)
$R = a{-}(a{-}a{+}a{-}a{+}a{-}a{-}...)$
Der Klammerausdruck ist die Reihe selbst, also:

$$R = a{-}R, \quad 2R = a, \quad R = \frac{a}{2}$$

[3] GOFFMAN benutzt den Terminus *öffentlicher Austausch* statt *öffentliches Leben*, um einerseits Vorstellungsverknüpfungen zu politischen Ämtern auszuschließen, andererseits Privates, das relativ öffentlich stattfindet oder nach öffentlichen Regeln abläuft, einzuschließen.

[4] GOFFMAN, E.: Interaktionsrituale. Über Verhalten in direkter Kommunikation. Suhrkamp, Frankfurt/M. 1986 *und* GOFFMAN, E.: Das Individuum im öffentlichen Austausch. Mikrostudie zur öffentlichen Ordnung. Suhrkamp, Frankfurt/M. 1982

chen Austausch dar. Der Abschnitt *ÄUSSERE BEDINGUNGEN* konkretisierte bereits kommunikative Normen (Regeln), die der öffentliche Austausch
in Schule und Unterricht erfordert. Die grundlegende Anstandsform, die im
Unterricht Schülern abverlangt wird, besteht darin, ihrer Sozialfunktion erfüllen. Mit den Worten GOFFMANS ist diese Hauptaktivität eines Menschen innerhalb der Interaktion als *Engagement* zu bezeichnen. Sowohl die sozialen
Zwänge als auch die gültige Etikette bestimmen, welches verbindliche Engagement von den an einer Interaktion Beteiligten erwartet wird. Damit ist für
die Interaktion gleichzeitig festgelegt, welche *Nebenengagements* unerwünscht sind und welche Intensität das Engagement aufzuweisen hat. [5]

Der einzelne Schüler verfügt über Handlungsmuster, Wortschatz und über
körpersprachliche Ausdrucksmittel, um sein Engagement (Lernen) auszudrücken. Regeln und Normen des Unterrichts sollen den angemessenen Einsatz dieser Ausdrucksmittel dirigieren und Nebenengagements verhüten. Die
Bereitschaft der Schüler, sich diesem Engagement hinzugeben, kann sowohl
durch soziale Zwänge forciert werden als auch durch zeremonielle Ordnungen sozialisiert werden. Die sozialen Zwänge beschrieb der Abschnitt *ÄU-
SSERE BEDINGUNGEN*. Zeremonielle Ordnungen strukturiert jeder Lehrer
individuell, wobei auf den allgemein gültigen Ordnungskanon der Gesellschaft zurückgegriffen wird (Formen des Unterrichtsbeginns und Unter-
richtsendes, Umgangston, Koordination eines Unterrichtsgesprächs, Arbeits-
stile, Kontrollmechanismen, Sanktionsformen etc.). Obwohl solche sozialen
Zwänge und zeremoniellen Ordnungen mitunter alles in Bewegung setzen,
um das Nebenengagement der Schüler zu sabotieren, gibt es im Unterricht
viele Momente, in denen das Engagement der Schüler überhaupt nicht mit
dem vom Lehrer erwarteten korrespondiert. Daraus ist nicht zwangsläufig
abzuleiten, Schüler lehnten ihre Sozialfunktion und damit das verpflichtende
Engagement ab. Wenn Schüler über Nebenengagements ihre totale Ableh-
nung der Sozialfunktion Lernen ausdrücken wollten, dann verliefen derartige
Nebenengagements weitaus besorgniserregender. Dort, wo Schüler ihre
Sozialfunktion wirklich komplett ablehnen, ist das natürlich auch der Fall.
Ansonsten verfolgen die Nebenengagements eher die Funktion, ein gewisses
Image als Schüler aufzubauen bzw. aufrechtzuerhalten. Dieser Aufgabe
widmen Schüler einen nicht unerheblichen Teil ihrer Aufmerksamkeit und
Aktivität innerhalb schulischer Interaktionen. GOFFMAN spricht im Zusam-
menhang mit solchen Aktivitäten von *Techniken der Imagepflege* [6].

---

[5] GOFFMAN, E.: Interaktionsrituale. Über Verhalten in direkter Kommunikation. Suhrkamp,
Frankfurt/M. 1986, S. 124–150
[6] Ebenda S 10–53

Engagement, Nebenengagement und Imagepflege soll jene Untersetzung
von Interpunktionsabläufen darstellen, die sinnvoll geordnete Ausführungen
zum körpersprachlichen Ausdrucksverhalten der Schüler erlaubt. Die Abb.
2 liefert eine genaue Aufschlüsselung, für welche Interaktionssituationen
die Körpersprache der Schüler erläutert wird. Die darin vorwegge-
nommenen Begrifflichkeiten stellen ebenfalls einen Rückgriff auf
GOFFMANs Gedankengebäude dar, sie werden im Zusammenhang mit den
ausführlichen Darstellungen zur Körpersprache charakterisiert.

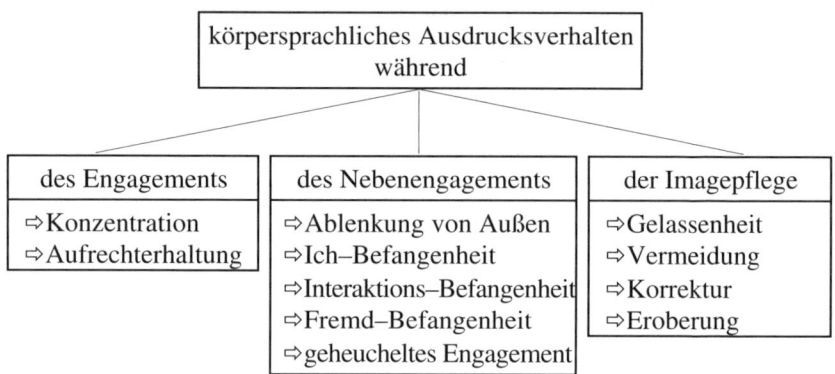

Abbildung 2
Ordnung der Darstellungsweise körpersprachlichen Ausdrucksverhaltens der Schüler

Körpersprachliches Ausdrucksverhalten während des Engagements

Engagement
⇨ Konzentration
⇨ Aufrechterhaltung

Ist das Unterrichtsgeschehen Brennpunkt der Aufmerksamkeit von Schülern, so sind sie die Verpflichtung zum Engagement eingegangen, erfüllen
also durch konkretes Handeln ihre Sozialfunktion.
Das dabei gezeigte körpersprachliche Ausdrucksverhalten fällt mit dem vom
Lehrer erwünschten zusammen. Je deutlicher die körpersprachlichen Signale
bestehendes Engagement der Schüler anzeigen, desto weniger werden einzelne Nebenengagements vom Lehrer bewußt wahrgenommen bzw. können
toleriert werden. D.h., eine hinreichend große Intensität des eigentlichen
Engagements überdeckt möglicherweise solche Nebenengagements, wie zwi-
schenzeitliches Aus–dem–Fenster–Schauen, Kaugummi kauen, Kippeln, Spie-

len mit Schreibutensilien. Signalisiert das körpersprachliche Ausdrucksverhalten ungenügend oder gar kein Engagement, nehmen Lehrer das Nebenengagement viel offenkundiger wahr und behandeln es als unerwünscht. Für viele Schüler vermittelt sich so der Eindruck, Lehrer tadeln sehr gute Schüler weniger für deren Nebenengagements. Das auszutarieren, ist nahezu unmöglich.

⇨ Konzentration

Abbildung 1
Engagement:
Konzentrierte Stillarbeit

Abbildung 2
Engagement:
Konzentrierte Stillarbeit

119

Eine relativ anschauliche Form intensiven Engagements eines Schülers liefert seine konzentrierte Art zu arbeiten. Körpersprachliches Ausdrucksver halten, das den Eindruck konzentrierten Arbeitens vermittelt, läßt sich bei der Stillarbeit von Schülern problemlos beobachten. Die Abbildungen 1 und 2 zeigen eine völlig konzentrierte Schülerin, ihre Aufmerksamkeit ist auf den zu bearbeitenden Gegenstand gerichtet. Abb. 1 signalisiert eine in die Arbeit versunkene Körperhaltung, die Schülerin beschäftigt sich mit ihrer Aufgabe. Soweit erkennbar ist der Blick auf das Arbeitsmaterial und nicht in ablenkende Richtungen orientiert. Abb. 2 erlaubt, auch die Wahrnehmung der Gesichtszüge. Leicht gesenkte Augenbrauen sammeln den Blick auf das Papier, Ablenkungen werden ausgeblendet.

Abbildung 3
Engagement:
Konzentrierte Stillarbeit und tolerierbares Nebenengagement

Der Gesichtsausdruck in Abb. 3 scheint weniger die Freude am Arbeitsgegenstand auszudrücken, als vielmehr auf eine Nebenengagement hinzudeuten – beispielsweise ein Gespräch mit anderen Schülern. Denkbar ist auch ein Informationsaustausch mit dem Lehrer darüber, ob die Aufgabe bewältigbar oder ob die Schülerin mit der Aufgabe bereits fertig ist. Der auf das Arbeitsmaterial gerichtete Blick der Schülerin signalisiert, daß sie sich trotz dieses Nebenengagements weiterhin mit der gestellten Aufgabe beschäftigt. Insofern scheint die Intensität des Engagements ausreichend groß. Sofern keine Ablenkungen für andere Schüler dadurch entstehen, wird das Nebenengagement in diesen Fällen vom Lehrer entweder gar nicht als solches wahrgenommen oder übergangen.

Unsicherheiten über die Intensität des Engagements entstehen, wenn die Körperhaltung keine typischen Merkmale konzentrierten Arbeitens aufweisen und noch dazu nicht eindeutig festzustellen ist, ob der Blick der Schülerin ins Leere geht oder auf den Arbeitsgegenstand gerichtet ist (vgl. Abb. 4). Die räumliche Entfernung zum Arbeitsplatz der Schülerin läßt für den Lehrer nicht erkennen ob und was von ihr bereits in das Heft geschrieben wurde.

Abbildung 4
Das Verhältnis von Engagement und Nebenengagement ist nicht genau bestimmbar

Weniger Indizien für Engagement rücken augenblicklich Nebenengagements in ein stärkeres Licht bzw. erhöhen sogar die Wahrnehmungsaktivitäten eines Lehrers für nur vermutete Nebenengagements. Eine direkte Befragung könnte Sicherheit über die tatsächliche Intensität des Engagements verschaffen. Dadurch eventuell gewecktes Mißtrauen – das Gefühl, kontrolliert zu werden – beeinflußt die Unterrichtsatmosphäre nicht unbedingt produktiv. Deshalb sollte Schülern erst dann die Kontrolle bewußt gemacht werden, wenn Gewißheit über ungenügendes Engagement besteht. Anderenfalls entzündet man unter Umständen das Gefühl ungerechter Behandlung und öffentlicher Bloßstellung. Bevor Lehrer in eine entsprechende Offensive gehen, vergewissern sie sich über das Engagement, indem sie weiter beobachten oder sich unauffälligen Einblick in die Schreibarbeit verschaffen.

Im Unterrichtsgespräch ist das Engagement ebenfalls über den visuellen Kanal gut beobachtbar (vgl. Abb. 5). Erschwerend kommt jedoch hinzu, daß die Konzentration des Lehrers sowohl dem Gegenstand, der Gesprächsführung als auch allen Schülern gelten muß. Es ist nahezu unmöglich, dem sprechenden Schüler angemessene Aufmerksamkeit zu widmen, ohne nicht einige der übrigen Schüler aus dem Blick zu verlieren. Unsicherheiten bei der Deutung des Engagements einzelner können wiederum relativ unaufwendig überspielt werden, indem entsprechenden Schülern scheinbar bei-

121

läufig das Wort erteilt wird. Man darf
erwarten, daß der akustisch–verbale Kanal
Aufschluß bietet.

Während normaler Alltagskonversation gelten Häufigkeit und Länge des Blickkontakts
der Teilnehmer als Indikatoren für deren Engagement innerhalb dieser Konversation. Im
Verlauf von Unterrichtsgesprächen ist der direkte Blickkontakt (siehe Abb. 6) eines sprechenden Schülers vergleichsweise selten und
von kurzer Dauer. Vom Schüler gesuchter
Blickkontakt mit dem Lehrer tritt meist zu
Beginn sowie am Ende seiner Ausführungen
auf und wird zwischenzeitlich vor allem
dann aufgenommen, wenn: • kurze Pause
zwischen Teilaussagen stattfinden, • Bestätigung gesucht wird, • Verständniskontrolle
beim Lehrer erfolgen soll, • Unsicherheit
über die Richtigkeit der eigenen Ausführungen besteht. Beim Schülervortrag ist der ge-
suchte Blickkontakt aus genannten Gründen

Abbildung 6
Ausdrucksverhalten für Engagement während des Unter-
richtsgesprächs

ebenso auf den Lehrer fixiert und nicht auf die Zuhörerschaft (Klasse). Länger andauernde Blickkontakte lassen sich immer wieder bei Fragen beobachten, die Schüler an ihre Lehrer richten. Ist das kognitive Niveau des Ge-
sprächsgegenstandes gering
bzw. für den Schüler leicht
zu bewältigen, steigen Häufigkeit und Länge ihrer
Blickkontakte ebenfalls.

Blickkontakt zu halten und
auszuhalten – aus der All-
tagserfahrung weiß jeder,
wie anstrengend das sein
kann – ist für Schüler im Zusammenhang mit den Anfor-
derungen eines ernsthaften
Unterrichtsgesprächs ein

Abbildung 5
Direkter Blickkon-
takt während eines
Unterrichtsgesprächs

kaum erfüllbarer Anspruch. Über die gesamte Schulzeit ist eine interessante
Veränderung des Blickkontaktes bei Schülern zu beobachten. In den ersten

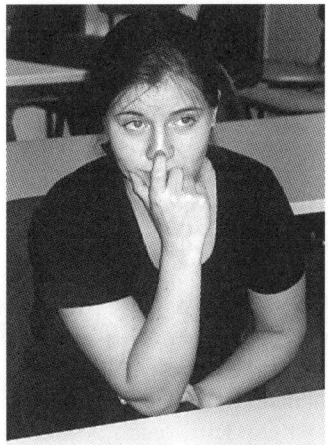

Abbildung 7   *Abbildung 8*

Abbildung 9   *Abbildung 10*
Engagement während des Unterrichtsgesprächs, visuelle Reize werden minimiert.

Schuljahren suchen die Schüler nahezu beharrlich Blickkontakt zu ihren Lehrern. Die Länge des einzelnen Blickkontaktes variiert dabei beträchtlich. Häufigkeit und Länge nehmen in den folgenden Schuljahren deutlich ab und steigen zum Ende der Schulzeit hin wieder an. Vor allem in sogenannten »small talks« sind ausdauernde Blickkontakte älterer Schüler zu bemerken. Das trifft überwiegend für Mädchen zu und deckt sich mit Untersuchungsergebnissen, denen zufolge Frauen als flüssigere Sprecher weniger Konzentration auf Wortfindung verwenden müssen und folglich des öfteren den Blickkontakt zu Gesprächspartnern suchen [1]. Dieser prinzipielle Verlauf ist auf den altersabhängigen Wechsel sozialer Bezugspersonen eines Schülers und des kognitiven Anspruchs der Lerngegenstände zurückzuführen. Besonders während der ersten Schuljahre stellen die Lehrer zentrale Bezugspersonen im Leben eines Schülers dar, zu denen der Kontakt – auch der Blickkontakt – kontinuierlich gesucht wird. Im gleichen Maß, wie über die Schuljahre die zentrale Rolle des Lehrers als soziale Bezugspersonen für den Schüler abnimmt, wächst ihre geistige Belastung. Im Abschnitt *KANÄLE KÖRPERSPRACHLICHEN AUSDRUCKSVERHALTENS – VISUELLER KANAL* wurde bereits auf Zusammenhänge zwischen Denkprozessen bzw. Sprechleistungen einerseits und der Augenbewegung bzw. dem Blickkontakt andererseits hingewiesen. Die darin erwähnten Beispiele illustrierten Augenbewegungen, die contralateral zur aktivierten Hemisphäre auftreten und zudem Entlastung für die zentrale Verarbeitungsinstanz schaffen. Bei der Wissensreproduktion bzw. operativen Anwendung von Wissen und Fähigkeiten ist die geistige Belastung für Schüler im Durchschnitt recht hoch. Die Augen suchen ganz besonders beim Sprechen einen ruhigen Ankerplatz und nicht die Blicke des Lehrers, um visuelle Reize weitgehend auszuschalten und sich auf die Wissensreproduktion zu konzentrieren (siehe Abbildungen 7 – 10).

Als meistgenutzte Ankerplätze dienen • das Tafelbild, • die Projektionsfläche des over–haed, • die Fensterrichtung, • Gegenstände auf dem eigenen Tisch oder dem der Nachbarn. Die contralateral zur aktivierten Hirnhälfte verlaufende Augenbewegung (und damit bevorzugte Blickrichtung) erlaubt dabei Rückschlüsse auf die geistige Aktivität der Schüler. Die rechte Hemisphäre ist als analog arbeitende Hirnhälfte verantwortlich für das räumliche Vorstellungsvermögen, für ästhetisches Klang–, Farb– und Formempfinden, für taktiles Empfinden, für Kreativität und Emotionalität. Gedankenarbeit, die mit entsprechenden geistigen Aktivitäten verknüpft ist, kann eine deutlich nach links orientierte Augenbewegung forcieren. Das können Beschreibungen von Vorgängen, Handlungen und Räumlichkeiten sein sowie die Erzeugung bildhafter Vorstellungen; auch Schätzungen von Maßen und Mengen, weil dafür Vergleichs*bilder* im Hirnspeicher gesucht werden.

In der linken Hemisphäre (der digital arbeitenden Hirnhälfte) sind die analytischen Fähigkeiten lokalisiert. Dort werden Sprach– und Symbolanalyse vollzogen, auditive Gedankenketten verarbeitet, Strukturen der Faktenaufnahme und –einordnung konstruiert. Aktivitäten der linken Hirnhälfte und

---

[1] ARGYLE, M./COOK, M.: Gaze and mutual gaze. Cambridge University Press. 1976

die damit verbundene nach rechts orientierte Augenbewegung lassen sich bei auswendig gelernten Gedichtvorträgen, bei der Reproduktion von Fakten, beim verallgemeinernden Schlußfolgern oder beim Klassifizieren/Systematisieren beobachten. Mit dem Hinweis auf Möglichkeiten des Lehrers, Lerntypen zu erkennen, bietet NLP (*Neuro Linguistisches Programmieren*) für Lehrer[2] eine Vielzahl von Konstellationen ausgewählter Augen– und Gesichtsveränderungen sowie geistiger Aktivitäten der Schüler. Obwohl die Schlußfolgerungen nicht hinreichend abgesichert sind, stellen die Ausführungen praktikable Hilfen für den Lehrer dar. Visuelle, auditive oder kinästhetische Lerntypen können festgestellt werden, an möglichen Lernschwierigkeiten kann zielgerichtet gearbeitet werden.

- *Visueller Lerntyp* operiert mit bildlichen Vorstellungen, prägt sich bildhaft Fakten ein, erlernt gut und schnell die Rechtschreibung, liest lieber anstatt zuzuhören, läßt sich durch akustische Störungen weniger ablenken.
- *Auditiver Lerntyp* lernt gut durch Zuhören, kann selber gut reden, variiert Tonfall und Stimmlage, führt häufig externe und interne Dialoge.
- *Kinästhetischer Lerntyp* zeigt ausgeprägte Motorik, bewegt sich und gestikuliert viel, lernt meist durch Ausprobieren bzw. eigenes Tun, hat Bedürfnis nach taktilen Kontakten.

Zusätzlich sei noch ein Vorschlag für die Diagnose von Lerntypen erlaubt. Überlegungen sowohl von GRINDER[2] als auch IMHOF et al.[3], lernfördernde Visualisierungen im Unterricht einzusetzen, weisen auf die Präferenz auditiven Lernens bei Kindern und Jugendlichen (vor allem Großstadtkindern und –jugendlichen) hin. Vielfach erwies aber die genaue Untersuchung von Lernschwierigkeiten, daß die beobachteten Kinder über eine auffällig schlechte auditive Merkfähigkeit verfügen. Zur rechtzeitigen aber für die Schüler spielerischen Indikation solcher Probleme empfiehlt WAGNER[4] den MOTTIER–Test: 30 Pseudowörter zunehmender Länge und zunehmenden Schwierigkeitsgrades mit verdecktem Mund vorsprechen. Die Kinder sollen diese Worte nachsprechen oder aufschreiben.

Schüler nutzen nur selten den Blickkontakt als kontrolliert und bewußt eingesetzte Strategie, mit der sie eigene Unsicherheit verdecken oder den

---

[2] GRINDER, M.: NLP für Lehrer. Ein praxisorientiertes Arbeitsbuch. Verlag für angewandte Kinesiologie GmbH, Freiburg im Breisgau, 1992
[3] IMHOF, M./ECHTRERNACH, B./HUBER, S./KNORR, S.: Hören und Sehen: Behaltensrelavante Effekte von Illustrationen beim Zuhören. In: Unterrichtswissenschaft Zeitschrift für Lernforschung 24 Jg., Heft 4 (1996) S. 329–342
[4] WAGNER, H.: Auditive Merkfähigkeit bei Schülern: Eine Studie zum MOTTIER–Test. In: Psychologie in Erziehung und Unterricht, 37. Jg., (1990), S. 33–37

 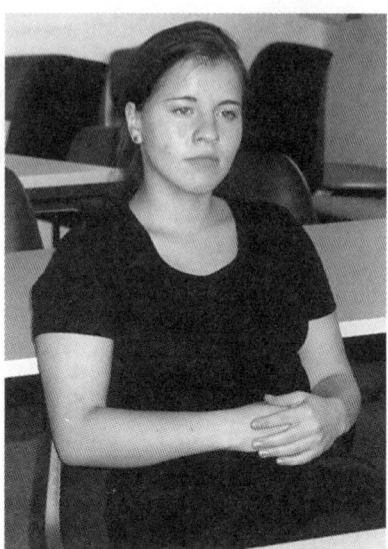

Abbildung 11   *Abbildung 12*
Körpersprachliches Ausdrucksverhalten, das Engagement ausdrückt und gleichzeitig Signale enthält, die mehrdeutig scheinen

Abbildung 13   *Abbildung 14*
Kanaldiskrepanzen körpersprachlichen Ausdrucksverhaltens beim Engagement

Gesprächspartner beeinflussen wollen. Sie ziehen in solchen Situationen vor, dem vom Lehrer gesuchten Blickkontakt auszuweichen. Mit zunehmendem Alter wird für Kinder/Jugendliche der Blickkontakt als soziales Instrument verfügbar. Wenn sie ihn auch noch nicht in dem Umfang wie Erwachsene einsetzen, so wissen sie doch um seine Funktion und versuchen sich in adäquatem Umgang. Mit anderen Worten, ihr Bemühen, einen vom Lehrer gesuchten Blickkontakt zu halten, wächst. Mitunter kostet sie das soviel Konzentration, daß sie kaum oder gar nicht den Gesprächsinhalten folgen können. Sie versuchen den Blickkontakt zu halten, um nicht in den Verdacht zu geraten, ungenügendes Engagement zu zeigen, unsicher oder unhöflich gegenüber dem Lehrer zu sein.

Während des Engagements kann körpersprachliches Ausdrucksverhalten aufgrund proxemischer Gegebenheiten zu Körperhaltungen und Mimik führen, die nicht unbedingt ansprechend wirken. Aus Abb. 11 ließe sich beispielsweise ein leicht bedrohlicher Eindruck interpretieren. Die auf den Tisch aufgestützten Arme schieben die Schultern nach oben. Dadurch scheinen Kopf und Körper unmittelbar verbunden, der Hals als empfindlicher Verbindungsstrang zwischen Kopf und Körper verschwindet. Die Schülerin wirkt bullig, bei entsprechender Mimik (weiteres Senken der Augenbrauen) sogar mißtrauisch. Da der Kopf über den neutralen Mittelpunkt hinweg nach vorne geneigt ist (Kinn in Richtung Brust), zielt der Blick von unten nach oben. Eine Blickrichtung, die angesichts höher positionierter Tafelbilder oder Projektionsflächen unabwendbar ist. Für den Betrachter ist ein derartiges Blickverhalten jedoch mehrdeutig. Durch den nach vorne gebeugten Rücken entsteht für die gesamte Körperhaltung eine Nähe zur Unterwürfigkeit. In Verbindung mit dem gesenktem Blick tendiert das körpersprachliche Ausdrucksverhalten dann zu Distanziertheit.

Ganz anders die Haltung in Abb. 12. Der Hals ist in diesem Fall als Verbindungsstrang sichtbar, da der Kopf leicht herausgehoben ist, und eine leichte Tendenz nach hinten besitzt. Zusammen mit dem Blick, der von oben nach unten gerichtet scheint, bekundet dieses körpersprachliche Ausdrucksverhalten etwas abschätziges und überlegenes.

Die ausgestreckten Beine in Abb. 13 vergrößern die persönliche Zone. Sie signalisieren in Richtung Lehrer Raumanspruch. Da die Füße nur noch über die Fersen Bodenkontakt haben, stehen die Schuhsohlen dem Betrachter entgegen. Die lässig zurückgelehnte Sitzhaltung sowie die verschränkten Arme drücken Passivität und/oder Distanz zum Gegenstand aus. Andererseits ist die Kopfhaltung ohne sichtliche Tendenz nach hinten, vorne oder zur Seite austariert und wirkt zusammen mit dem aufgeschlossenen Blick natürlich, offen und vertrauensvoll. D.h. der direkte Blickkontakt drückt Zuwendung und Achtung vor dem anderen aus. Körperhaltung und Gesichtsausdruck konstituieren für den Betrachter somit eine Kanaldiskrepanz, die ihn unter Umständen verunsichert. Sämtliche Deutungen der Sitzhaltung sind problemlos zu entkräften mit einem Hinweis auf die im Abschnitt *ÄUSSERE BEDINGUNGEN* erwähnten Entspannungsbedürfnisse der Schüler. Der durch diese Haltung hervorgerufene Eindruck von Laxheit ist jedoch nicht zu verhindern.

In Abb. 14 drücken die selbstbezogene Geste der rechten Hand (die ebenfalls eine Stützhaltung sein könnte) sowie die nach vorn offen ausgeführte Geste der linken Hand einen Vermittlungsmechanismus zwischen der Schülerin und dem besprochenen Gegenstand aus. Die Augen sind klar auf einen definierten Punkt ausgerichtet, auf den sich der Blick konzentriert (Tafelbild oder Anschauungsmaterial). Dadurch wird die Aufmerksamkeit auf eine Sache versammelt und ablenkende Reize sind minimiert. Seitlich betrachtet könnte dieses Blickverhalten (durch ein wenig abgedeckte Augen) aber auch Verschlagenheit ausdrücken.

⇨ Aufrechterhaltung

Inwieweit die Aufrechterhaltung des Engagements gelingt, hängt von einem angemessenem Engagement aller Interaktionsteilnehmer ab. Lehrer müssen zeremonielle Ordnungen realisieren, die für alle Schüler gewährleisten, angemessenes Engagement einbringen zu müssen und zu können. Das Engagement des einzelnen darf sich nicht auf Kosten anderer durchsetzen. Wirkliches Engagement kann auch ohne weiteres in Über–Engagement umschlagen. Normalerweise sollte es so sein, daß in solchen Fällen alle Interaktionsteilnehmer helfen, den Überengagierten zu angemessenem Engagement zurückzuführen. Im Unterricht erwarten Schüler jedoch den Lehrer als korrektive Kraft, der auf einzuhaltende Normen verweist bzw. Grenzen markiert. Die Verpflichtung des Schülers, im Unterricht seine Sozialfunktion zu erfüllen und angemessenes Engagement zu beweisen, kann gerade durch seine Tatkraft, dies auch wirklich zu tun, behindert werden. In dem Moment, da sich ein besonders »eifriger« Schüler auf sein verpflichtendes Engagement konzentriert, muß zwangsläufig seine Aufmerksamkeit für die Inhalte sinken. Wenn Schüler primär die Verpflichtung zum Engagement erfüllen anstatt sich in der Interaktion zu engagieren, liegen Gründe dafür nicht selten im Elternhaus. Die bedingungslose Forderung, bessere Zensuren für eine erfolgreiche Oberstufenempfehlung oder ein tadelloses Schulzeugnis zu erzielen, wird vom Elternhaus nur in Ausnahmefällen durch wirklich lerntechnische Hinweise flankiert. Üblicherweise ist die Aufforderung, die Leistung zu verbessern, von wenig hilfreichen Ratschlägen umgeben, wie »Du mußt dich häufiger melden.«, »Paß besser auf.«, »Frage nach, wenn du etwas nicht verstanden hast«, »Konzentrier' dich besser.«. Wie konzentriert man sich besser, wie paßt man besser auf? Der Gebrauchswert dieser beiden Hinweise ist gleich Null. Eine Selbstkontrolle über das sich–häufig–Melden ist dagegen möglich. Das Nachfragen bedarf wiederum einiger Überwindung. Summa summarum kanalisiert der Schüler seine Aufmerksamkeit nicht auf die Inhalte, sondern auf die Formen des Engagements. Körpersprachlich drückt sich das in einem relativ ungleichmäßigen Bewegungsablauf aus, einzelne Handlungen

Abbildung 15
Ermüdung auf Grund von Engagement

werden plötzlich und mit kantigen Bewegungen vollzogen. Gesten übertreten außerordentlich selten die Intimzone, die Körperhaltung ist für den betreffenden Schüler ungewöhnlich lange angespannt. Das tritt vor allem zu Beginn der Unterrichtsstunden sowie am Anfang neuer Stundenabschnitte auf und wird zwischenzeitlich von deutlichen Ermüdungsphasen kontrastiert (vgl. Abb. 15).

Körpersprachliches Ausdrucksverhalten während des Nebenengagements

Nebenengagement
⇨ Ablenkung von Außen
⇨ Ich–Befangenheit
⇨ Interaktions–Befangenheit
⇨ Fremd–Befangenheit
⇨ geheucheltes Engagement

»Gemeinsames Engagement erscheint als zerbrechlich, es ist mit konstitutiven Schwächen und Gefährdungen behaftet, ein prekärer Zustand, der die ständige Möglichkeit von Entfremdung in sich birgt.«[1] Das gemeinsame Engagement stellt also kein stabiles Gleichgewicht dar – im Gegenteil. Stellt man sich das gemeinsame Engagement als jene kleine Kugel in der nebenstehenden Skizze mechanischer Gleichgewichtszustände vor (vgl. Abb. 1), tendieren viele dazu, gemeinsames Engagement sogar als instabiles Gleichgewicht aufzufassen. Erfahrene Lehrer wissen, wie leicht ein Unterrichtsverlauf, in dem Schüler angemessenes Engagement zeigen, gestört und bisweilen auch lahmgelegt werden kann.

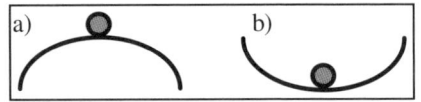

Abbildung 1
a) instabiles, b) stabiles mechanisches Gleichgewicht

Schon aus dieser Sicht stellt ungenügendes Engagement bzw. zu viel Nebenengagement einen neuralgischen Punkt des Unterrichts dar. GOFFMAN spricht in diesem Fall von Entfremdung. Der betreffende Schüler entfremdet sich also sowohl vom eigentlichen Gegenstand der Interaktion als auch von den weiterhin engagierten Schülern sowie vom Lehrer. Das Engagement des Schülers schlägt in Nebentätigkeit um – deshalb der Terminus Nebenengagement. GOFFMAN präzisiert diesen Terminus und setzt ihn vorrangig als *verfehltes Engagement* ein. Wenn Engagement Grundlage der Interaktion ist, »konstituieren Formen der Entfremdung Fehlverhalten, das man als verfehltes Engagement bezeichnen kann.«.[2]

Der Abschnitt *KÖRPERSPRACHLICHES AUSDRUCKSVERHALTEN WÄHREND DES ENGAGEMENTS* markierte, daß Nebenengagements durchaus zulässig sind, wenn die Intensität des Engagements immer noch ausreichend groß ist, die eigentliche Interaktion (Unterricht) aufrechtzuerhalten. Ansonsten gefährden Nebenengagements die gemeinsame Interaktion. Lehrer müssen in solchen Situationen versuchen, die sich entfremdenden Schüler in die

---

[1] GOFFMAN, E.: Interaktionsrituale. Über Verhalten in direkter Kommunikation. Suhrkamp, Frankfurt/M. 1986, S. 128
[2] Ebenda S. 128

Interaktion zurückzuholen, indem sie • scheinbar beiläufig zur Aufnahme des Engagements auffordern, • dem Schüler dessen möglicherweise versehentliches Nebenengagement als solches bewußt machen, • das Nebenengagement untersagen, • mit Sanktionen drohen. Vielfach bringen Schüler Nebenengagements bereits in den Unterrichtsraum hinein. So versuchen sie ihren Umgangston und ihre Ungezwungenheit aus dem Pausengeschehen in den Unterricht zu tragen. Lärm und Bewegungsdrang, mit denen Schüler nach einer Pause einen Klassenraum geradezu fluten, ist oft kaum zu ertragen. Gleiches Verhalten wird auch an den Tag gelegt, wenn die Unterrichtsstunde zuvor dramatisch viele Nebenengagements der Schüler zuließ – mit anderen Worten, wenn die Stunde zuvor katastrophal verlief. Die Schüler der jeweiligen Klasse sprechen nicht mehr miteinander, sondern sie stellen jedes Wort laut zur Schau, sie rempeln einander an, schleudern ihre Taschen in die Richtung ihres Tisches, fläzen sich auf Stühle oder Tische und versuchen auch den Lehrer in ein Gespräch zu verwickeln, das möglichst in dem Stil geführt werden soll, den sie gerade in den Raum getragen haben. Schüler, die sich aus unterschiedlichsten Gründen erkennbar so verhalten, als stellten sie sich auf ihr Engagement im Unterricht ein, heben sich auffällig von den übrigen ab. Groteskerweise wirken jetzt sie als von den anderen Schülern entfremdet.

Abbildung 2
Proxemisches Verhalten von Jungen und Mädchen, die einen Klassenraum betreten oder verlassen

131

REINERT und ZINNECKER [3] beschreiben gleichermaßen präzise wie unterhaltsam, welche Techniken Schüler benutzen, Nebenengagements [4] aus der Pausensituation in den Unterricht zu implantieren und dort am Leben zu erhalten.

⇨ Ablenkung von außen

Die Intensität des Engagements sinkt oder geht gegen Null. Dinge, die außerhalb des Unterrichtsgegenstandes liegen, sind Dreh– und Angelpunkt der Aufmerksamkeit. Das können Nebentätigkeiten mit anderen Schülern sein, möglicherweise steht der Gegenstand des Nebenengagements weder in irgendeinem Zusammenhang zum Unterricht noch zu den anderen Schülern.

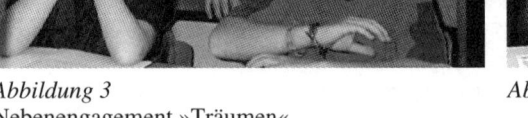
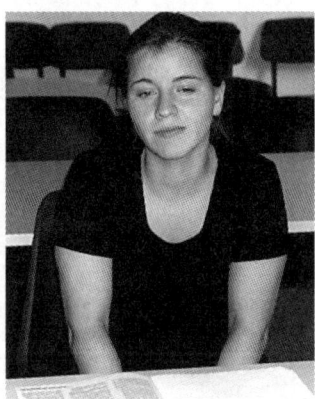

Abbildung 3
Nebenengagement »Träumen«

Abbildung 4

Aus Erfahrung weiß jeder Lehrer, daß es wenig hilfreich ist, wahllos jedem Nebenengagement eines Schülers vehement entgegenzuwirken. Eine dadurch vom Lehrer selbst verursachte Unruhe beflügelt Schüler mitunter zu neuen Nebenengagements, statt bestehende zu unterbinden. Deshalb entscheiden Lehrer von Fall zu Fall, inwieweit sie Nebenengagements übersehen, noch etwas beobachten oder sofort mißbilligen. Der Inhalt einer Unterrichtsphase, Normvorstellungen des Lehrers oder aktuelle Erziehungsschwerpunkte beeinflussen prinzipiell diese Entscheidung. Der Terminus

---

[3] REINERT, G–B./ZINNECKER, J. (Hg.): Lehrer und Schüler im Schulbetrieb. Rowohlt, Reinbek, 1975
[4] Statt Nebenengagements sprechen REINERT & ZINNECKER von Nebenbühne bzw. Hinterbühne im Unterricht

»aktuelle Erziehungsschwerpunkte« meint, ob ein Lehrer gegenwärtig größeres Augenmerk auf zeremonielle Ordnungen für die Stabilisierung von Normen und Werten bei den Schülern legt, oder ob die Aneignung des aktuellen Stoffs im Mittelpunkt seiner Aufmerksamkeit stehen muß. Im Moment des Geschehens sind aber stets auch die körpersprachlichen Äußerungen der Schüler ausschlaggebend für die Entscheidung, in welcher Weise Lehrer mit dem wahrgenommenen Nebenengagement umgehen. Auf Abb. 3 signalisieren Körperhaltung und Gesichtsausdruck über den visuellen Kanal, daß die Schülerin (vorne links) gedanklich abwesend ist und sich keineswegs mit dem gewünschten Gegenstand auseinandersetzt. Der Blick geht ins Leere, die gesenkten Augenbrauen schirmen die Gedankenwelt der Schülerin gegen Eindrücke der Unterrichtsinteraktion ab. Der in den Händen aufgestützte Kopf ist seitlich nach hinten gelehnt (wie in ein Kissen) und vermittelt eine lässig passive Körperhaltung. Damit die Gedanken der Schülerin nicht fortgesetzt abschweifen, was angesichts der äußerst entspannten Körperhaltung zu befürchten steht, wird ein Lehrer diese Schülerin »zurückrufen«, das Nebenengagement jedoch kaum tadeln. Blickverhalten und zurückgelehnter Kopf auf Abb. 4 vermitteln die bereits für Abb. 3 beschriebenen Eindrücke. Ein leichtes Lächeln verstärkt zusätzlich den Anschein der Gedankenabwesenheit. Bedenkt man die im Abschnitt *KANÄLE KÖRPERSPRACHLICHEN AUSDRUCKSVERHALTENS – VISUELLER KANAL* beschriebene soziale Funktion des Lächelns, läßt sich vermuten, die Schülerin ist mit ihren Gedanken bei einer Situation zwischenmenschlichen Verhaltens. Obwohl die Körperhaltung ebenfalls passiv wirkt (in sich gesunkene Sitzhaltung, auf den Schenkeln ruhende Hände), scheint der Zustand der Entspannung nicht gleichermaßen stabil wie im Fall der Abb. 3. Die auf den Schenkeln ruhenden Hände erfüllen keine Funktion – wie z.B. ein Stützen des Kopfes – und sind somit aktionsbereit. Der Betrachter könnte durchaus annehmen, daß sich diese Schülerin innerhalb des nächsten Augenblicks wieder in der Interaktion engagiert. Um sicher zu gehen, spricht man die Schülerin kurz an, ohne sie für das Nebenengagement zu rügen. Anhand dieser beiden Beispiele wird deutlich, Nebenengagement ist dann entschuldbar, wenn die Körpersprache signalisiert, daß derjenige eigentlich bei der Sache sein möchte und das Nebenengagement Ausdruck einer unbewußten Zerstreutheit ist. Da die Körperhaltung beider Schülerinnen nur bedingt von der erwünschten abweicht, ist erneutes Engagement der Schülerinnen nicht grundsätzlich auszuschließen. Bei ausgeprägter Abweichung schwindet die Entschuldbarkeit des Nebenengagements, die Regelverletzung wird als willkürlich empfunden. Abb. 5 illustriert Abweichungen, die ein Lehrer sowohl über den visuellen als auch den proxemischen Kanal wahrnimmt. Zudem zeigt die Abweichung die Gefahr an, dahinter sitzende Schüler könnten ebenfalls zum Nebenengagement animiert werden.

Abbildung 1
Nebenengagement eines einzelnen Schülers
(weißer Kreis)

Abbildung 2
Nebenengagement beginnt

Abbildung 3
Nebenengagement steigt

Ein entgegen der normalen Sitzrichtung orientierter Schüler fällt auf Grund der veränderten Proxemik sofort auf und läßt beim Lehrer eindeutig den Schluß auf Nebenengagement zu. Während aus der Körpersprache in Abb. 6 nicht eindeutig hervorgeht, ob der Schüler nur eine Auskunft oder Arbeitsmaterial erbittet, kann dem körpersprachlichen Ausdrucksverhalten über den visuellen sowie proxemischen Kanal in Abb. 7 entnommen werden, daß sich der Schüler einem Nebenengagement widmet. Inzwischen steht er sogar hinter seinem Stuhl, hat also seinen Arbeitsplatz verlassen und widmet sich der Schülerin/deren Utensilien hinter seinem Sitzplatz.

⇨ Ich–Befangenheit

In diesem Fall des Nebenengagements widmet ein Schüler seine Aufmerksamkeit sich selbst und nicht dem Unterricht. Eine Spielart der Ich–Befangenheit besteht darin, daß beim Engagement sukzessive Aspekte der eigenen Person verbal wie nonverbal in den Vordergrund rücken. Die Gesprächsbeteiligung verschiebt sich inhaltlich vom gemeinsamen Interaktionsgegenstand hin zum Selbst des Sprechenden. Körpersprachlich werden solche Reden vorrangig von selbstbezogenen Gesten begleitet, die nicht dazu dienen, eine Verbindung zwischen sich und dem Gegenstand oder den anderen Schülern herzustellen. Vielmehr will er damit die Aufmerksamkeit auf sich selbst lenken. Da der Gesprächsgegenstand (Ich) dem Sprechenden ausgesprochen vertraut und damit kognitiv nicht so belastend ist, vermag er Blickkontakte zu suchen und zu halten. Über den auditiv–akustischen Kanal vermitteln sich Äußerungen der Ich–Befangenheit durch eine hellere Klangfarbe der Stimme und größere Bögen in der Sprechmelodie. Ein gezielter Hinweis auf diese Ich–Befangenheit durch Mitschüler oder den Lehrer kann dazu führen, daß sich der Betroffene entweder von der Interaktion zurückzieht (siehe Abb. 8 ① und 8 ②), den Hinweis verarbeitet und besonders gelungenes Engagement zeigen will oder aber verlegen wird.

Mit der demonstrativen Fläzhaltung in Abb. 8 ② wird neben dem Rückzug auch Geringschätzung gegenüber denjenigen signalisiert, die eine Ich–Befangenheit anmahnten. In erster Linie soll die Botschaft, die hinter derartigem körpersprachlichen Ausdrucksverhalten steht, den Lehrer treffen.

Der Rückzug – als eine Art Selbstschutz – aber auch die Verlegenheit halten zunächst die Ich–Befangenheit aufrecht. Eine mit beiden Reaktionsweisen verbundene Aufregung des Schülers verstärkt möglicherweise sogar seine Ich–Befangenheit. Der Lehrer muß jetzt entscheiden, ob der Schüler seine Ich–Befangenheit weiter »ausleben« soll, oder ob eine kleine Geste, ein aufmunternder Blick angebracht wären, den Schüler aus seiner Ich–befangenheit zu lösen und auf diese Weise Engagement beim Schüler zu forcieren.

①   ②

Abbildung 8
Zurückgezogenheit

Eine Form der Ich–Befangenheit, die ausschließlich über den visuellen Kanal zu beobachten ist, bietet die Abb. 9. Die Schülerin
widmet sich ihren Fingern, sie spielt an sich
herum. Streng genommen stellt derlei Ausdruck von Ich–Befangenheit einen Spezialfall
der Ablenkung von Außen dar. Das auf der
Abb. 9 erkennbare Nebenengagement ließe
sich ebenso als die oben erwähnte Rückzugs-
form deuten, bei der die Ich–Befangenheit
mit andren Mitteln fortgesetzt würde.

Im gesamten Spektrum körpersprachlichen
Ausdrucksverhaltens bei Nebenengagements
haben Ausdrucksformen, wie die nebenstehend
abgebildete am ehesten ein Chance, übersehen
zu werden. Die Abweichungen von einer Körperhaltung, die Engagement ausdrückt, halten
sich in Grenzen, und das Risiko eines Über-
gangs des Nebenengagements auf andere

Abbildung 9
Ich–Befangenheit

Schüler ist gering. Infolgedessen besitzen entsprechende körpersprachliche
Äußerungen nicht die alarmierende Signalwirkung für den Lehrer wie sie

beispielsweise den Abbildungen 5 bis 7 zu entnehmen ist. Eine mögliche Verstärkung solcher Signale bis zur Schwelle der unweigerlichen Wahrnehmbarkeit kann durch die Dauer des jeweiligen Ausdrucksverhaltens bzw. dadurch erzeugt werden, daß gleichzeitig bei anderen Schülern eine ähnliche Körpersprache auftritt.

⇨ Interaktions–Befangenheit

GOFFMAN spricht von Interaktions–Befangenheit, wenn ein Interaktionsteilnehmer »auf ungeeignete Weise mit der Art, wie die Interaktion als Interaktion verläuft, beschäftigt ist, anstatt sich spontan am offiziellen Gesprächsthema zu engagieren.«[5] Als mögliche Ursachen kennzeichnet GOFFMAN zwei Umstände. 1) Personen besitzen ein besonderes Verantwortungsgefühl für den gelungenen Verlauf einer Interaktion. Sie (z.B. Versammlungs– und Diskussionsleiter oder Lehrer) fordern von den Interaktionsteilnehmern angemessenes Engagement oder sind eifrig um das Engagement aller bemüht (z.B. die besorgte Gastgeberin einer Party). 2) Menschen sind bemüht, den Verlauf der Interaktion dahingehend zu optimieren, daß der eigene Rückzug unauffällig eingeleitet werden kann.

Beim ersten Nachdenken erscheinen Schüler ungeeignet, Verantwortungsbewußtsein für den erfolgreichen Verlauf einer Unterrichtsinteraktion zu entwickeln. Im Gegenteil, Qualifikation und Motivation dafür scheinen allein beim Lehrer angesiedelt. Es gibt aber auch Unterrichtssituationen, in denen Schüler ein Verantwortungsbewußtsein für den Verlauf des Geschehens besitzen und demonstrieren. Beispielsweise in Diskussionen über Vorhaben oder Probleme der Klasse. Schüler, für die der jeweilige Gegenstand bedeutsam ist, fordern andere ausgesprochen vehement auf, sich sachlich und konstruktiv zu beteiligen – also angemessenes Engagement zu zeigen. Für einen Lehrer stellt das in doppelter Hinsicht Stütze dar. Zum einen wird seine Person in solchen Momenten von der Durchsetzung zeremonieller Ordnungen entlastet, das übernehmen Schüler an seiner statt. Zum anderen bedienen sich Schüler untereinander eines körpersprachlichen Ausdrucksverhaltens, dessen Zeichenvorrat nur für sie innerhalb ihrer Kommunikation unmißverständlich ist. Operierte ein Erwachsener ihnen gegenüber mit den gleichen Signalen, weckte das voraussichtlich den Widerstand nicht aber angemessenes Engagement der Schüler. Innerhalb der Kommunikation unter

---

[5] GOFFMAN, E.: Interaktionsrituale. Über Verhalten in direkter Kommunikation. Suhrkamp, Frankfurt/M. 1986, S. 131

den Schülern drückt der auditiv–akustische Kanal Genervtheit und Lästigkeit über das *verfehlte Engagement* anderer aus. Typisch sind dafür gedehnt gesprochene Satzanfänge wie »Man, ej ...«, »Hör' doch mal auf ...«, »Weist du, du kannst auch immer bloß ...«, »Was soll denn das ...«. Mimik (vor allem der Mund) und Gestik drücken gegenüber den Nicht–Engagierten Ablehnung aus (siehe Abb. 10).

Verantwortungsbewußtsein der Schüler für den Verlauf von Interaktionen läßt sich ebenfalls während der Gruppenarbeit im Unterricht beobachten. Gerne übernehmen leistungsstarke Schüler einer Gruppe die Rolle des Lehrers. Ein Phänomen, das zwar typisch für die unteren Klassenstufen ist, aber genauso in höheren Jahrgängen vorkom-

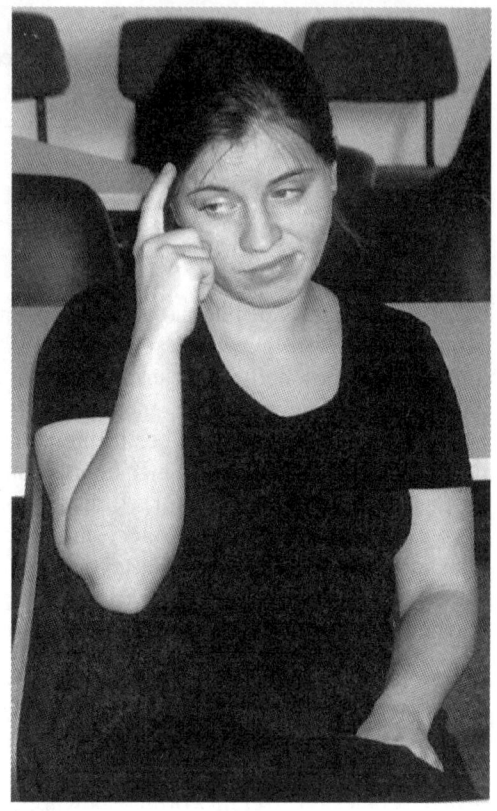

Abbildung 10
Geste und Mimik drücken Geringschätzung aus

men kann. Die Aufmerksamkeit jener Schüler (in Lehrerrolle) gilt dem Anleiten und Maßregeln der anderen Gruppenmitglieder. In diesem Kontext drückt ihre Körpersprache über auditiv–akustischen, visuellen und taktilen Kanal eine Dominanz aus. Infolge der Interaktions–Befangenheit findet der Gegenstand der Gruppenarbeit ebenfalls nicht das Engagement der anderen Schüler. Letztere setzen sich nämlich mit dem Nebenengagement (Anleiten und Maßregeln) der Schüler (in Lehrerrolle) auseinander und verteidigen ihre eigene Person. Das damit verbundene körpersprachliche Ausdrucksverhalten drückt auffallend Ablehnung aus. Derlei ablehnende Körpersprache zieht unübersehbar die Aufmerksamkeit eines Lehrers auf sich und kann von ihm sogar als Nebenengagement bzw. Verweigerung eines Engagements mißinterpretiert werden. Da das körpersprachliche Ausdrucksverhalten des Schülers, der die Interaktions–Befangenheit ursprünglich initiiert hat, nicht vom erwünschten Verhalten abweicht, besteht für einen Lehrer vorerst kaum die Gelegenheit, dessen Nebenengagement zu erkennen und zu unterbinden.

Die zweite von GOFFMAN ausgewiesene Ursache einer Interaktions–Befangenheit besteht im Bemühen um gut getarnten Rückzug aus einer Interaktion. Körpersprachlich ist ein derartiges Verhalten bei Schülern geradezu mit einer Einrollbewegung verbunden. Ein vertrautes Bild, das sich vor allem auf Fragen nach Freiwilligkeit oder nach erledigten Hausaufgaben bietet. Noch markanter taucht dieses Bild auf, wenn mündliche Leistungskontrollen anstehen. Der Blickkontakt mit dem Lehrer wird gemieden, indem vielfach der Kopf gesenkt wird. Ist der Kopf über den neutralen Mittelpunkt hinweg nach vorne geneigt, zeigt das Kinn in Richtung Brust und verdeckt somit den Hals. In dieser Haltung ist auch der Rücken nach vorne gebeugt. Es entsteht eine Schutzhaltung, die bereits in der Tierwelt zu finden ist. Im Falle der Angst, Unsicherheit oder Unterwürfigkeit rollen sich Tiere regelrecht ein und schützen auf diese Weise ihre empfindlichsten und damit verletzlichsten Körperzonen – den Hals und den Bauchbereich. Außerdem meiden sie den Blick des anderen Tieres. Zusammen mit dem nach unten gerichteten Blick drückt die Körpersprache ein In–sich–gekehrt–sein oder Gefühle wie Resignation, Angst, Schüchternheit, Schuldbewußtsein aus. Aus dieser Körperhaltung heraus warten die Schüler den weiteren Verlauf der Interaktion ab und lösen sich erst dann wieder aus ihrer Position, wenn ihr Rückzug erfolgreich gelungen ist. Sie sind nicht Opfer einer mündlichen Leistungskontrolle, bekommen keine »freiwilligen« Arbeiten aufgebürdet und wurden auch nicht »ohne angefertigte Hausaufgaben« entdeckt.

Schüler praktizieren aber auch offensive Rückzüge, indem sie darauf verweisen, bereits wiederholt in solchen Situationen Ziel des Lehrers gewesen zu sein. Ein unsicheres Lächeln sowie eine sich abwendende/wegbeugende Körperhaltung fällt in der Körpersprache solcher Schüler auf. Durch die leicht gebeugte Haltung entsteht oft ein von unten nach oben gerichteter, defensiv anmutender Blick. Auditiv–akustisch unterstützt eine gespielt wehleidige Sprechmelodie und Klangfarbe der Stimme die Körperhaltung. Während das körpersprachliche Ausdrucksverhalten in solch einem Fall dem Lehrer gegenüber eine gewisse Achtung ausdrückt, kann der Rückzug auch durch demonstrative Mißachtung des Lehrers erfolgen. Dann drückt verbales und nonverbales Ausdrucksverhalten Angriffslust aus. Ohne den Blickkontakt zu suchen, kritisiert der Schüler den Lehrer für dessen Ansinnen und erklärt es als unzumutbar. Im Unterschied zu den zuvor geschilderten Rückzugsformen ist die Körperhaltung des Schülers offen. Hals– oder

Bauchbereich werden nicht schützend verdeckt. Der Bedrohlichkeit der Interaktion (Kontrolle von Leistungsfähigkeit oder Arbeit) begegnet der Schüler mit Aufsässigkeit und versucht so, mit einem fulminanten Rückzug die Situation abzuwenden. Manchmal gehen Schüler dabei soweit, daß Lehrer Ziel körpersprachlicher Äußerungen – wie Abb. 10 zeigt – werden können.

Amüsant wirken die Rückzugsbemühungen eines Schülers, der außerhalb des Unterrichts, z. B während einer Pause, in einen »small talk« mit dem Lehrer verwickelt wird. Gehen dem Schüler die Reserven für Gesprächsthemen aus, muß er wachsam einen günstigen Rückzugsaugenblick abwarten (der Lehrer blickt kurz zu einem anderen Ereignis oder ein weiterer Schüler betritt die Szene). Daher ist beim Schüler die Augenbewegung kurz vor und während des Gesprächsnotstandes intensiv. Die Augen suchen erlösende Ereignisse, die der eigenen oder der Aufmerksamkeit und Hinwendung des Lehrers bedürfen. Ansonsten droht peinliche Gesprächsstille. Die damit verbundene Verlegenheit schafft wiederum Ich–Befangenheit ...

⇨ Fremd–Befangenheit

Zielpunkt der Aufmerksamkeit sind andere Interaktionsteilnehmer. Der Abschnitt *KANÄLE KÖRPERSPRACHLICHEN AUSDRUCKSVERHALTENS – PROXEMIK* kennzeichnete Vorzüge und Nachteile einzelner Sitzordnungen. Dabei wurde auf das erhöhte Ablenkungsrisiko der vis–à–vis sitzenden Personen in kommunikationsfreundlichen Sitzordnungen (Kreis– oder U–Form) hingewiesen. Ebenso können auditiv–akustische oder visuelle Auffälligkeiten einer sprechenden Person vom Gegenstand ablenken. Im Unterricht erkennt der Lehrer die Fremd–Befangenheit eines Schülers relativ schnell (der Blick ist konzentriert auf betreffende Mitschüler gerichtet), sofern der Lehrer nicht selbst Anlaß der Fremd–Befangenheit ist. In einem vom Lehrer dominant geführten Unterrichtsgespräch erfüllt die auf ihn gerichtete Konzentration sogar seine Erwartungen und vermittelt über den visuellen Kanal im Grunde genommen Engagement des Schülers.

Eine wesentlich kompliziertere Form der Fremd–Befangenheit liegt vor, wenn das *verfehlte Engagement* nicht der eigentlichen Interaktion, sondern der Darstellung vor einem vermeintlichen Beobachter gilt[6]. Jeder Lehrer kennt nur zu gut das Bild solcher Schüler, die sich beobachtet fühlen, jedoch nicht direkt auf den Beobachter reagieren. Sie bemühen sich mehr

---

[6] *verfehltes Engagement* beschreibt hier treffender als der Terminus *Nebenengagement*

oder weniger gelungen, durch nichts erkennen zu lassen, daß sie den Beobachter entdeckt haben. Das gesamte Gebaren solcher Schüler nimmt alsbald
eine sehr affektierte Form an. Gesten und Mimik wird plakative Deutlich-
keit verliehen, die Klangfarbe der Stimme und die Stimmstärke steigen. Der
Blickkontakt zum eigentlichen Interaktionspartner wird unruhig, weil der
Blick wandern muß, um den vermeintlichen Beobachter im Blick zu behal-
ten ist. Die Tarnung dieser Kontrollblicke gelingt durch besagte Über–
Gestik, die dank raumgreifender Hand– und Armbewegungen zu Körperdre-
hungen berechtigen. Die jeweilige Drehung erlaubt dann den notwendigen
Kontrollblick. Im Unterricht drückt sich diese Form der Fremd–Befangenheit auch in einem affektierten Gebaren aus. Es ist aber nicht zwangsläufig
erkennbar, weil zumeist in Engagement eingebettet. Selbst dann, wenn man
es als Lehrer an den o.g. Indikatoren erkannt hat, darf es nicht sanktioniert
werden, denn offenkundig liegt Engagement vor. Dem Schüler demonstratives Verhalten vorzuwerfen, ist ausgeschlossen. Es ist nicht nachweisbar.
Zuweilen schmeichelt es einem Lehrer, wenn ein Schüler durch demonstratives Engagement Gefallen zu erregen sucht. Bei den Mitschülern stößt
diese Form des »aufdringlichen« Engagements meist auf Ablehnung.

Werden Engagement und Nebenengagement im Übermaß praktiziert, entsteht daraus eine weitere Form der Fremd–Befangenheit. Sie kann auf andere ausgesprochen abstoßend wirken (siehe »aufdringliches« Engagement),
oder auch Anpassungsdruck auslösen. Je nach Status eines Schülers innerhalb der Gruppenhierarchie stellt dessen Engagement bzw. Nebenengagement eine Orientierung für das Verhalten der anderen dar. Derartige
Mechanismen funktionieren besonders offensichtlich für Nebenengagements. Ist sich der Schüler seines Status' bewußt, läßt sich anhand seiner
Körpersprache akkurat beobachten, wie er sich nach vollzogener Auflassung zum Nebenengagement seiner Wirkung unter den Mitschülern versichert. Der Blick wandert über sein Publikum. Oberkörper, Beine oder Finger (die einen Gegenstand halten) wackeln unruhig. Mit dieser Wackelbe-
wegung kompensiert der Schüler die innere Anspannung, ob und wie seiner
Auflassung gefolgt wird. Jene Schüler, die der Auflassung folgen möchten –
und es auch tun – halten nun wechselnden Blickkontakt zum Lehrer und
zum »Vorturner«. Bei beiden müssen sie sich von jetzt an regelmäßig über
den visuellen Kanal rückversichern: beim Lehrer, ob Sanktion droht, beim
»Vorturner«, ob sie sich wunschgemäß verhalten.

141

⇨ Geheucheltes Engagement

Kann oder will jemand für eine Interaktion, an der er teilnehmen muß, kein Engagement aufbringen, wird er Engagement heucheln, um • die anderen nicht zu verletzen, • die gute Meinung der anderen über sich selbst zu erhalten oder • rückwirkende Konsequenzen seiner Teilnahmslosigkeit zu vermeiden.[7] Im Unterricht sind entsprechende Täuschungsmanöver der Schüler keine Seltenheit. Sie verbergen ihr Nebenengagement hinter einem geschickt zu Schau gestellten Engagement. Genau genommen stellt Täuschen die hohe Schule körpersprachlichen Ausdrucksverhaltens dar. Derjenige, der täuscht, muß seine Körpersprache kontrollieren können. Das angemessen zu tun, setzt soziokognitive Fähigkeiten voraus. Soziale Informationen über Eigenschaften erwünschten und unerwünschten Ausdrucksverhaltens müssen bereits verarbeitet worden sein. Das ist insofern bemerkenswert, als

a) die Eigenschaften körpersprachlichen Ausdrucksverhaltens im Alltag meist verdeckt sind (verschlüsselte Äußerungen),

b) die Eigenschaften über einen Erschließungsvorgang *rekonstruiert* werden müssen (beobachtete Zusammenhänge zwischen körpersprachlichen Äußerungen und Reaktionen),

c) keine eindeutige Beziehung zwischen einer Eigenschaft körpersprachlichen Ausdrucksverhaltens und der Bedeutung definiert ist (ein und dieselbe körpersprachliche Äußerung löst unterschiedliche Reaktionen aus).

Obwohl körpersprachliches Täuschen demzufolge einen hohen soziokognitiven Anspruch impliziert, ist die Fähigkeit zu täuschen auch bei jüngeren Schülern keineswegs zu unterschätzen.

Bisher konzentrierten sich Untersuchungen zum körpersprachlichen Ausdrucksverhalten von Kindern auf ihre Fähigkeit zu täuschen, also ihre Körpersprache zu kontrollieren. SHENNUM & BUGENTAL[8] veranlaßten Kinder zwischen 6 und 12 Jahren in spielerischen Situationen, in denen sie:

1. vortäuschten, etwas neutral zu bewerten, das sie mögen bzw. nicht mögen. (Einen Film, ein Getränk oder ein Ereignis leidenschaftslos beschreiben, obwohl es für sie in Wirklichkeit sehr angenehm bzw. unangenehm ist.)

2. die eigenen Gefühle mit solchen verdecken sollten, die sie nicht empfinden. (Ein von ihnen ungeliebtes Getränk als wohlschmeckend anpreisen oder umgekehrt.)

---

[7] GOFFMAN, E.: Interaktionsrituale. Über Verhalten in direkter Kommunikation. Suhrkamp, Frankfurt/M. 1986, S. 139
[8] SHENNUM, W.A./BUGENTAL, D.B.: The Development of Control Over Affective Expression in Nonverbal Behavior. In: FELDMAN, R.S., 1982, S. 101–123.

3. Gefühle zeigen sollten, obwohl sie keine hatten.(Etwas als beeindruckend oder unangenehm beschreiben, was ihnen eigentlich gleichgültig ist.) Insgesamt tendierten die Kinder beim Vortäuschen von Gefühlen zur Übertreibung, vor allem beim Vorgeben negativer Gefühle. Generell nahm dieses Phänomen mit zunehmendem Alter der Kinder ab. Mädchen wiesen dabei ein überzeugendes Geschick auf, positive Gefühle vorzutäuschen. Möglicherweise ein Resultat ihrer Erziehung, die gerade Mädchen dazu anhält, »gute Mine zum bösen Spiel« zu machen (sich bei Verwandten artig für Geburtstagsgeschenke bedanken, obwohl sie weder die Verwandten noch das Geschenk mögen). Andere Untersuchungen von Saarni[9], in denen die Selbstkontrolle von Kindern beobachtet wurde, bestätigten, daß gerade Mädchen imstande sind, unangenehme Empfindungen durch positives Vortäuschen zu verstecken. Jungen beeindruckten in zunehmendem Alter durch ihr Vermögen, sich neutral zu zeigen, obwohl sie angenehme oder unangenehme Empfindungen hatten. Es ist also ausgesprochen schwer, ihre wahren Gefühle einzuschätzen. Diese »Pokerface–Technik« praktizieren Jungen der 5. Klasse bereits sehr glaubhaft. Vermutlich überlebt immer noch eine Erziehungsweise, in der trotz aller Liberalisierung für Jungen andere Maßstäbe gelten: Wenn es um gefühlsbetontes Verhalten geht, sind Bemerkungen wie »Jungen weinen nicht«, »Benimm dich nicht wie ein Mädchen« noch lange nicht aus dem Kompendium erzieherischer Äußerungen eliminiert. Untersuchungen von MORENCY & KRAUS[10] stellten fest, daß Eltern interessanterweise das Vortäuschen angenehmer Stimmung kaum entschlüsseln konnten. Ungleich sicherer entschlüsselten sie das Vortäuschen negativer Stimmungen. Bemerkenswert auch ein weiteres Ergebnis, nach dem das Vortäuschen der Erstkläßler besser durch fremde als durch die eigenen Eltern Entschlüsselung fand.

Im Umgang mit einer sich entwickelnden Körpersprache (Kind → Jugendlicher) sitzt man so manchem Irrtum auf. Die in den Untersuchungen beobachtete Tendenz der Übertreibung beim Vortäuschen ist ein Phänomen, das Kinder und Jugendliche nicht nur beim Vorgaukeln irgendwelcher Gefühle praktizieren. Sowohl im erregten Zustand als auch bei dem Bedürfnis, ein Gefühl besonders betont auszudrücken, ist der Hang zur Übertreibung unübersehbar.

Die erwähnte Tendenz zur Übertreibung offenbart im Unterricht so manches geheuchelte Engagement. Zusätzlich begleiten wiederholt Blicke in Richtung Lehrer das geheuchelte Engagement. Mit ihnen versichert sich der

---

[9] SAARNI, C.: Social and Affective Functions of Nonverbal Behavior: Developmental Concerns. In: FELDMAN, R.S., 1982, S. 123–147.
[10] MORENCY, N.L./KRAUSS, R.M.: Children's Nonverbal Encoding and Decoding of Affect. In: FELDMAN, R.S., Development of Nonverbal Behavior in Children. New York 1982, S. 181–199.

Schüler, ob und inwieweit er durchschaut wurde. Fühlt sich der betreffende Schüler lange genug unentdeckt, vernachlässigt er die Rückversicherung. Ein kardinaler Fehler, denn nun mutiert das geheuchelte Engagement zum offensichtlichen Nebenengagement. Eine Schülerin beispielsweise, die nicht zum Unterricht gehörende Literatur während der Stunde liest, tarnt das anfangs, indem sie sich scheinbar am Unterrichtsgespräch beteiligt. Sie blickt interessiert nach vorne, hat dadurch den Lehrer im Blick und kann sich danach jeweils für einen Augenblick ihrem Wunschgegenstand widmen. Hatte die Taktik des geheuchelten Engagements wiederholt Erfolg, verlängern sich die Phasen der Nebenbeschäftigung, die Entdeckung durch den Lehrer folgt wohl oder übel. Drama-

turgisch ähnlich verläuft die Enttarnung einer Lieblingsbeschäftigung vieler Schüler (vor allem Mädchen) – dem Briefchen–Schreiben. Im Prinzip stellt geheucheltes Engagement ein Abschirmungsbemühen für das Nebenengagement dar. Solche Abschirmungsbemühungen können sehr offensichtliche Formen annehmen (siehe Abb. 11) und erregen natürlicherweise die Aufmerksamkeit des Lehrers.

Abbildung 11
Abschirmungsbemühen

Eine zwar taktvoll, aber letztlich doch nur unzureichend getarnte Teilnahmslosigkeit ist Ausdruck von Langeweile. Körpersprachlich vermittelt sich ein solcher Eindruck über den visuellen und auditiv–akustischen Kanal. Gesten und Bewegungen der Schüler gehören zwar zum Repertoire gewünschten Engagements, ihr Ablauf wirkt jedoch betont lässig bzw. verzögert. Der Blick geht zwischenzeitlich immer wieder ins Leere. Entsprechend wird relativ leise gesprochen, das Sprechtempo ist gemäßigt, die Klangfarbe der Stimme normal bis tief. Die Sprechmelodie erscheint bisweilen geleiert. Stellt man derart körpersprachliches Ausdrucksverhalten bei ansonsten interessierten und leistungsstarken Schülern fest, ist das für den Lehrer ein unmißverständlicher Hinweis auf Desinteresse am Gegenstand oder Unzufriedenheit mit der methodischen Aufbereitung. Gleichzeitig signalisiert diese Körpersprache, daß die Schüler von sich aus keine Anstrengungen unternehmen werden, durch Engagement die Interaktion zu beleben. Das bedeutet größte Gefahr, denn die nächste Stufe ist der Beginn von Nebenengagements. So enttäuschend für den Lehrer oben beschriebenes körpersprachliches Ausdrucksverhalten ist, so deutlich drückt es andererseits Respekt aus. Die Schüler heucheln wenig überzeugend Engagement. Daß sie es tun, weist auf ihre prinzipielle Bereitschaft hin, zeremonielle Ordnungen einzuhalten. Indem sie es aber nicht überzeugend tun, geben sie dem Lehrer einen dezenten Hinweis, wie sie die Situation wirklich empfinden. Der Lehrer erhält gewissermaßen eine Chance, die Situation zu retten. Entweder verschärft er die zeremonielle Ordnung und nötigt die Schüler zum Absolvieren eines straffen Arbeitsplanes (konkrete Aufträge für Stillarbeiten, Ankündigung von Kontrollen) oder er hat spontan eine methodisch zündende Idee Beispielsweise ein Gruppen–Puzzle: Diese Technik der Gruppenarbeit realisiert sich über 6 Schritte.

① 3 bis 4 Teilbereiche eines Wissensbereichs bestimmen.

② Klasse in 4 bis 6 heterogene Teilgruppen – die sogenannten Stammgruppen gliedern

③ Jedes Gruppenmitglied wählt sich einen Teilbereich. Gibt es mehr Gruppenmitglieder als Themen, können Themen auch doppelt vergeben werden.

④ Die Stammgruppen trennen sich und die einzelnen Mitglieder schließen sich mit denjenigen anderer Gruppen zusammen, die den gleichen Inhaltsbereich gewählt haben. In diesen Gruppen wird der Bereich erarbeitet und die Wiedergabe des Erarbeiteten geübt.

⑤ Alle Schüler kehren in ihre Stammgruppen zurück, wo sie als Experten ihr Wissen austauschen.

⑥ Kenntnistest aller [11]

Abschließend sein ein Beispiel angeführt, das mehrere Befangenheiten in sich vereint. Es erhebt keineswegs den Anspruch, repräsentativ zu sein, ist jedoch von illustratorischem Wert. Vor allem Schülerinnen, die bei einem Nebenengagement bzw. etwas Verbotenem erwischt werden, zeigen während der anschließenden »Standpauke« durch den Lehrer nicht selten in ihrem körpersprachlichen Ausdrucksverhalten: • betonte Blicke zur Seite, • nach hinten gezogene Mundwinkel und aufeinander gepreßte Lippen oder demonstratives Luftholen, • rhythmisches Wippen mit dem Kopf oder einem Fuß. Dem Lehrer bietet sich ein körpersprachliches Bild, das ihm unmißverständlich Ablehnung und Mißachtung signalisiert. Die Elemente des skizzierten körpersprachlichen Ausdrucksverhaltens müssen aber nicht nur durch dieses Gefühl der Ablehnung produziert sein. Ebenso ist die Schülerin

---

[11] Präzise Ausführungen zu Untersuchungen über die Vorzüge dieser Technik finden sich in: EPPLER, R./HUBER, G.L.: Wissenswert im Team: Empirische Untersuchung von Effekten des Gruppen–Puzzles. In: Psychologie in Erziehung und Unterricht, 37. Jg., (1990), S. 172–178

an einem möglichst umgehenden Ende dieser Interaktion interessiert, sie vermeidet aus ihrer Sicht alles, was zum Fortbestand der Interaktion beitragen könnte. Die einzige Variante ihres Rückzugs besteht darin, auf den Lehrer nicht zu reagieren. Konsequent wäre, die »Szene« zu verlassen. Aus naheliegenden Gründen scheidet diese Verfahrensweise aus. Die innere Ambivalenz wird durch das oben erwähnte Wippen des Kopfes oder eines Fußes kompensiert. Da der radikale Rückzug für die Schülerin unmöglich ist, bliebe Annahme mit offensiver Austragung der Konfrontation. Die Unsicherheit der Schülerin erlaubt jedoch nicht einmal, Blickkontakt zum Lehrer zu halten. Gedanklich setzt sich die Schülerin also überhaupt nicht mit dem in Rede stehenden Gegenstand (Nebenengagement oder Verbotsübertritt) auseinander, sondern mit • der eigenen Wut, erwischt worden zu sein, • nun »runtergeputzt« zu werden, • der Unmöglichkeit, sich einfach zu entfernen, • das Verhalten des Lehrers als entwürdigend zu empfinden, • evtl. von anderen Schülern beobachtet zu werden und • die Situation nicht siegreich zu bewältigen. Somit drücken sich zwar Ich–, Interaktions– und Fremd–Befangenheit sowie geheucheltes Engagement in den körpersprachlichen Äußerungen der Schülerin aus, für den Betrachter erzeugen sie aber vorrangig das Bild demonstrativer Mißachtung.

Körpersprachliches Ausdrucksverhalten während der Imagepflege

Imagepflege
⇨ Gelassenheit
⇨ Vermeidung
⇨ Korrektur
⇨ Eroberung[1]

»Von einer Person kann man sagen, daß sie ein Image *hat, besitzt* oder es *wahrt*, wenn ihre Verhaltensstrategie ein konsistentes Image vermittelt, das durch Urteile und Aussagen anderer Teilnehmer, durch die Umgebung dieser Situation bestätigt wird«[2]. Eine solche Verhaltensstrategie manifestiert Muster verbaler und nonverbaler Handlungen, mit denen jemand seine Beurteilung der Situation und seine Einschätzung der anderen Teilnehmer sowie seiner selbst ausdrückt. Image, das sozialen Kontakt ermöglicht, wird meist mit spontanen emotionalen Reaktionen belohnt.

Für Schüler spaltet sich die schulische Welt oft in zwei subjektiv voneinan-

---

[1] GOFFMAN nennt es »Erfolg«. Die Ausführungen auf S. 159 ff kennzeichnen jedoch, daß es um recht subtile Formen des Erfolgs geht, die vielmehr den Charakter taktischer Eroberungen aufweisen.
[2] GOFFMAN, E.: Interaktionsrituale. Über Verhalten in direkter Kommunikation. Suhrkamp, Frankfurt/M. 1986, S. 11

der verschiedene Lager, die das Schülerimage (Verhaltensstrategie) bestätigen oder ablehnen, die es durch emotionale Reaktionen belohnen oder bestrafen: Schülerschaft und Lehrerschaft. Überdies können die Reaktionsweisen beider Sphären diametral disponiert sein. Anmaßende oder gar beleidigende verbale sowie körpersprachliche Äußerungen eines Schülers gegenüber einem Lehrer erfahren auf der einen Seite Ablehnung und Sanktion durch die Lehrer, auf der anderen Seite kann es zu grölendem Jubel und Beifall der übrigen Schüler kommen. Ein und dieselbe Verhaltensstrategie erfährt sowohl Sanktion als auch Bestätigung, negative und positive Reaktion.»Wenn jemand spürt, daß sein Image stimmig ist, dann reagiert er typischerweise mit Gefühlen von Vertrauen und Sicherheit. Überzeugt von seinem Verhalten, glaubt er seinen Kopf hochhalten und sich selbst offen anderen darstellen zu können. ... Genauso fühlt er sich, wenn die anderen zwar meinen, er habe ein falsches Image, diese Einstellung aber erfolgreich vor ihm verbergen.«[3] Mit dieser Kennzeichnung hat GOFFMAN die o.g. Problematik zweier Sphären, die ein Image bestätigen oder ablehnen, noch weiter zugespitzt. Nun steht neben der Frage, welches Lager dem Schüler in der skizzierten Situation näher ist, ebenfalls die Frage, welches Lager formuliert ehrlich eine Bewertung des Verhaltens. Die Reaktion der Schüler bestätigt (scheinbar) das Image, vermittelt also Akzeptanz und Sicherheit. Die Reaktion des Lehrers weist dagegen eindeutig Ablehnung aus. Der Ruf des Schülers als Interaktionsteilnehmer gerät in Gefahr. Dadurch entstandene Scham und/oder Minderwertigkeitsgefühle artikulieren sich nun in einem verbalen wie körpersprachlichen Ausdrucksverhalten, das nicht ohne weiteres in die Situation einbezogen werden kann, sondern explizite Reaktionen provoziert – sowohl beim Lehrer als auch den übrigen Schülern.

Innerhalb sozialer Regelsysteme besteht Konsens, wie weit gegangen werden darf, um sowohl das eigene Image als auch das der anderen zu wahren. Interaktionsteilnehmer werden dadurch stets auf ein Verhalten orientiert, mit dem es ihnen gelingt, gleichzeitig das eigene Image und damit die Selbstachtung zu erhalten sowie das der anderen zu respektieren oder wenigstens zu schonen. Im o.g. Fall wird dieser Konsens jedoch durch die unterschiedliche Reaktionsweise der Schüler und des Lehrers vorerst aufgehoben. Erst die vollständige Zuspitzung des Konflikts installiert wieder einen Konsens. • Die Reaktion der übrigen Schüler erweist sich als durch Ereignishascherei motiviert. Die geäußerte Image–Bestätigung kann dann nicht länger aufrechterhalten werden, der alte Konsens setzt sich wieder durch. • Die Persönlichkeit des Lehrers oder die Kraft zeremonieller Ord-

---

[3] Ebenda S. 13

nungen reaktiviert den alten Konsens. • Dem Lehrer gelingt es nicht, einen Konsens allgemeiner sozialer Regelsysteme durchzusetzen, ein neuer Konsens ist auch durch die Schüler nicht definiert, die Situation löst sich vorerst nur durch eine Endmarkierung auf (Stundenklingel, Lehrer und/oder Schüler verlassen den Klassenraum).

Das in solchen oder ähnlichen Situationen gezeigte Verhalten eines Schülers zur eigenen Imagewahrung greift auf unterschiedliche Techniken zurück, die ausnahmslos dazu dienen, jenem Ereignis entgegenzuwirken, welches das eigene Image bedroht. GOFFMAN bezeichnet dies als Techniken der Imagepflege.[4] Einige der im folgenden detailliert beschriebenen Techniken fanden bereits im Abschnitt *KÖRPERSPRACHLICHES AUSDRUCKSVERHALTEN WÄHREND DES NEBENENGAGEMENTS* Erwähnung. Sie werden hier nochmals aufgegriffen, um die Entstehung bestimmten körpersprachlichen Ausdrucksverhaltens unter dem Blickwinkel der Imagepflege zu verstehen.

⇨ Gelassenheit

Gelassenheit ist die weitest verbreitete und gleichzeitig wichtigste Technik der Imagepflege. Sie macht die erste Verwirrung, die durch Bedrohung des eigenen Images entsteht, kontrollierbar. Gelassenheit bei Jugendlichen bildet sich in den Augen Erwachsener als Ausdrucksform der Lässigkeit ab. Als Umgangsform beherrscht jugendliche Lässigkeit inzwischen derart den Alltag, daß es unrealistisch wäre, jede von ihnen dargebotene Lässigkeit als Reaktion auf vollzogene Imagebedrohung zu deuten. Andererseits muß Imagebedrohung nicht unbedingt erfolgt sein, vielfach reicht bereits die potentielle Möglichkeit einer Imagebedrohung aus. Vergegenwärtigt man sich den im Abschnitt *ÄUSSERE BEDINGUNGEN* erwähnten Sozialstatus eines Schülers und die für ihn damit verbundene Reflexion seiner Umwelt, wird anschaulich, wie oft Schüler gerade das Verhalten Erwachsener als Imagebedrohung für sich interpretieren. So wird also Lässigkeit geradezu präventiv an den Tag gelegt. Das damit verbundene körpersprachliche Ausdrucksverhalten erscheint in den Augen der Lehrer weniger lässig als vielmehr frech und unerzogen. Als Erwachsene kontrollieren Lehrer ihre eigenen körpersprachlichen Äußerungen gemäß dem sozialen Regelwerk, den geltenden Anstandsformen. Lässige Körpersprache gilt als despektierlich und verletzend gegenüber Interaktionsteilnehmern. Nur wenige Situationen

---

[4] Ebenda S. 10–53.

und Stimmungen im öffentlichen Austausch machen solcherlei Verhalten entschuldbar. Ein Lehrer vermag während des Schulalltages nicht, diese von ihm inzwischen internalisierten Anstandsformen völlig auszublenden, nur weil er größtes Verständnis und damit Nachsicht für alterstypische Verhaltensstrategien der Schüler hat. Das darf er auch nicht, ansonsten gerät das System zeremonieller Ordnungen aus den Fugen. Aber selbst dort, wo er Nachsicht üben will, bewertet sein Unterbewußtsein die Lässigkeit der Schüler als unangemessen, gelegentlich sogar als Angriff auf sein eigenes Image. Oftmals genügen dafür bereits die über den auditiv–akustischen Kanal übermittelten Informationen. Ein Beispiel: Der Lehrer schreibt etwas an die Tafel, stellt dabei eine Frage und ruft Schüler X zur Antwort auf. Geleierte Sprachmelodie und langsames Sprechtempo des Schülers X dämpfen beim Lehrer die Freude über eine richtige Antwort. Simultan übermittelt der auditiv–akustische Kanal, X hat keine Lust die Antwort zu geben oder sich angemessen im Unterricht zu engagieren. Möglicherweise hatte sich der Schüler X gar nicht gemeldet und betrachtete das Rannehmen durch den Lehrer als Bedrohung seines Images. Dreht sich der Lehrer nun um und erhält über visuellen sowie proxemischen Kanal die Informationen, die der Abb. 1 zu entnehmen sind, stabilisiert sich die über den auditiv–akustischen Kanal erzeugte Empfindung.[5] Was bringt diese Sitzhaltung so sehr in Verruf? Es sind die einem entgegenragenden Beine und Schuhsohlen. Die in Bauchhöhe (wenn stehend) bzw. Brusthöhe (wenn sitzend) ausgestreckten Beine beanspruchen Raum in Richtung der persönlichen Zone des Betrachters, es geschieht zudem in einer Höhe, in der die verletzlichsten Körperbereiche des Betrachters liegen. Die aufgerichteten Schuhsohlen wirken abweisend und unappetitlich. Selbst noch so großes Verständnis für das Entspannungsbedürfnis der Schüler kann diesen Eindruck nicht auslöschen. Von dem unangenehmen Beigeschmack befreit nur, die gleiche Sitzhaltung einzunehmen. Dann bilden die eigenen Beine automatisch eine Art Barriere gegen die der anderen, die eigenen Füße verdecken unter Umständen den unerfreulichen Anblick der Schuhsohlen. Das läßt sich im Selbst versuch nachvollziehen, indem man sich mit zwei Kollegen oder Freunden zum Gespräch an einen Tisch setzt und die beiden darum bittet, ihre Beine auf den Tisch zu legen. Alsbald empfindet man oben beschriebenes Unbehagen und fühlt sich nicht wirklich dem Gesprächskreis zugehörig. Die eigene normale Sitzhaltung entfremdet von den anderen. Erst, wenn man selbst die

---

[5] Zwar entspricht eine derartige Sitzhaltung dem Hang Jugendlicher – und nicht nur der –, Amerikanismen als erstrebenswert zu übernehmen, dennoch etabliert sie sich in der hiesigen Kultur nur schwer. »Gott sei Dank!« wird mancher rufen. Nebenbei bemerkt – die abgebildete Sitzhaltung ist auch in Amerika nicht überall anzutreffen. Im Gegenteil!

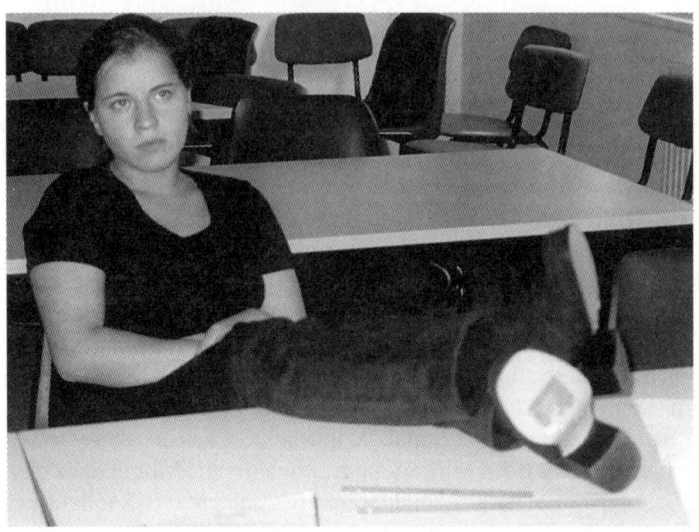

Abbildung 1
Körpersprachliches Ausdrucksverhalten: betonte Lässigkeit in der Sitzhaltung

Abbildung 2
Körpersprachliches Ausdrucksverhalten: Lässigkeit in der Sitzhaltung

Beine auf den Tisch legt, ist man Teil des Gesprächskreises. Es darf davon ausgegangen werden, daß kaum ein Erwachsener um diesen Preis Teil der Gesprächsrunde zu sein wünscht. Abb. 2 präsentiert eine Sitzhaltung, die nach wie vor für Erwachsene als unangemessene Lässigkeit im öffentlichen Austausch gilt. Im Kontrast zur Abb. 1 liegt jedoch ein erheblich geringerer Anschein der Bedrohlichkeit vor. Die Beine sind angezogen. Dadurch wirken sie weniger als Angriff und scheinen mehr als Schutz der eigenen Zonen hoher Empfindlichkeit (Bauch und Brust) von dem abgebildeten Mädchen eingesetzt. Der Anblick der Schuhsohlen ist »halbiert«, sie scheinen regelrecht hinter der Tischkante versteckt.

Ähnlich problematisch verhält es sich mit der Wahrnehmung lässiger Gesten oder Minen. Massenhaft und automatisiert laufen Bewegungen ab, mit denen Schüler einander signalisieren, daß sie bestimmte Äußerungen nicht akzeptieren: Vogel–Zeigen, Hand vor dem Gesicht hin und her bewegen, Hand gegen den Kopf schlagen, abfälliges Abwinken, Fingerzeichen, Augen verdrehen, Mundbewegungen, die Angewidertsein ausdrücken usw.. Erwachsene werten diese körpersprachlichen Äußerungen angesichts des von ihnen gelebten sozialen Regelwerks als beleidigend. Selbst wenn solche Gesten und Minen dem Lehrer gegenüber gar nicht eingesetzt werden, erzeugt allein die Beobachtung bei ihm Unbehagen und beeinflußt so die Interaktion zwischen Lehrer und Schüler.

Gelassenheit wird ebenfalls zur Schau gestellt, wenn das Image indirekt bedroht ist. Beispielsweise in Situationen bevorstehender mündlicher Leistungskontrollen oder bei Überprüfung bereits erbrachter Arbeitsleistungen. Schüler, die sich einer Aufgabe bzw. einer Kontrolle gewachsen sehen, geben sich ungerührt und entwickeln keinerlei Schutzbedürfnis. (siehe auch *ABSCHNITT KÖRPERSPRACHLICHES AUSDRUCKSVERHALTEN WÄHREND DES NEBENENGAGEMENTS – INTERAKTIONS–BEFANGENHEIT*) Um von den anderen Schülern nicht mit dem Image »Streber« abgestempelt zu werden, melden sie sich weder freiwillig noch verhalten sie sich freudig, wenn der Lehrer sie aufruft. Weil jene Schüler nicht das Bedürfnis haben, sich vor diesem Kontrollereignis zu verstecken, signalisiert ihre Körpersprache kein Schutzbedürfnis. Aus besagten Imagegründen blicken sie den Lehrer auch nicht herausfordernd an. Statt wie die »Schutzbedürftigen« ihren Blick zu senken, schauen sie mit Gleichgültigkeit zur Seite, meist aus dem Fenster, ihre Körperhaltung drückt Langeweile aus. Sie stöhnen leicht und setzen sich ausgesprochen entspannt – sogar fläzig – hin. Werden sie dann aufgerufen, stöhnen sie wieder und folgen den geforderten Aktionen betont langsam. Nach kurzer Zeit gilt ihr Engagement jedoch dem Gegenstand, die simulierte Gelassenheit verliert sich. Sie taucht eventuell nochmals auf, wenn der Lehrer die Leistung lobend beurteilt. Mit Hilfe dieser Gelassenheit soll eine demonstrative Entfremdung vom erfolgreichen Geschehen und vom Lehrer markiert werden, um dem Image des Strebers zu entgehen. In den ersten Schuljahren verschwenden Schüler glücklicherweise ihre Energie noch nicht an derlei Darbietungen. Enthusiasmus und Engagement werden ungehindert ausgedrückt. Auch dann, wenn andere Schüler Mißfallen oder Spott äußern. Spätestens ab der dritten Klasse läßt sich jedoch beobachten, mit welchen komplizierten Inszenierungen Schüler für Schüler Image erzeugen, um nicht der möglichen Verhöhnung der anderen anheimzufallen.

⇨ Vermeidung

Eine weitere Technik der Imagepflege vermeidet Themen und Tätigkeiten, die imageschädliche Informationen preisgeben könnten. Schüler entwickeln dafür eine beeindruckende Kreativität. Die Vielfalt erdachter Ausreden, um sich imagebedrohlichen Situationen zu entziehen, verdiente eigentlich Anerkennung. So manch Lehrer wünschte sich nur halb so viel Engagement der Schüler im Unterricht wie sie für die Erfindung von Gründen an den Tag legen, um fehlende Unterrichtsvorbereitungen und ähnliches zu rechtfertigen. Die mitunter äußerst komplizierten Rechtfertigungen werden von körpersprachlichen Äußerungen begleitet, die – ungeachtet dessen, ob die Darlegungen den Tatsachen entsprechen oder nicht – einander ausnehmend ähneln. Grundsätzlich sind die Entschuldigungen (Ausreden) mit einem Arrangement körpersprachlicher Äußerungen verknüpft, die • ein schlechtes Gewissen demonstrieren oder • relative Selbstverständlichkeit ausdrücken, gemäß dem Motto »Kann doch mal passieren«. Mädchen praktizieren favorisiert die erste Variante, Jungen hingegen die zweite. Sofern die Ausrede frei erfunden ist, sind keineswegs eindeutige Unsicherheiten bei den Schülern festzustellen. Da die kognitive Belastung durch den Gesprächsgegenstand klein ist, verfügt ein Schüler über ausreichend geistige Valenzen, sein körpersprachliches Ausdrucksverhalten zu kontrollieren. Dem vom Lehrer geführten Blickkontakt – um die Glaubhaftigkeit des Schülers zu ergründen – wird herausfordernd standgehalten. Bei großer Unsicherheit unterbricht der Schüler den Blickkontakt, indem er weitere Erklärungen abgibt. Das Sprechen berechtigt dabei zu kurzen Blickabwendungen. Allgemein formuliert, entlastet der Schüler den visuellen Kanal, indem er die Aufmerksamkeit auf den auditiv–akustischen lenkt.

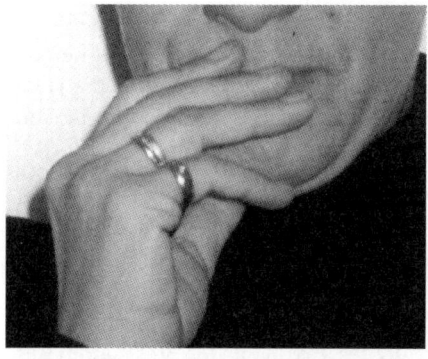

Abbildung 3
Handbewegung zum Schutz der Mundregion

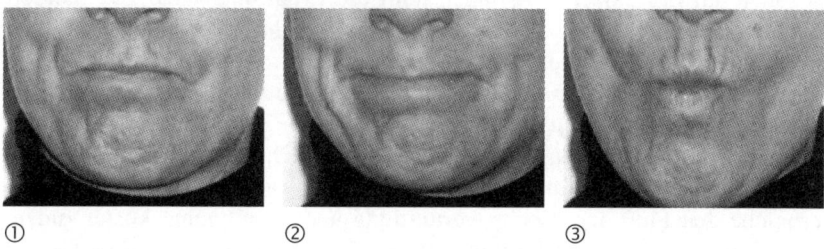

①   ②   ③

Abbildung 4
Entschiedenes Schließen der Lippen

Das alles stellt noch kein Indiz für die Glaubwürdigkeit des Schülers dar.
Möglicherweise bereitet ihm langer Blickkontakt mit einem Lehrer prinzipiell Schwierigkeiten. Ein Anhaltspunkt für die Frage »Ausrede oder Entschuldigung?« ließe sich – unter Vorbehalt – den Gesten und Mundbewegungen entnehmen. Mit Täuschungsmanövern geht eine deutlich erhöhte
Zahl der Selbstkontakte Hand–Gesicht einher. Wiederholt den Mund bedek-
kende Handbewegungen (auch Nasenberührungen), starkes Zusammendrük-
ken der Lippen oder Einsaugen der Wangen erlauben die Vermutung, daß
das Gesagte eigentlich nicht den Mund verlassen sollte, also nicht den Tatsachen entspricht (vgl. Abbildungen 3 und 4–①/4–③). Wangenreiben, Kratzen an den Augenbrauen, Ziehen an den Ohrläppchen oder Haarstreichen
sind verdichtet zu bemerken, jedoch nicht so forciert wie die mundbedek-
kenden Bewegungen. Diese Kanaldiskrepanz zwischen Wort und Körpersprache ließe sich ebenfalls mit der Hemisphärentheorie deuten. Die analyti-
sche (linke) Hälfte produziert die Ausrede. Gleichzeitig ist der analog und
vor allem emotional arbeitenden (rechten) Hälfte »unwohl« über das Täuschungsmanöver. Diese Hirnhälfte gibt also den Befehl zum Vertuschen –

automatisch wird die Hand zum Mund bewegt, um ihn zu bedecken. Da beide Hirnhälften ihre Arbeit konkurrierend fortsetzen, kommt es zu keinem eindeutigen körpersprachlichen Ausdrucksverhalten. Weder schließt die Hand den Mund, sie bedeckt ihn quasi nur halbherzig, noch wird die Ausrede souverän vorgetragen.

Die Kontrolle des augenblicklichen Verständnisgrades bei einzelnen Schülern im Unterricht gilt allgemein bei Lehrkräften als problematische Situation. Zur allgemeinen Feststellung der Verstehensleistung verfügen Lehrer über ein relativ treffsicheres System der Überprüfung: Tests, mündliche Leistungskontrollen, Fragen oder Aufforderungen zur Reproduktion sowie Anwendung vermittelten Wissens, explizites Erfragen des Verständnisses. Bezogen auf das explizite Erfragen lehrt die Erfahrung, »daß von hundert Kindern nicht eines weiß, ob es etwas begriffen hat oder nicht, und noch viel weniger den Grund dafür«.[6] Insgesamt stellen die genannten Überprüfungsformen ein nur punktuell einsetzbares Instrumentarium dar. Mit ihm läßt sich kein Kontinuum erzeugen, das zu jedem Zeitpunkt den Verständnisgrad der gesamten Klasse abbildet. Eine verdichtete Meßfolge mit Hilfe der genannten Überprüfungsformen ist ebenfalls nicht realisierbar. Sie unterbräche den Fluß der Wissensvermittlung und –aneignung, kostet zudem Zeit. Dennoch vermögen Lehrende auch ohne derartige Überprüfungen zu entscheiden, ob die Verstehensleistung der Klasse gestattet, mit der Wissensvermittlung fortzufahren. Grundlage für diese Entscheidung ist der Eindruck, den die Mädchen und Jungen auf Lehrende machen. Ohne sich über ihre Verstehensleistung bewußt zu sein, geschweige sie verbal artikulieren zu können, bieten Mädchen und Jungen Informationen darüber, ob sie den aktuellen Unterrichtsstoff verstanden haben. Quelle dieser Informationen ist wiederum das körpersprachliche Ausdrucksverhalten. Der Umgang Lehrender mit dieser Informationsquelle ist keineswegs unproblematisch und wissenschaftlich bisher nicht untersucht.

Aus Imagegründen vermeiden Kinder und erst recht Jugendliche, ihr Nicht–Verstehen öffentlich einzugestehen. Das Verdecken von Nicht–Verstehen kann verbal und/oder nonverbal stattfinden:
– Nach dem Stoffverständnis befragt, äußert ein Schüler verbal, es läge Stoffverständnis vor. Diese Mitteilung erfolgt vor dem Hintergrund körpersprachlicher Äußerungen, die den gesprochenen Inhalt verstärken, neutralisieren oder ihn konterkarieren.
– Das Stoffverständnis wird nicht explizit erfragt. Das körpersprachliche

---

[6] WURZ, L.: »Habt Ihr das verstanden?« – Zur Fragwürdigkeit einer beliebten Lehrerfrage. In: Lehrern und Lernen, Jg. 14 (1988), H. 8, S. 22–34

Ausdrucksverhalten eines Schülers signalisiert, der Stoff ist nicht verstanden worden.
– Sie/er hat den Stoff nicht verstanden und möchte das nicht offenbaren.

Anknüpfungspunkt für Überlegungen zur ⇨ *Vermeidung* bildet die Konstellation, daß Schüler den Stoff nicht verstanden haben, dies jedoch verbal nicht mitteilen. Die Motivlage für ein Verdecken des Nicht–Verstehens ist nach den Störungs–Varianten [7] von WATZLAWICK et al. auf dem Gebiet der Inhalts– und Beziehungsaspekte anzusiedeln. Mädchen oder Jungen betrachten die Tatsache, den Stoff nicht verstanden zu haben, als Imageverlust sowohl vor Mitschülern als auch dem Lehrer. Daher möchten oder können sie sich öffentlich nicht dazu bekennen. Für diesen Fall ließe sich schlußfolgern, dem Lehrer hilft, das körpersprachliche Ausdrucksverhalten der Schüler darauf zu überprüfen, welche glaubwürdigen Bemühungen es signalisiert, eine Beziehung zu qualifizieren, also das eigene Image zu wahren. Wobei zwischen dem Bemühen, die Beziehung zu anderen Schülern bzw. zum Lehrer zu qualifizieren, unterschieden werden muß.

• Bezogen auf andere Schüler fällt körpersprachlich auf, daß betont beiläufig und fast unmerklich in der nähe sitzende Schüler wiederholt durch kurze Blickzuwendungen beobachtet werden. Auf diese Weise läßt sich deren Situation (Verstehen) ermessen und die eigene einordnen. Daraus leitet sich für den betreffenden Schüler ab, inwieweit es seinem Image schadet, Nicht–Verstehen öffentlich zuzugeben.

• Bezogen auf den Lehrer ist aus Schülersicht positives Ausdrucksverhalten und damit erfolgreiches Engagement ein probates Mittel, Nicht–Verstehen zu verdecken. Es verstärkt die positive Annahme des Lehrers über die Leistungsfähigkeit des betreffenden Kindes oder Jugendlichen. Das unangenehme Gefühl, das mit dem Nicht–Verstehen verbunden ist, wird nach außen neutralisiert oder mit positivem Ausdrucksverhalten maskiert.

Der Abschnitt *KÖRPERSPRACHLICHES AUSDRUCKSVERHALTEN WÄHREND DES NEBENENGAGEMENTS* verwies bereits auf den geschlechtsspezifischen Vergleich bei den Untersuchungen SAARNIs, der ergab, daß Mädchen deutlich überzeugender negative Gefühle durch positive maskieren können. [8] Für Lehrer ist es also schwer, das Vortäuschen positiver

---

[7] „d) ... Situationen, in denen eine Person in der einen oder anderen Weise gezwungen wird, ihre Wahrnehmung auf der Inhaltsstufe zu bezwingen, um eine für sie wichtige Beziehung nicht zu gefährden." (WATZLAWICK, P./BEAVIN, J.H./JACKSON, D.D.: Menschliche Kommunikation. Formen, Störungen, Paradoxien. Verlag Hans Huber,. Bern, 1990, S.82)
[8] SAARNI, C.: Social and Affective Functions of Nonverbal Behavior: Developmental Concerns. In: FELDMAN, R.S.: Development of Nonverbal Behavior in Children. New York

Gefühle als solches zu entdecken. Wie schwer es ist, ein entsprechendes Täuschungsverhalten von Mädchen und Jungen zu entdecken, belegen die Untersuchungen von MORENCY & KRAUSS. Sie fanden bei ihren Forschungen über Zusammenhänge zwischen Enkodier– und Dekodierfähigkeiten bei Kindern unter anderem heraus, daß mit zunehmendem Alter der Kinder sogar die eigenen Eltern eine Verdeckung negativer Gefühle kaum zu dekodieren vermochten. Das Täuschungsverhalten wurde nicht als Täuschung sondern als authentisches Ausdrucksverhalten der Kinder dekodiert.[9] Überdies fanden SHENNUM & BUGENTAL in ihren Untersuchungen der Fähigkeit von Kindern, ihre Gefühle zu verbergen, heraus, daß Jungen bereits im Alter von 10 bis 12 Jahren ausgesprochen »perfekt« Gleichgültigkeit vortäuschen können.[10] Ihrer Körpersprache sind positives oder negatives Empfinden schwer abzulesen.

Durch die Ambition der Jungen, ihre Gefühle nach außen zu neutralisieren, kommt bei ihnen die Technik der Vermeidung ausgeprägt in einer Art Nachsicht mit sich selbst zum Ausdruck. Damit kaschieren sie ihr eigenes Nicht–Verstehen als Versehen. Wiederholende oder vertiefende Erklärungen des jeweiligen Unterrichtsstoffs, die schließlich zum Verständnis bei diesen Schülern führen, beantworten sie mit Bemerkungen wie »Ach so, ... «, »Na ja, dann ist das doch total einfach!«. Auditiv–akustisch vermitteln Stimmstärke und Sprachmelodie dieser Bemerkungen, daß der Stoff für sie genaugenommen keinerlei Problem darstellt.

⇨ Korrektur

Ist die Bedrohung des Images durch nichts mehr zu überspielen und wird für alle Beteiligten offenbar, dann entsteht eine Asymmetrie zwischen dem bedrohten eigenen Image und dem der übrigen Interaktionsteilnehmer. Derjenige, dessen Image bedroht ist, tritt entweder den stillen Rückzug an oder leitet eine Ausgleichshandlung ein. Eine solche Ausgleichshandlung zielt darauf, die entstandene Asymmetrie zu korrigieren. GOFFMAN unterscheidet zwei Varianten der Ausgleichshandlung: • Zurückdrängen des bedrohlichen Ereignisses und • Forderung, die Imagebedrohung zurückzunehmen.[11]

1982, S. 123–147, S. 142ff

[9] MORENCY, N.L/KRAUSS, R.M.: Children's Nonverbal Encoding and Decoding of Affect. In: FELDMAN, R.S., 1982, S. 181–199. S. 196ff

[10] SHENNUM, W.A./BUGENTAL, D.B.: The Development of Control Over Affective Expression in Nonverbal Behavior. In: FELDMAN, R.S., 1982, S. 101–123, S. 119ff

[11] GOFFMAN, E.: Interaktionsrituale. Über Verhalten in direkter Kommunikation. Suhrkamp,

Selbstverständlich kann auch derjenige, der das Image eines anderen bedroht hat, Ausgleichshandlungen eröffnen, indem er sich für die Imagebedrohung entschuldigt oder sie als bedeutungslos kennzeichnet (»War nicht so gemeint«,»Ist doch bloß ein Scherz gewesen«). Das erspart dem Bedrohten Peinlichkeit bzw. entbindet ihn von der Notwendigkeit, wehrhafte Ausgleichshandlungen zu starten. Zudem schützt die Entschuldigung den Drohenden [12] selbst vor unvorhersehbaren Folgen möglicher Ausgleichshandlungen des Bedrohten.

 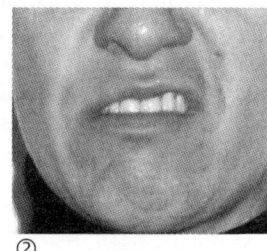 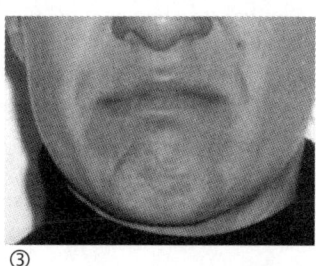

① ② ③

Abbildung 5
Mundregion drückt Abschätzigkeit oder Ekel aus

Als erfolgreiche Technik des Zurückdrängens findet »den Ball zurückspielen« im Alltag bevorzugte Anwendung. Abgesehen von damit verbundener Imagewahrung respektive Imageverteidigung gewinnt man Zeit, denn der ursprünglich Drohende steht nun seinerseits unter Zwang, sein Image aufrechtzuerhalten. An dieser Stelle sei nochmals das Beispiel vom Schüler aufgegriffen, der etwas nicht verstanden hat. Die damit verbundene Imagebedrohung kann er auch an den Lehrer zurückweisen. Mit Bemerkungen wie »Können sie das mal richtig erklären«,»Wer soll denn den Kram verstehen«, »Hääh, was soll'n das sein« oder »Wozu braucht man denn so'n Quatsch« weist ein Schüler eigenes Unvermögen weit von sich und stellt die Fähigkeit des Lehrers, den Unterrichtsstoff allgemeinverständlich zu vermitteln in Frage. Körpersprachlich unterstützen Schüler ihre (oft nur gespielte) Empörung über Stoff und/oder seine Erklärung mit theatralischem Gebaren. • Stifte werden demonstrativ auf den Tisch geworfen, • weites (fläziges) Zurücklehnen, womöglich auch Verschränken der Arme vor der Brust, versinnbildlichen Distanz zum Gegenstand und/oder Lehrer, • ihr Gesichtsausdruck soll möglichst verärgert und abschatzig wirken, • die

---

Frankfurt/M. 1986, S. 25ff
[12] Der Terminus »Drohender« impliziert nicht den Vorsatz einer direkten Drohabsicht. Schon indem jemand etwas besser macht als ein anderer, bedroht er dessen Image, ohne das zu beabsichtigen.

Züge um den Mund können beispielsweise beim »Hääh, ...« die gleichen sein, wie sie von Erwachsenen als Ausdruck des Ekels verwendet werden (vgl. Abbildungen 5–① bis 5–③) Nicht selten berühren sie Lehrer ausgesprochen unangenehm und wirken auf sie beleidigend.

Schüler setzen die Technik des Zurückweisens einer Imagebedrohung sehr spontan ein. Dabei passiert es immer wieder, daß ihre Ausgleichshandlungen jegliche Grenze des Anstands überschreiten. Sie sind anmaßend und beleidigend. Die solchermaßen vom Lehrer herausgeforderte Ausgleichshandlung muß zwangsläufig für den Schüler definitiv und beeindruckend ausfallen. War diese Ausgleichshandlung erfolgreich, zieht sich der Schüler zwar zurück, seine Körpersprache drückt jedoch in höchstem Maße Abneigung und Verärgerung aus, sie wirkt gelegentlich sogar bedrohlich. Trotz Niederlage erkennt der Schüler mit seinem Gebaren dem Lehrer zumindest dessen Status als Interaktionspartner ab und rettet somit für sich ein Stückchen seines bedrohten Images.

Sofern der Schüler seine zurückweisende Ausgleichshandlung spontan und nicht vorsätzlich einleitete, wird das bereits durch den visuellen Kanal angezeigt. Die Schüler sind sich Ihres Übergriffs bewußt und nehmen eine defensive Körperhaltung an. Entweder wenden sie sich ab oder sie senken ihren Blick und scheinen sich konzentriert den Materialien auf ihrem Platz zu widmen. Die damit nach unten gerichtete Kopfbewegung sowie die leichte Krümmung des Rückens schützen Körperbereiche höchster Empfindlichkeit.

Die zweite Variante der Ausgleichshandlung sucht in der Forderung, die Imagebedrohung zurückzunehmen, einen Ausweg: »Nehmen sie das zurück«. Eine dementsprechende Äußerung hat mancher schon aus Schülermund gehört und den durchdringenden Blick gespürt, der diese Bemerkung flankiert. Für den Lehrer stellt das ein unannehmbares Angebot dar und als Ausgleichshandlung bleibt nur: • Die Forderung des Schülers als pubertäre Wichtigtuerei zu enttarnen, indem er ihn in seine Grenzen weist. • Beruhigend auf den Schüler einzureden, indem er die Imagebedrohung relativiert. Dadurch wird die Asymmetrie nicht übermächtig und der Schüler kann sein Gesicht wahren ohne weitere Ausgleichshandlungen zu riskieren.

Die Forderung zur Rücknahme der Imagebedrohung kann allerdings auch rein körpersprachlich erfolgen. Der Schüler nimmt eine extrem aufgerichtete Haltung ein und blickt den für sein Image bedrohlich erscheinenden Lehrer herausfordernd an. Der Oberkörper entspricht dabei dem, was umgangssprachlich als »mit geschwellter Brust« bezeichnet wird. Angesichts der Akzelleration – Erwachsene scheinen neben Jugendlichen oftmals unterwüchsig – verfehlt dieses körpersprachliche Ausdrucksverhalten Jugendlicher selten seine Wirkung. Die »geschwellte Brust« begegnet einem Lehrer vielfach in amüsanten Wortgeplänkeln mit Schülern. Dabei entschärfen die Jugendlichen durch demonstrativ fröhliche Gesichter diese Haltung. Im Ernstfall ist dieses Gebaren als Vorbote weiterer Ausgleichshandlungen einzuordnen. Ein nonverbal ausgedrücktes Angebot, die Imagebedrohung zurückzunehmen, würde bei Nichtannahme umgehend mit imageverteidigenden Handlungen des Schülers beantwortet. Auch hier bleibt dem Lehrer nur eine der beiden oben genannten Reaktionen. Die gesamte Berdohlichkeit der Körperhaltung darf nie die Aufmerksamkeit für das Blickverhalten des Schülers beeinträchtigen, denn das signalisiert, in welchem Erregungszustand sich der Schüler befindet. Für die Entscheidung, ob man die Situation zuspitzt oder entspannt, kann das ausschlaggebend sein.

⇨ Eroberung

Die Technik der Eroberung dient weniger dazu, Imagebedrohungen zu begegnen. Sie ist vielmehr eine Konsequenz erfolgreich geführter Gelassenheit, Vermeidung und Korrektur. Verlief die Anwendung genannter Techniken erfolgreich, wurden Imagebedrohungen also siegreich abgewehrt, verselbständigen sich die Techniken der Imagepflege. Schließlich lassen sich mit derlei Verhalten auch ohne Imagebedrohung ausreichend Erfolgserlebnisse sammeln. Möglicherweise provoziert das Verhalten sogar Imagebedrohungen und liefert den zusätzlichen Gewinn einer öffentlichen Bühne, auf der erfolgreiche Imagepflege vorgeführt werden kann. Daraus erklärt sich ein weiteres Mal die pausenlos zur Schau getragene Lässigkeit Jugendlicher. Haben sie mit ihr erfolgreich Imagebedrohungen abgewehrt, spricht nichts gegen einen präventiven Dauereinsatz. Genauso verhält es sich mit der provozierenden Wirkung von Lässigkeit. Erwachsene, die daran Anstoß nehmen und sich dazu kritisch äußern, treffen auf bestens vorbereitete Jugendliche. Der Erwachsene verhält sich im Sinne der Jugendlichen erwartungsgemäß: er bedroht durch seine Kritik deren Image. Das erhoffen sie, darauf sind sie eingestellt und absolvieren prompt ihr Programm der Imagepflege. Die dabei eingesetzten Techniken arbeiten mit recht aggressiven Ausgleichshandlungen. Der Ball wird nicht zurückgespielt, sondern mit aller Wucht unter die Gürtellinie zurückgeschossen. Der Erwachsene, der eben seine Kritik äußerte, erntet unter Umständen übelste Beleidigungen. Über visuellen und proxemischen Kanal vermitteln die Jugendlichen dabei einen beunruhigenden Eindruck – für manchen Betrachter ein gefährliches

Bild. Es entsteht dadurch, daß die Jugendlichen sich hoch aufgerichtet und oft mit ausgebreiteten Armen und raumgreifenden Gesten dem vermeintlich ihr Image Bedrohenden entgegenstellen. Selbst– und siegessicher werden empfindliche Körperpartien (Hals, Brust, Bauch) ungeschützt präsentiert. Auditiv–akustisch verschärfen Stimmstärke und die Klangfarbe der Stimme eine aggressive Wirkung. Steht der Erwachsene als einzelner einer kleineren Gruppe Jugendlicher gegenüber, tritt er an diesem Punkt höchstwahrscheinlich den Rückzug als Verlierer an. In den Augen der Jugendlichen erwächst ein heldenhaftes Bild ihrer selbst. Ohne jegliche Bedenken werden Beleidigung und »Muskelspiel« zum probaten Mittel in der Gruppe. Wird dieses Erfolgserlebnis oft genug reproduziert, wendet der Jugendliche die dazugehörige Technik alsbald auch dann an, wenn er als Einzelgänger agiert.

In den ersten Schuljahren ist noch deutlich die verheißungsvolle Wirkung des Lehrerlobs zu bemerken. Aufgrund lobender Äußerungen oder Bewertungen durch den Lehrer, entwickeln Schüler Techniken der Imagepflege mit denen sie Erfolgserlebnisse und damit das Lob wiederholen. Ihre Körpersprache drückt dabei unübersehbar eine gesunde Beflissenheit und Begeisterung oder bei Mißerfolgen zutiefst Enttäuschung aus. Beides wird mit zunehmendem Alter unter schärfste Selbstkontrolle genommen und läßt sich nur dann beobachten, wenn der Schüler in einer Interaktion wirklich engagiert ist. Diese Sequenzen veranschaulichen, wie differenziert noch so »coole« Jugendliche mit Lob und Tadel umgehen können und daß nicht alles an ihnen abperlt. Die Imagepflege, zu der sich ein Jugendlicher nun mal »verpflichtet« fühlt, macht solche Beobachtungen gezählt.

Wie Lehrer die Körpersprache ihrer Schüler wahrnehmen

Wie Lehrer die Körpersprache ihrer Schüler wahrnehmen

Lehrer äußern sich zur Körpersprache ihrer Schüler

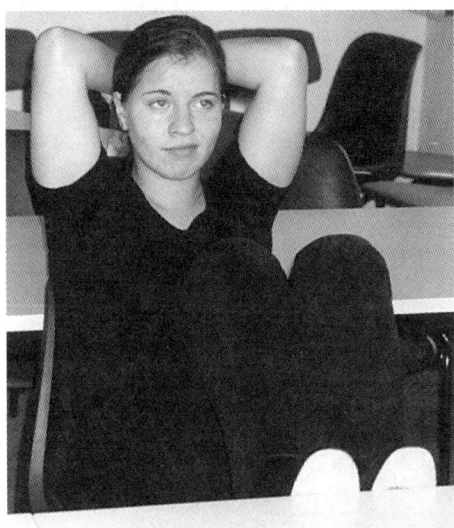

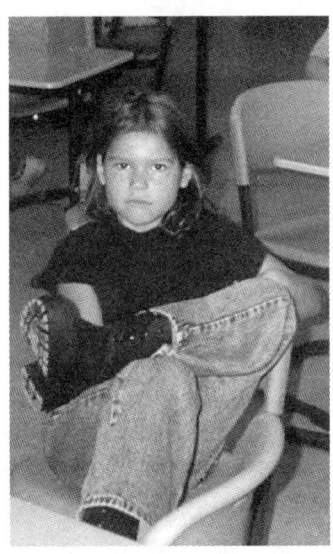

Abbildung 1
Die harmlose Variante

Abbildung 2
Die etwas provokantere Variante

Zum Stichwort »Körpersprache« fällt nahezu allen befragten Lehrern[1] (96%) in erster Linie die fläzige Sitzhaltung ihrer Schüler ein. Natürlicherweise wäre zu erwarten, daß Lehrer vorherrschend ein Bild von einem normal sit-

---

[1] Schriftlich wurden Lehrer und Lehrerinnen Berliner Schulen unterschiedlichster Schulformen befragt

zenden Schüler im Kopf haben müßten. Unabhängig von der Schulform beschreiben Lehrer keine gepflegte oder gesunde Sitzhaltung, sondern vor allem Positionen wie: • der Kopf liegt auf dem Tisch, • der Körper ist sehr weit auf die Bank vorgezogen und teilweise liegend, • kippelnde Sitzhaltung • Jungen, die mit ausgestreckten Beinen (fast liegend) und verschränkten Armen sitzen, • Mädchen, die in sich gekehrt mit aufgestütztem Kopf am Tisch hängen usw.

Weitaus weniger werden Mimik (77%) und Gestik (71%) der Schüler genannt. Die Mimik findet vorrangig im Zusammenhang mit einem unangenehmen bzw. abweisenden Gesichtsausdruck Erwähnung und wird durch Beschreibungen illustriert wie: • den Mund verziehen oder Mundwinkel (unwillig) nach unten ziehen, • Maulgesicht, • einen Flunsch ziehen, • die Nase rümpfen, • Grimassen schneiden, • genervtes Augenverdrehen und Mundverziehen, • böser Blick, • wütender Gesichtsausdruck. Ein Viertel der befragten Lehrer führt aber auch Gesichtsausdrücke wie • Strahlen, • Lächeln, • aufmerksamer Blickkontakt zum Lehrer oder • gelöster Gesichtsausdruck an.

Knapp die Hälfte der Befragten (46%) führt zum Stichwort Körpersprache eine auffällige bzw. für Lehrer bisweilen nervende Motorik ihrer Schüler an: • Bewegungsdrang, • zappelige, unruhige Schüler, • hektische Bewegungen, • an Stiften knabbern, • nervendes Schnipsen beim Melden. Bei den beschriebenen Gesten der Schüler handelt es sich hauptsächlich um abschätzige Gesten. Allgemeine oder abwehrende Gesten werden selten benannt.

abschätzige *Gesten*: (60%)	• einen Vogel zeigen • mit der Handfläche vor dem Gesicht wedeln (»bescheuert«) • Drohgebärden auf dem Schulhof • obszöne Fingerzeichen • Zunge herausstrecken • abfälliges Abwinken
allgemeine *Gesten*: (25%)	• Achselzucken • flache Hand gegen Stirn geschlagen (»endlich etwas kapiert«) • mit dem Zeigefinger heranrufen
abwehrende *Gesten*: (15%)	• Abwehren mit der Hand • Verschränken der Arme

Übersicht 1
Aufschlüsselung der von den befragten Lehrern genannten Gesten ihrer Schüler

Es hat den Anschein, Lehrer und Lehrerinnen hätten ein aufmerksames Auge für die unangemessene oder abweisende Körpersprache ihrer Schüler. Vielleicht hängt das beherrschende Bild der zitierten körpersprachlichen Äußerungen damit zusammen, daß es in der menschlichen Natur liegt, negative Abweichungen in den verschiedensten Lebensbereichen sowohl sensibler wahrzunehmen als sich ihrer auch deutlicher zu erinnern. Die vordergründige Aufzählung unangenehm empfundener Momente der Körpersprache sagt noch nichts darüber aus, wie prinzipiell mit ihr umgegangen wird. Nehmen Lehrer körpersprachliche Äußerungen ihrer Schüler erst dann wahr, wenn sie ihnen unangenehm auffallen oder benutzen Lehrer das körpersprachliche Ausdrucksverhalten gezielt als Informationsquelle? Selbstverständlich tun sie das. In Untersuchungen zur durchschnittlichen Anzahl der Entscheidungen, die ein Lehrer pro Unterrichtsstunde zu fällen hat, wurde ein Durchschnittswert von ca. 400 ermittelt.[2] Die Zahl beeindruckt und verblüfft gleichermaßen. Für eine komplette Unterrichtsstunde bedeutet das, alle 6,75 Sekunden entscheidet ein Lehrer etwas. In die Zählung gingen alle Aktivitäten der Lehrer ein, in denen sie unter mindestens zwei Verhaltensmöglichkeiten wählen konnten: • eine Frage wörtlich oder neu formuliert wiederholen, • loben, tadeln oder ignorieren, • einem sich meldenden oder einem mit gesenktem Kopf sitzenden Schüler das Wort erteilen, • das Tafelbild farbig kennzeichnen und zu seiner Übertragung in die Hefte auffordern oder ... usw. Werden die Erwägungen und Aktivitäten eines Lehrers über eine gesamte Unterrichtsstunde in dieser Weise detailliert aufgeschlüsselt, ist der gefundene Durchschnittswert von 400 rasch nachvollziehbar. Der größte Teil dieser Entscheidungen kann weder analytisch vorbereitet noch streng algorithmisch absolviert werden. Er wird auf Grund einer nicht 100 %ig definierbaren Informationsbasis gefällt, die Lehrern im Moment der notwendigen Entscheidung verfügbar ist. Mit ihrem pädagogisch und didaktisch–methodischen Grundwerkzeug können Lehrer einzelne Informationen systematisch erschließen (Analyse grundsätzlicher und aktueller Leistungsvoraussetzungen, bisherige Wissensvermittlung, Anspruch und methodische Aufbereitung des aktuellen Stoffs etc.). Weitere Informationen könnten verbal zwischen Lehrern und Schülern kommuniziert werden. Einen erheblichen Informationsumfang erschließen sich Lehrer jedoch »im Augenblick mit einem Blick«. Das sind die nichtsprachlich ausgetauschten Informationen, die Entscheidungen in erheblichem Umfang beeinflussen und sogar bestimmen. Also nehmen Lehrer in der Tat die Körpersprache ihrer Schüler weitaus stär-

---

[2] KESSEL, W.: Befähigung der Lehrer zur Bewältigung pädagogischer Problemsituationen. Vortrag auf der Fachtagung »Theoretische Positionen und Untersuchungsergebnisse moralpsychologischer Forschung« September 1986 (unveröffentlicht)

ker wahr, als ihre spontanen Äußerungen zum Stichwort Körpersprache vermuten lassen.

Fraglos läßt der heutige Schulalltag wenig Ruhe und Zeit für die bewußte Wahrnehmung der Körpersprache. So äußern 86 % der befragten Lehrer, im Unterricht fehle ihnen die Zeit, dem körpersprachlichen Ausdrucksverhalten ihrer Schüler genügend Aufmerksamkeit zu widmen. Das tatsächliche Ausmaß des beklagten Zeitmangels wird offenkundig, wenn wiederum ca. die Hälfte der Lehrer angibt, genügend innere Ruhe und ausreichend Gelegenheit zur Beobachtung der Körpersprache zu besitzen. Erstaunlicherweise scheinen die Pausen von den Lehrern belastender erlebt zu werden als der Unterricht. Obwohl für die Pausen nur noch 64 % ungenügend Zeit beanstanden, vermelden hier rund 70 % der Befragten fehlende innere Ruhe zur Wahrnehmung des körpersprachlichen Ausdrucksverhaltens in den Pausen.

In welchen Situationen schenken Lehrer der Körpersprache ihrer Schüler Aufmerksamkeit? Nahezu 90 % benannten bestimmte Unterrichtsphasen oder Unterrichtssituationen (siehe Übersicht 2) als jene Momente, in denen sie relativ bewußt auf die Körpersprache ihrer Schüler achten, um deren Beteiligung und Stoffverständnis einzuschätzen. 39 % nehmen die Körpersprache in persönlichen Gesprächen mit Schülern bewußt wahr. Pausensituationen werden von 54 % der Befragten als Beobachtungsphase angegeben (• Verhalten in den Pausen, • kurz vor dem Unterricht, • beim Spielen auf dem Hof, • beim Essen im Speiseraum). Wenige Lehrer hoben Klassenfahrten, Exkursionen oder Wandertage als günstige Beobachtungsgelegenheit hervor. Sie

---

Unterrichtsphasen und Unterrichtssituationen

• Unterrichtsgespräch	• Übungsphasen	• Erteilung von
• Gruppenarbeit	• mündliche Leistungs-	Hausaufgaben
• Stillarbeit	kontrolle	• wenn Schüler ge-
• Einführung neuen	• Schüler lesen oder tra-	hemmt wirken
Stoffs	gen vor	• bei auffälligem
• Klassenarbeiten, Tests	• Konflikte unter den	Verhalten der
• Tafelarbeit eines	Schülern	Schüler
Schülers	• gemeinsames Ansehen	• Lehrer lesen vor
• Rückgabe von Tests	eines Films	
• Erarbeitungsphasen	• lebhafte Diskussionen	

Übersicht 2
Situationen, in denen Lehrer die Körpersprache ihrer Schüler bewußt wahrnehmen

verwiesen darauf, daß in diesen Situationen Verhaltensweisen beobachtet werden können, die Schüler aus unterschiedlichsten Gründen im Schulalltag nicht präsentieren. Für den Beobachter erlauben gerade Wahrnehmungen in jenen Situationen, die nicht durch ein starres Regelwerk – wie beispielsweise der Unterricht – strukturiert sind, Rückschlüsse auf Normen und Werte bei den Schülern.

Im Gegensatz zu vielen körpersprachlichen Äußerungen der Schüler, aus denen Lehrer wichtige Informationen entnehmen, sieht sich die Hälfte der befragten Lehrer bisweilen Situationen gegenüber, mit denen sie »nichts anfangen« können.

Nicht zu verstehendes körpersprachliches Ausdrucksverhalten

- überhebliches (hämisches) Grinsen,
- Tuscheln/Kichern, das verstummt, wenn ich komme,
- durch den Gesprächspartner hindurch sehen,
- betont langsame Bewegungen,
- Null–Bock–Haltung (gesenkter Kopf),
- aggressive Gesten
- Gestik hinter dem Rücken des Lehrers
- Gesten extremer Zurücknahme
- Imponiergehabe
- durchdringender, beobachtender Blick der Schüler
- Zeichen die »in« sind und die Lehrer nicht kennen
- »vielsagende« Blicke
- sorgenvolle Gesichter, die Hilfe suchen, aber die zugleich Hilfe des Lehrers ablehnen

---

Übersicht 3
Körpersprachliches Ausdrucksverhalten von Jungen und Mädchen, mit dem Lehrer »nichts« anfangen können«

Auffällig ist, wie viele körpersprachliche Äußerungen auf den ersten Blick ablehnende Schülerhaltungen den Lehrern gegenüber darstellen. Entweder ist für die Lehrer die Ablehnung unverständlich, weil sie aus ihrer Sicht den Schülern keinen Anlaß gegeben haben, ablehnendes oder zurückweisendes Ausdrucksverhalten zu zeigen oder die eindeutige Auslegung der körpersprachlichen Äußerungen fällt schwer. Handelt es sich wirklich um ablehnendes oder um typisch kindliches bzw. jugendliches Ausdrucksverhalten, für das Erwachsene nur wenig Verständnis aufbringen? Der bereits erwähnte Zeitmangel verhindert, möglichen Ursachen auf den Grund zu gehen und sich entsprechenden Überlegungen hinzugeben.

Die angespannte Situation eines Lehrer dokumentiert sich vielleicht auch in der Tatsache, daß 68 % unter den Befragten der Körpersprache ihrer Schüler nur wenig amüsantes abgewinnen konnten. Diejenigen, die sich dennoch amüsiert fühlten, hoben dafür bei Jungen Ausdrucksformen des Imponiergebarens (28 %) und bei Mädchen deren kokettes Ausdrucksverhalten (29 %) hervor.

Imponiergebaren der Jungen:	*kokettes Verhalten der Mädchen*:
• übertriebenes Verhalten, um Aufmerksamkeit zu erregen, • Gestik u. Mimik, die Lässigkeit widerspiegeln sollen, • Kraftprotzerei, • sich groß machen durch Hände in die Hüften stemmen • Schmunzeln, um Mädchen zu gefallen • Affengang	• koketter Augenaufschlag männlichen Kollegen gegenüber, • Herausstellen weiblicher Reize • Küßchen geben • betont mit den Haaren spielen • Haare vor dem Gesicht hängen lassen

Übersicht 4
Amüsantes am Imponiergebaren der Jungen und am koketten Verhalten der Mädchen

Wie grundverschieden körpersprachliches Ausdrucksverhalten auf Menschen wirken kann, wird deutlich, wenn gleichzeitig 62 % der Befragten so manches Imponiergebaren der Jungen als »nervend« bewerten. Wobei die in diesem Zusammenhang angeführten Beispiele eine leicht dominante Attitüde aufweisen:

»nervendes« Imponiergebaren der Jungen:
• breitbeiniges Sitzen • sich im Stuhl fläzen • Beine auf dem Tisch • ein betont aggressives Gesicht aufsetzen • breiter Gang bzw. über den Flur »latschen« • typisches Machogehabe • Vergrößern des Körpers durch aufgespreizte Arme • Kraftmeierei • Wichtigtuerei durch gespielte Lässigkeit • Drohgebärden gegenüber Schwächeren

Übersicht 5
Erscheinungen, die Lehrer am Imponiergebaren der Jungen als nervend empfinden.

Für die Mädchen werden ähnliche Haltungen als nervend angeführt, wobei bemerkenswerterweise auch herabsetzende Attribute zur Beschreibung verwendet sind. Das war in den die Jungen betreffenden Aussagen nicht der Fall. Bei genauer Betrachtung, in welchem Bezug entsprechende Attribute zum Einsatz kommen, lassen sich mühelos übliche Klischees zu Erwartungen an Geschlechterrollen erkennen.

»nervendes« Gebaren der Mädchen:

- Miene verziehen (Maulgesicht)
- »cool« sein nach dem Vorbild mancher Jungs
- Drohgebärden gegenüber Schwächeren
- ständiges Zurückstreichen oder Schütteln der Haare
- Verweigern von Blickkontakten
- genervtes Augenverdrehen
- nachlässige (vulgäre) Sitzhaltung
- überhebliche Blicke
- zickiges Gehabe
- vorgetäuschtes (verächtliches) Lächeln

Übersicht 6
Dinge, die Lehrer am Gebaren der Mädchen als nervend empfinden.

Ein Vergleich der als amüsant bzw. nervend eingestuften Ausdrucksformen kennzeichnet nochmals zwei problematische Momente im Umgang mit der Körpersprache: a) Das gleiche körpersprachliche Ausdrucksverhalten kann bei unterschiedlichen Betrachtern verschiedenartige Empfindungen hervorrufen und b) »wenn zwei das gleiche tun, ist es noch lange nicht dasselbe« – Die Kraftmeierei des einen Jungen amüsiert, die des anderen wirkt unangenehm.

Wahrnehmungsmechanismen im Klassenraum

Die Ergebnisse der Lehrerbefragung (vgl. Abschnitt *LEHRER ÄUSSERN SICH ZUR KÖRPERSPRACHE IHRER SCHÜLER*) verdeutlichen, inwieweit körpersprachliche Äußerungen der Schüler von Lehrern als akzeptabel, attraktiv oder abstoßend aufgenommen werden, in welchen Situationen sich Lehrer der Körpersprache ihrer Schüler als wichtige Informationsquelle bedienen und welche körpersprachlichen Äußerungen für einen Lehrer rätselhaft und damit ohne Informationsgehalt sind. Die bisherigen Darstellungen erlauben auf viele körpersprachliche Äußerungen der Schüler eine konkretisierte und unter Umständen neue Sichtweise. Für die verschiedenen

Kanäle kristallisiert sich aber stets heraus, daß einzelnes körpersprachliches Ausdrucksverhalten völlig verschieden interpretiert und grundverschieden wahrgenommen werden kann. Ist die Wahrnehmungssituation eines Lehrers eine womöglich besondere?

Angesichts der Befragungsresultate bleibt festzuhalten, Lehrer schenken der Körpersprache ihrer Schüler dann Beachtung, • wenn diese durch Abweichungen (erfreuliche wie unerfreuliche) selbst auf sich aufmerksam macht, • wenn Lehrer etwas wissen wollen, was nicht mit Hilfe anderer Überprüfungsinstrumentarien gleichermaßen schnell in Erfahrung zu bringen ist oder • sie wollen etwas wissen, was nicht verbal kommuniziert werden kann. Wird das körpersprachliche Ausdrucksverhalten der Schüler von den Lehrern als Informationsquelle genutzt, stellt sich die Frage, inwieweit die Wahrnehmung der Körpersprache durch Erwartungen des Perzipienten (Lehrer) beeinflußt wird.

Diese Problematik griffen ROSENTHAL & JACOBSEN in ihrer Forschung auf. [1] Erkenntnisse und Schlußfolgerungen ihrer Untersuchungen etablierten sich in der Literatur unter dem Begriff »Pygmalion–Effekt« oder »Pygmalion in the Classroom«. Namensgeber für diesen Effekt ist die der griechischen Mythologie entlehnte Gestalt des Pygmalion aus OVIDs »Metamorphosen«. Der Bildhauer Pygmalion, der sich Ehelosigkeit geschworen hat, entbrennt trotzdem in Liebe zu einer von ihm gefertigten Frauenstatue, der er den Namen Galatea gab. Auf sein Flehen hin haucht Aphrodite der Statue Leben ein, worauf sich Pygmalion mit Galatea vermählt. Quintessenz dieser Geschichte: Pygmalion schuf sich nach seinem Bild von der »idealen Frau« ein Eheweib. Verallgemeinert ist als Fazit zu formulieren: Die Erwartungshaltung an einen Menschen überträgt sich auf diesen und beeinflußt dessen Verhalten. Erzählungen mit gleichartigen Aussagen sind bis zum heutigen Tage in der Weltliteratur immer wieder anzutreffen. Gorki läßt seine Hauptfigur im Märchen vom Fischer und seinem Sohn sagen: »Tritt nie einem Menschen entgegen mit dem Glauben, daß in ihm mehr Schlechtes als Gutes sei. Wenn du denkst, daß in ihm mehr Gutes sei, dann wird es auch so sein. Die Leute geben das, was man von ihnen erwartet!« [2] Seit einiger Zeit firmiert diese Botschaft unter dem Terminus »selbst erfüllende Prophezeiung«.

Für die Schule kennzeichnen ROSENTHAL & JACOBSEN mit dem Terminus »Pygmalion–Effekt« das Phänomen, daß Lehrer die Schüler nach ganz bestimmten Vorstellungen »formen«. Das schlußfolgerten sie aus ihren

---

[1] ROSENTHAL, R./JACOBSON, L.: Pygmalion in the classroom.New York 1968
[2] GORKI, M: Das Märchen vom alten Fischer.

Feldversuchen in verschiedenen Grundschulklassen. Leistungsmäßig war die Schülerschaft jeder Klasse homogen zusammengesetzt, so daß drei Jahrgangsklassen stets aus einer überdurchschnittlichen, durchschnittlichen und einer unterdurchschnittlichen bestanden. Sie führten einen IQ–Test durch und benannten den Lehrern der Schulklassen Namen jener Schüler, die angesichts der Resultate des Tests »Schüler mit Zukunft« seien. Diese Namen entnahmen sie jedoch völlig wahllos den Klassenregistern, ohne die IQ–Tests zu berücksichtigen. Demnach existierte der zu erwartende Lernfortschritt bei diesen Schülern nur im Kopf der Lehrer und wurde nicht durch die Resultate des Tests prognostiziert. Acht Monate später wurde der gleiche Test wiederholt. Durchschnittlich wiesen die »Schüler mit Zukunft« eine höhere Steigerungsrate ihrer Test–Ergebnisse auf als die übrigen. Dieses Ergebnis entstand unabhängig davon, ob der Schüler eine über– oder unterdurchschnittliche bzw. durchschnittliche Klasse besuchte. Ausschlaggebend war lediglich die Einstufung des Schülers als »vielversprechend«.

Da die IQ–Tests extern initiiert und ausgewertet wurden, ist auszuschließen, daß die Lehrer entsprechend den eingepflanzten Vorstellungen und Erwartungen für diese Schüler bevorzugte Bewertungen vornahmen. Die Leistungen der betreffenden Schüler verbesserten sich tatsächlich. ROSENTHAL & JACOBSEN wiesen nach, daß Lehrer sich gegenüber »vielversprechenden« Schülern sowohl verbal als auch nonverbal wesentlich positiver äußern. Sie • lächeln diese häufiger an, • zeigen häufiger zustimmende oder bekräftigende Gesten bzw. Kopfbewegungen, • schauen sie länger an, • loben stärker, • wenn zu tadeln ist, begründen sie präziser, • sie spornen diese Schüler intensiver an.

Spätere Untersuchungen [3] – auch mit anderen Altersgruppen – bestätigten diese Ergebnisse und förderten leider auch äquivalente Ergebnisse für den umgekehrten Fall zutage. Als unbegabt angesehene Kinder erfuhren in geringerem Maße und deutlich weniger motivierende Zuwendung vom Lehrer. Zudem wurde festgestellt, daß der erste Eindruck (also vorrangig ein nonverbaler), den ein Lehrer von einem Kind hat, über die Einordnung als begabt oder unbegabt entscheidet. Die Vorstellung über die zu erwartenden Lernfortschritte der Schüler werden im Kopf des Lehrers selbst produziert und müssen nicht erst durch vermeintliche Test–Resultate geweckt werden. Diese Ergebnisse sind für das Berufsethos eines Lehrers »starker Tobak«. Der Lehrer als Handwerker, der die Schüler wie ein Stück Holz nach seinem inneren Bilde formt? Fraglos wird es solche im Lehrerberuf tätigen Perso-

---

[3] ROSENTHAL, R.: On the social psychology of the self–fulfilling prophecy: Further evidence for Pygmalion effects and their mediating mechanisms. In: Social psychology 53, 1973, S. 1–28

nen auch geben. Mehrheitlich agieren Lehrer jedoch nicht voreingenommen oder blind gegenüber ihren Schülern. Bei allem unangenehmen Beigeschmack beschafft der Pygmalion–Effekt wertvolle Hinweise auf unbewußt ablaufende Mechanismen, um die man wissen sollte. Abgesehen davon ist unbedingt zu erwähnen, daß das Geschehen im Klassenraum keinerlei Monopol auf die Existenz dieses Pygmalion–Effekts hat. Er begleitet quasi jede Interaktion, in der notwendigerweise Personenwahrnehmung und Personeneinordnung erfolgt.

»ohne Worte« [4]

Wahrnehmungstheorien gehen schon seit geraumer Zeit auch davon aus, daß vor der Wahrnehmung die Annahme darüber steht, was wahrgenommen werden soll/kann. HIEBSCH[5] illustriert das anhand eines anschaulichen Beispiels: Man stelle sich zwei aufeinander zuschreitende Personen A und B auf einem schmalem Gang vor. A vermutet, B werde sich nach dieser Seite wenden und entscheidet daher, zur anderen Seite auszuweichen. B »denkt« nun genau spiegelbildlich, so daß beide zur selben Seite ausweichen und zusammenzuprallen drohen. Indessen korrigiert jeder seine Ausweichstrategie, aber wieder spiegelbildlich, so daß sie sich nun doch wieder direkt voreinander befinden. Zur Erheiterung zufälliger Beobachter kann diese Prozedur in einem mehrmaligen Hinundherhüpfen münden.[6] A und B haben möglicherweise aus Erfahrungen oder aus dem sozial gültigen Regelsystem geschlossen, wohin der andere auszuweichen gedenkt und ihr eigenes Verhalten danach gerichtet. Es waren also nicht die wahrgenommenen Bewegungsanzeichen beim anderen, die das eigene Verhalten und damit die entsprechenden Ausweichmanöver bestimmten. Vielmehr bestimmten die Annahmen über das zu erwartende Verhalten des jeweils anderen, was man wahrzunehmen gedachte und wie man sich demzufolge verhalten muß. Folgerichtig kennzeichnen den Ablauf einer Wahrnehmung zwei Prämissen:

1. Der Wahrnehmungsprozeß beginnt nicht erst mit der Eingabe von Außenweltinformationen, sondern bereits mit der Aktivierung einer Erwartung bzw. Hypothese, in der Annahmen über das Auftreten von Informationen enthalten sind. Die Erwartung/Hypothese bestimmt, wel-

---

[4] Quelle unbekannt

[5] HIEBSCH, H.. Interpersonelle Wahrnehmung und Urteilsbildung. VEB Deutscher Verlag der Wissenschaften, Berlin 1986

[6] Ebenda S. 215/216

che Beschaffenheit der Informationen bevorzugt aufgenommen wird.
2. Wahrnehmung läuft in einem dreiphasigen Zyklus ab, der bis zur endgültigen Bestätigung einer Erwartung/Hypothese wiederholt wird.
   a) Bereitstellung der Hypothese
   b) Aufnahme der Informationen
   c) Bestätigung oder Widerlegung der Hypothese.
Abbildung 1 veranschaulicht den Zyklus und seine Phasenabfolge graphisch.

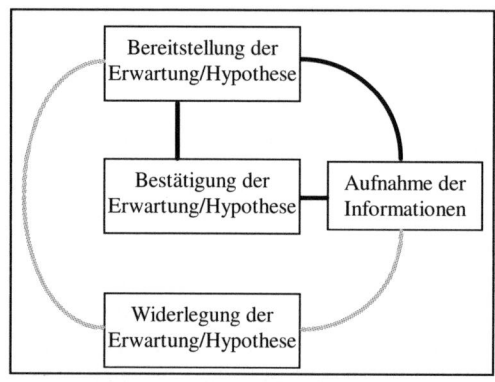

Abbildung 1
Dreiphasiger Wahrnehmungszyklus

Zwingend darf resümiert werden, je stärker die Erwartung/Hypothese, desto größer ihre Aktivierungswahrscheinlichkeit und desto weniger stützende Informationen sind erforderlich, um die Erwartung/Hypothese bestätigt zu empfinden. Gleichermaßen mehr an widersprechenden Informationen müssen also zur Falsifikation der Erwartung/Hypothese vorliegen.[7] Exakt dieser Zyklus lief bei den Versuchen ROSENTHALs ab und entschied das Verhalten der beteiligten Lehrer.

---

[7] Ebenda S. 211 ff
Es kann davon ausgegangen werden, daß die Stärke einer Hypothese determiniert ist durch:
① »Je öfter eine Hypothese bekräftigt wird, desto stärker ist sie.
② Je größer die Menge an alternativen Hypothesen in einer Wahrnehmungssituation ist, desto mehr an Informationen ist notwendig, damit eine davon bestätigt wird.
③ Je fester eine Hypothese in ein umfassendes kognitives System eingebettet ist, desto weniger an Informationen wird zu ihrer Bestätigung und desto mehr zu ihrer Widerlegung benötigt
④ Je geringer die Menge der unterstützenden Informationen, die überhaupt erhältlich ist, desto mehr tendiert die Wahrnehmung dazu, von einer dominierenden Hypothese bestimmt zu werden.
⑤ Je stärker eine Hypothese durch motivationale Faktoren gestützt wird, desto weniger Information wird zu ihrer Bestätigung benötigt und desto mehr Information wird zu ihrer Falsifikation gebraucht.
⑥ Je stärker eine Hypothese kognitiv unterstützt wird, desto mehr an widersprechenden Informationen ist nötig, um sie zu falsifizieren.« (S. 212)

Man ist natürlicherweise versucht, diesen Zyklus innerhalb eines Menschenlebens zurückzudenken. Dabei stellt sich unweigerlich die Frage nach dem Anfang. Mit welcher Hypothese kommt der Mensch auf die Welt? Ist der Reiz oder die Hypothese das Primäre? HIEBSCH verweist an dieser Stelle charmant darauf, daß dieser Streit genauso bedeutsam sei, wie der Henne–Ei–Streit. In Bezug auf die interpersonale Wahrnehmung brächte das jedoch nicht weiter. [8]

Dieser Zyklus erklärt zwar, daß ein Mensch eine Erwartung/Hypothese bereitstellt, aber nicht, warum gerade diese und keine andere. Das läßt sich aus der individuellen Biographie des Perzipienten, seinen Erfahrungen und Wünschen, aus seiner aktuellen Situation und aus der äußeren Situation, in der er sich befindet, erklären. Die äußere Situation Schule bzw. Unterricht verleiht dem Spektrum zu aktivierender Erwartungen eines Lehrers bereits eine bestimmte Form. Eine Aktivierung von Erwartungen/Hypothesen über anzueignende Fähigkeiten und Fertigkeiten eines Schülers sowie zu seiner sozialen Kompetenz im Umgang mit Gleichaltrigen sind wahrscheinlich. Weniger zu vermuten wären Erwartungen/Hypothesen hinsichtlich eines Freizeitverhaltens, einer Geschwisterbeziehung oder vorhandener Fähigkeiten, die im Rahmen schulischer Erfordernisse nicht zur Geltung kämen. Welche Erwartungen/Hypothesen auch immer bereitgestellt (unbewußt aktiviert) sind, sie schärfen bestimmte Wahrnehmungsaktivitäten. Bereits das körpersprachliche Ausdrucksverhalten der Schüler reicht mitunter aus, einzelne Hypothesen zu bestätigen. Nachdem ein Lehrer im Pausengespräch der Kollegen über das katastrophale Verhalten der Klasse X informiert wurde, nimmt er unvergleichlich kritischer den Tohuwabohu–Einmarsch dieser Klasse in den Unterrichtsraum wahr. Ohne die Vorinformation würde er möglicherweise das Tohuwabohu registrieren und sich Gedanken über die Ursachen machen (Toben in der Pause, frustrierende Erlebnisse in der Unterrichtsstunde zuvor, Krankheit des Klassenlehrers usw.). Aber so wie in diesem Beispiel skizziert, erwartet er auf Grund der Pausenunterhaltung der Kollegen einen entsprechenden Auftritt der Schüler. Die Erwartung/Hypothese vom katastrophalen Verhalten der Klasse X wurde damit in den ersten Momenten bestätigt. Der Lehrer agiert von nun an so, als hätte er die Erfahrungen seiner Kollegen gemacht und verdrängt unbewußt, daß seine letzten Unterrichtsstunden mit dieser Klasse normal verliefen.

---

[8] Ebenda S. 219

Einfluß der Persönlichkeit auf die Wahrnehmung körpersprachlichen Ausdrucksverhaltens

Fraglos ist die Wahrnehmung des körpersprachlichen Ausdrucksverhaltens von der eigenen Situation, von der eigenen Befindlichkeit abhängig. Bestimmte Erfahrungen sprechen dafür: • in Überforderungssituationen andere daraufhin zu überprüfen, ob sie eine Unterstützung, Entlastung oder zusätzlich Belastung darstellen, • in Benachteiligungs– bzw. Bevorzugungssituationen die anderen zu beneiden oder deren Neid zu fürchten, • in Frustrationssituationen andere als Verursacher zu betrachten, • in Erfolgssituationen auch unangenehme Menschen zu ertragen etc. Jedes der genannten Beispiele aktiviert zum einen bestimmte Erwartungen gegenüber der Umwelt und zum anderen werden bestimmte Fähigkeiten und Eigenschaften der eigenen Persönlichkeit befördert.

Untersuchungen weisen nach, daß die Wahrnehmung des Gesichtsausdrucks durchaus im Zusammenhang mit Merkmalen und Eigenschaften der Persönlichkeit des Wahrnehmenden zu sehen ist.[1] Er sieht eben mit »seinen Augen«. Ohne auf die umfänglichen Untersuchungsprozeduren detailliert einzugehen, sollen ausgewählte Forschungsergebnisse von VOßENKAUL hier Erwähnung finden. Ausgangspunkt seiner Überlegungen sind aus dem Alltag vertraute Fragestellungen, die durch eine Beispielsituation illustriert werden: Man will durch den Gesichtsausdruck seinem Gegenüber die eigenen Gefühle mitteilen, ohne sie zu verbalisieren. Woran liegt es, daß ein Gegenüber den Gesichtsausdruck gut versteht, ein anderes Gegenüber hingegen gar nicht? Worauf basieren die individuellen Unterschiede für das Verständnis des Gesichtsausdrucks? Haben Persönlichkeitseigenschaften Einfluß auf das Verständnis des Gesichtsausdrucks? Zur empirischen Bearbeitung dieser Fragen setzte VOßENKAUL verschiedene, standardisierte und in anderen Untersuchungen auf ihre Zuverlässigkeit geprüfte Tests ein, mit denen • Persönlichkeitsmerkmale und –eigenschaften, • Aufmerksamkeit und Belastung, • Intelligenz und • die Wahrnehmung des Gesichtsausdrucks erfaßt wurden. Der Übersicht halber werden Ergebnisse der Untersuchung in tabellarischer Form präsentiert (siehe Abb. 1).[2]

---

[1] VOßENKAUL, H. J.: Einfluß von Persönlichkeitseigenschaften auf das Verständnis des Gesichtsausdrucks. Peter Lang GmbH, Frankfurt/M 1992

[2] Untersuchungsergebnisse nach: VOßENKAUL, H. J.: Einfluß von Persönlichkeitseigenschaften auf das Verständnis des Gesichtsausdrucks. Peter Lang GmbH, Frankfurt/M 1992

Merkmale/Eigen-schaften der Perzipienten	*Einfluß auf das Verständnis des Gesichtsausdrucks*
• Alter	• Mit zunehmendem Alter nimmt das Verständnis für den Gesichtsausdruck ab
• Familienstand	• Verheiratete Personen erkennen den Gesichtsausdruck besser als unverheiratete
• Kinder	• Es sind keine statistisch abgesicherten Aussagen möglich
• Sympathie	• Versuchspersonen, die die Modellpersonen insgesamt sympathisch finden, erkennen den Gesichtsausdruck schlechter als Versuchspersonen, die die Modellpersonen eher unsympathisch finden
• Intelligenz	• An Hand des Intelligenztests wurden die Versuchspersonen in vier Intelligenzgruppen geteilt (① = niedrigster IQ, ④ = höchster IQ). Gruppe ① schnitt signifikant schlechter bei der Einschätzung des Gesichtsausdrucks ab, die Gruppen ②, ③ und ④ unterschieden sich nicht signifikant. Mit Hilfe eines weiteren IQ–Tests wurden die vier Gruppen nochmals in jeweils zwei geteilt. Die beiden untersten Gruppen unterschieden sich erneut von den anderen. Zum Verständnis des Gesichtsausdruck ist folglich ein Minimum an intellektueller Fähigkeit erforderlich, ansonsten unterscheiden sich mehr oder weniger Intelligente nicht signifikant.
• Konzentrations-fähigkeit	• Die Konzentrationsfähigkeit hat Einfluß, es ließ sich jedoch kein linearer Zusammenhang nachweisen, der mit zunehmender Konzentrationsfähigkeit ein entsprechend wachsendes Verständnis des Gesichtsausdrucks ergab.
• depressiv	• Erkennen den Gesichtsausdruck schlechter
• emotional labil	• Erkennen den Gesichtsausdruck schlechter
• gesellig, offen, extrovertiert	• Können nach den Untersuchungen als die sogenannt guten »Erkenner« gelten

Table within the "Kinder" row:

	Familienstand		
Kinder	ledig	verheiratet	geschieden/getrennt
ja	5	55	19
nein	20	4	3

Abbildung 1
Untersuchungsergebnisse nach VOßENKAUL[2]

Bedenkt man die einzelnen Merkmale und deren Einfluß auf die interpersonale Wahrnehmung in aller Ruhe, scheint vieles logisch und erklärbar. Der nachgewiesene Einfluß des Familienstandes könnte damit zusammenhängen, daß in einer verbindlichen Partnerschaft weitaus strenger die Verpflichtung einer Zur–Kenntnis–Nahme und Einordnung der Gesichtsausdrücke anderer Familienmitglieder besteht und daß dies auch wesentlich konzentrierter (Häufigkeit und Tempo betreffend) praktiziert werden muß.

Die im Zusammenhang mit der Sympathie für den Wahrzunehmenden gefundenen Resultate erinnern an die Untersuchungsergebnisse von MORENCY & KRAUSS [3], nach denen Eltern das Täuschungsverhalten der eigenen Kinder schlechter dekodieren konnten als das fremder (vgl. Abschnitt *KÖRPER-SPRACHLICHES AUSDRUCKSVERHALTEN WÄHREND DES NEBENEN-GAGEMENTS – GEHEUCHELTES ENGAGEMENT*). Die Sympathie für die eigenen Kinder verhinderte ein Erkennen von Täuschung. Eine derartige Verknüpfung von Sympathie und schlechterem Verständnis für den Gesichtsausdruck ist natürlich auch ein beredtes Zeugnis des Wahrnehmungszyklus' (vgl. Abb. 1). Sympathie aktiviert Erwartungen und Hypothesen über das Gesicht des anderen, die eine ungeschönte Wahrnehmung des Gesichtsausdrucks nahezu unmöglich machen. Aktivierte Erwartungen auf Grund von Antipathie schönen das Gesicht nicht. Im Gegenteil, sie erhöhen gleichzeitig eine kritische und damit genau erkundende Wahrnehmung. Für den Lehrer ist folglich die Gefahr, von Schülern erfolgreich getäuscht zu werden, bei jenen am größten, die ihm sympathisch sind. Umgekehrt kommt er denen, die ihm nicht sympathisch sind, dementsprechend schneller und öfter auf die Schliche. Für die Schüler vermittelt sich dadurch wiederum das Bild eines Lehrers, der gute Schüler bevorzugt und weniger gute benachteiligt.

Stigmatisierungsempfinden

Der zuletzt beschriebene Mechanismus, demzufolge Schüler das Empfinden von Bevorzugung bzw. Benachteiligung entwickeln, kann durch ein ohnehin vorhandenes Gefühl der Stigmatisierung deutlich forciert werden bzw. sogar selbst zur Stigmatisierung führen. Da Kinder dieses Gefühl so gut wie nie verbalisieren, untersuchte MOORS, anhand welcher visuell und auditiv-akustisch wahrnehmbaren Anhaltspunkte im körpersprachlichen Ausdrucks-

---

[3] MORENCY, N.L./KRAUSS, R.M.: Children's nonverbal encoding and decoding of affect. In: FELDMAN, R. S., 1982, S. 181–199.

verhalten sich das Stigmatisierungsempfinden bei Kindern dekodieren läßt.[1] Von Stigmatisierung kann bereits dann die Rede sein, wenn Abweichungen vom Gewöhnlichen feststellbar sind. Abweichungen vom Gewöhnlichen impliziert auch scheinbar sozial Akzeptiertes. Als Beispiel sei Korpulenz angeführt. Heutzutage ist Korpulenz einerseits sozial akzeptiert, andererseits vermitteln soziale Normen diese Korpulenz als Makel und verknüpfen sie in unzulässig generalisierender Weise mit weiteren Makeln (träge, denk– und bewegungsfaul, etc.). Die Stigmatisierung ist perfekt. Das eigentliche Problem liegt weniger in der Stigmatisierung als vielmehr im Stigmatisierungsempfinden des Stigmatisierten.

Anhand einer Lehrer– und Bevölkerungsbefragung ermittelte MOORS, welche Kinder einer Untersuchungspopulation stigmatisiert sind. Um nun deren Stigmatisierungsempfinden zu untersuchen, wurde das körpersprachliche Ausdrucksverhalten jedes dieser Kinder während des Unterrichts im Klassenraum, des Sportunterrichts und der großen Pausen am Vormittag beobachtet. Damit gelang es, das körpersprachliche Ausdrucksverhalten in stark reglementierter, gelockerter und gelöster Atmosphäre abzubilden. Nachdem das beobachtete Verhalten klassifiziert wurde, konnten nun nonverbale Signale, die einen Gefühlszustand der Stigmatisierung zum Ausdruck brachten, dekodiert werden. Die Grundannahme für eine Interpretation des beobachteten Verhaltens stützt sich auf den Satz:

»Die Persönlichkeit der beobachteten Kinder läßt sich interpretieren als Enkodieren und Dekodieren von im wesentlichen nonverbalen Signalen. Unabsichtliche Zeichen übermitteln alle möglichen Informationen über den Körper, die Rollen, die Charaktere und das Selbstbild der Sender. Ein Selbstbild entwickelt sich, wenn sich jemand beständig in einer bestimmten Weise kategorisiert und behandelt fühlt. Es enthält ein Körper–Image, eine Reihe von Rollen und Vorstellungen über Charakterzüge bzw. Persönlichkeitsmerkmale. Nach ERIKSON[2] ist die maßgebliche Phase für die Entwicklung einer Ich–Identität während der späten Adoleszenz.«[1]

Konkret bedeutet das, Stigmatisierungsempfinden äußert sich in Verhaltensformen, die defensiv, adaptiv (Sport und/oder Fasten bei Korpulenz) sowie ablenkend (mit Prestigesymbolen umgeben, die von den stigmatisierenden Merkmalen ablenken) sind. Eine subtile Form des defensiven Verhaltens kennzeichnet GOFFMAN[3] als Minstrelisation[4], wonach ein Stigmatisierter

---

[1] MOORS, R.: Stigmaphänomene. Beobachtungen nonverbalen Verhaltens von Grundschulkindern, insbesondere aus sozial schwachem Milieu, unter Hinzuziehung eines projektiven Tests. Hrsg. Dr. Harald Niemeyer. HAAG + HERCHEN Verlag GmbH, Frankfurt/M 1986
[2] vgl. ERIKSON, E.H.: The problem of ego-identity. In: American Journal of Psychoanalysis. 4/1956, S. 56-121; dt.: Identifikation und Identität. In: Psyche (1956/57), S. 124-135 u. 175-176
[3] GOFFMAN, E.: Stigma. Suhkamp.
[4] Im Englischen: minstrel = Spielmann, Bänkelsänger

sich mit allen ihm zugeschriebenen Eigenschaften vor anderen aufspielt.

Im Ergebnis lieferte die Dekodierung nonverbaler Signale stigmatisierter Kinder verstärkt defensives, adaptives und ablenkendes Ausdrucksverhalten: • Fehler, die dazu führen können, in bestimmten sozialen Konstellationen, die soziale Identität zu gefährden, wurden versteckt, • Kinder aus sozial schwachem Milieu tragen einen Makel, der fast alle ihre sozialen Situationen erschwert und ihr ablenkendes oder defensives Verhalten verstärkt, • an Kindern mit virtualer Identität wurden unerwünschte Andersartigkeiten bemerkbar, die nicht mit allgemeinen Verhaltenserwartungen in Einklang zu bringen sind, weil sie deutlich übertrieben wurden.

Zu den Merkmalen, die • als Anlaß für eine Stigmatisierung genommen wurden und • im körpersprachlichen Ausdrucksverhalten von diesen Kindern kontinuierlich reproduziert wurden, zählen auf physischem Gebiet vor allem die Korpulenz und auf charakterlichem Gebiet Merkmale wie Rigidität, Unzuverlässigkeit, Arroganz, Drückebergertum, Übergefügigkeit.

Reaktionen der Lehrer auf körpersprachliches Ausdrucksverhalten ihrer Schüler

Der Abschnitt *KÖRPERSPRACHE DER SCHÜLER* griff wiederkehrend den Aspekt möglicher Reaktionen der Lehrer auf körpersprachliches Ausdrucksverhalten ihrer Schüler auf. Der vorliegende Abschnitt versucht, grundlegende Mechanismen aufzuzeigen, die basierend auf körpersprachlicher Äußerungen eines Schülers ablaufen.

Prinzipiell lassen sich drei Stufen der Reaktion auf körpersprachliches Ausdrucksverhalten kennzeichnen:

1. *Wahrnehmung*
   Wie im Falle verbaler Kommunikation ein Sprach–Kode die Wahrnehmung steuert, ist es nun ein nonverbaler Kode. Im Gegensatz zum Sprach–Kode läßt sich der nonverbale nicht verbalisieren, schließlich existierte der nonverbale Kode bereits vor dem verbalen (vgl. Abschnitt *ENTWICKLUNG DER KÖRPERSPRACHE*).

2. *Psychologische und/oder physiologische Reaktion*
   Gefühle, verbale Assoziationen oder visuelle Bilder, aber auch Erwartungen werden geweckt. Körperliche Reaktionen wie Erregung, Zittern, Schwitzen, Erröten etc. können hervorgerufen werden.

3. *Vorbereitung einer Reaktion*

Verhaltensreaktionen auf bestimmte Signale des körpersprachlichen Ausdrucksverhaltens anderer laufen spontan ab oder werden geplant. Das Planen bezieht sich sowohl auf körpersprachliche als auch auf verbale Äußerungen. Obwohl die verbalen Äußerungen sehr viel schneller ablaufen, erfolgen die körpersprachlichen Äußerungen zuerst. Bevor das erste geplante Wort den Mund verläßt, sprechen die Augen bereits. Das hängt mit den unterschiedlichen Wegen zusammen, die verbale und nonverbale Signale bereits im Körper zurücklegen [1].

Ein solcher Algorithmus leuchtet ein. Der zweite Schritt ist vielfach für Lehrer ein interessanterer. Ohne, daß er sich dessen bewußt ist, beeinflussen körpersprachliche Äußerungen der Schüler seine Befindlichkeit. In den Ausführungen zur *KÖRPERSPRACHE DER SCHÜLER* schilderten manche Beispiele, inwiefern bestimmte Gesten, Sitzhaltungen oder Minenspiele der Schüler vom Standpunkt Erwachsener als ausgesprochen despektierlich gelten. Obwohl solcherlei Unterschiede in den Ausdrucksformen Jugendlicher und Erwachsener bekanntermaßen Folge eines die Generationen trennenden Kodes sind, beeinträchtigen sie das Befinden eines Lehrers. Er kann zwar den Kode der Jugendlichen tolerieren, dennoch arbeitet sein Erwachsenen–Kode unbewußt weiter. Das heißt, Kinder oder Jugendliche wollen mit ihrem körpersprachlichen Ausdrucksverhalten mitunter keineswegs negative Signale aussenden, tun es aber Grund des unter ihresgleichen gültigen und gängigen Kodes doch. Die Wirkung dieser Erscheinung spiegelt sich dann im körpersprachlichen Ausdrucksverhalten der Lehrer wider. Infolge der negativen Signale der Schüler–Körpersprache reichert sich auch die des Lehrer mit negativen Signalen an.

Untersuchungsergebnissen von BATES [2] zufolge existiert zwischen Lernenden und Lehrenden ein sogenannter *Feedback–loop*, nach dem positives Rollenverhalten der Lernenden eindeutig positive nonverbale Kommunikation beim Lehrenden forciert sowie die Einschätzung intellektueller und sozialer Fähigkeiten des Lernenden positiv beeinflußt. Ein kurzer Ausflug in den Versuchsablauf, der BATES zu dieser Feststellung führte, scheint für den Praktiker interessant. Daher fallen die Schilderungen etwas genauer aus.

Vier 11–jährige Jungen lernten in einem Konversationstraining ausschließlich, auf den Konversationspartner zu reagieren. Die Jungen trainierten zwei

---

[1] Beobachtet man bei einem Sprechenden genau die Augen, scheint deren Sprache asynchron zur verbalen. Die Augensprache synchronisiert bereits den nächsten vorbereiteten Satz.
[2] BATES, J.E.: Effects of Children's Nonverbal Behavior Upon Adults. In: Child Development. 1976, Vol. 47, S. 1079-1088.

»Rollen«, auf den Partner zu reagieren:

a) eine stark positive Rolle: • 75% der Gesprächszeit das Gesicht des Gesprächspartners anschauen, • so oft wie möglich Zustimmung und Verständnis signalisieren, • häufig lächeln, • im gleichen Maße wie der erwachsene Gesprächspartner den Augenkontakt suchen.

b) eine niedrig positive Rolle: • 25% der Gesprächszeit das Gesicht des Gesprächspartners anschauen, • nicht so häufig lächeln

Die erwachsenen Gesprächspartner (64 College–Studenten) wurden instruiert und trainiert, eine kleine Kurzlektion in der Elementarmathematik zu erteilen sowie durch einen multiple–choice–test [3] dabei erzielte Lerneffekte zu überprüfen. Die Lektion verlief jeweils als Einzelunterricht, der Test wurde im Anschluß an die Lektion mündlich absolviert. Der Inhalt der Mathematiklektion ist nicht Bestandteil des Schullehrplans. Lektions– und Pausenzeiten verbrachten die Teilnehmer in einem normalen Klassenraum. Im Anschluß an jede Lektion und den zugehörigen Test hatten die Erwachsenen ihren Eindruck vom intellektuellen sowie vom sozialen Entwicklungsstand jeden Kindes in einem Fragebogen zu reflektieren.

Die Untersuchungsergebnisse belegten einen deutlichen Einfluß des stark positiven Ausdrucksverhaltens der Jungen auf die Reaktionen der Erwachsenen. Sie kommunizierten ihrerseits nonverbal sichtbar positiv. Zudem schätzten die Erwachsenen in den Fragebögen sowohl die intellektuellen als auch sozialen Fähigkeiten der betreffenden Jungen als besser ein. Weibliche Erwachsene reagierten auf das stark positive Rollenverhalten der Jungen erkennbarer. Männliche Erwachsene begegneten niedrig positiven Rollen moderater.

Für Lehrer wäre die auffällig positive Reaktion sehr leicht nachvollziehbar, weil aus ihrer Sicht positive körpersprachliche Äußerungen der Schüler »doppelt« erwünscht sind:

① Positives Ausdrucksverhalten bestätigt die Richtigkeit des eigenen Handelns.

② Positives Ausdrucksverhalten anderer wirkt auf einen selbst stimulierend.

Zwei ausgesprochen verständliche Argumente, positives Ausdrucksverhalten in Situationen, in denen es unter Umständen sogar Mißtrauen wecken müßte, anzunehmen und darauf mit positiven körpersprachlichen Äußerungen zu reagieren. Der körpersprachliche *Feedback–loop* an sich ist wenig überraschend. Selbstverständlich wissen alle Lehrenden, daß auch sie nur

---

[3] Test, bei dem der Prüfling unter mehreren vorgegebenen Antworten eine oder mehrere als richtig zu kennzeichnen hat, aber kein Wissen selbständig reproduzieren muß.

Menschen sind und damit nicht frei von ungewollten Nebenwirkungen der Sympathie oder Antipathie für einzelne Schüler. Oft genug ertappt man sich dabei, mit dem einen Schüler freundlicher bzw. distanzierter zu verkehren als mit dem anderen. Hin und wieder stellen Lehrende selbstkritisch fest, es ginge sogar so weit, • daß sie gegenüber Kindern, für die sie große Sympathie empfinden, nie das »Danke!« oder »Bitte!« vergessen würden, • daß sie überdies bei schriftlichen Tests dieser Schüler aufpassen, ob sich irgendwo noch der ½ Punkt finden ließe, der eine bessere Note erbrächte, • daß sie das Melden jener Schüler, über die sie sich gerade ärgern, auch mal übersehen.[4]

Die Tatsache, wie ausgeprägt dieser *Feedback–Loop* auftrat, überraschte schon mehr. Der Einfluß körpersprachlichen Ausdrucksverhaltens der Schüler auf das Urteilsvermögen einer Lehrkraft ist schließlich sehr viel mehr als überraschend. Die Untersuchungsresultate dokumentierten unmißverständlich den Einfluß positiver körpersprachlicher Äußerungen auf die Einschätzung der intellektuellen und sozialen Kompetenz eines Kindes. Unter Berücksichtigung der Überlegungen zum Wahrnehmungszyklus läßt sich sogar konstruieren, welch langfristigen Einfluß der *Feedback–loop* auf die Wahrnehmung und somit die Reaktion des Lehrers haben kann.

---

[4] KAISER, C.: Wie gut können Kinder täuschen? Teil V: Welchen Einfluß hat die Körpersprache der Kinder auf Lehrer und Lehrerinnen? In: Grundschulunterricht, Heft 4, 1998

Abschließende Bemerkungen

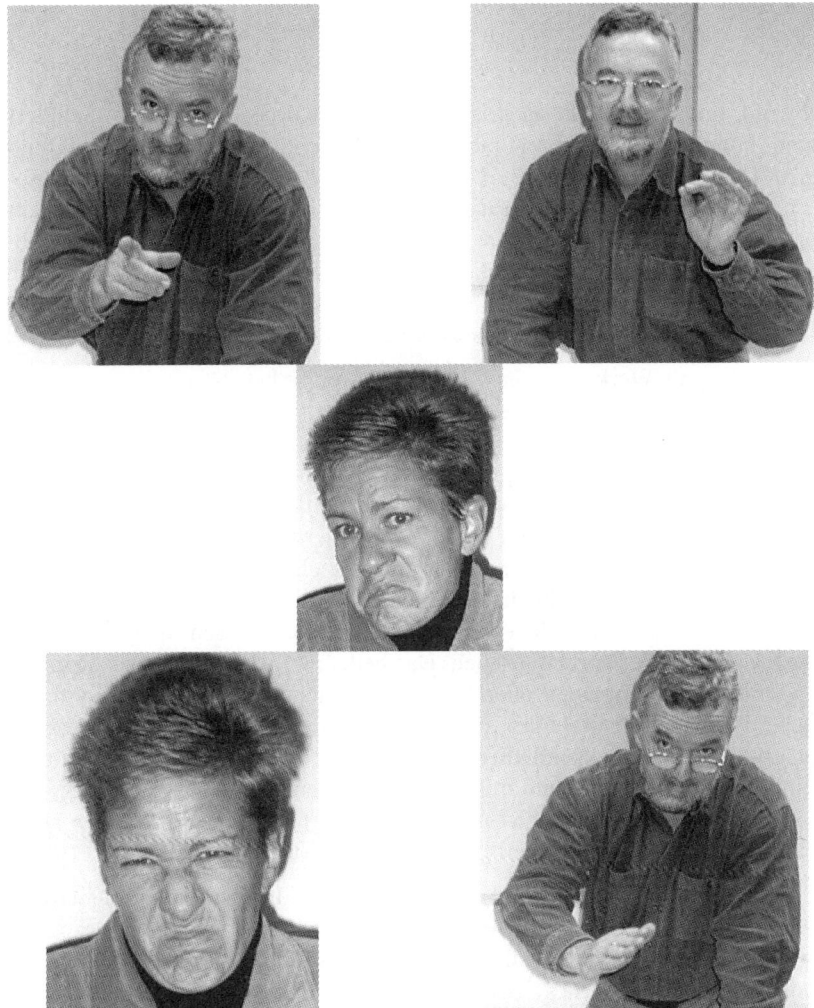

Abschließende Bemerkungen

Obwohl im Mittelpunkt dieses Buches die Körpersprache des Schülers stand, konnte die des Lehrers nicht unberücksichtigt bleiben. Der Abschnitt *REAKTIONEN DER LEHRER AUF KÖRPERSPRACHLICHES AUSDRUCKS-VERHALTEN IHRER SCHÜLER* belegte plausibel, wie eng beider Körpersprache verknüpft ist. Zudem inspirierte das Lesen der allgemeinen Ausführungen vielleicht zum Nachdenken über die eigene Körpersprache. Deshalb scheint es angemessen, wenn in die abschließenden Bemerkungen einige Gedanken zur Körpersprache des Lehrers einfließen.

Das wichtigste Werkzeug eines Lehrers ist er selbst. Somit kommt seiner Körpersprache eine besondere Rolle zu. Sie ist vielfach Mittel zum Zweck, muß also instrumentalisiert werden. In welcher Größenordnung das geschieht, ist vorstellbar, vergegenwärtigt man sich nochmals ROSENBUSCHs »Tannenbaumschema« (vgl. Abb. 1 im Abschnitt *KÖRPERSPRACHLICHES AUSDRUCKSVERHALTEN IM UNTERRICHT*). »Inhalte gut rüberbringen« – das ist im Endeffekt weniger ein kognitives als vielmehr ein didaktisch–methodisches und menschliches Problem. Regungs– und emotionslose Einführung neuer Begriffe läßt das entsprechende Wissen möglicherweise spurlos am Schüler vorbeirauschen. Das bedeutet nicht, jede Begriffseinführung müßte eine Show auf allen körpersprachlichen Kanälen sein. Systematische Beobachtungen haben herausgefunden, daß zu intensives körpersprachliches Ausdrucksverhalten der Lehrer die Konzentrationsfähigkeit der Schüler auf den Gegenstand mindert. Oft ist weniger mehr! Leichter gesagt als getan. Körpersprachliches Ausdrucksverhalten in quasi *dezenter* Form setzt eine exzellent kontrollierte Körpersprache voraus.

Wie beispielsweise beim Schweigen. Zwei oder drei Sekunden zu schweigen ist für manche Lehrer gleichermaßen schwer wie für die Schüler wichtig. Gerade für »Anfänger« liegt oft darin eine unüberwindliche Hürde, da deren körpersprachliches Ausdrucksverhalten in den ersten Monaten power–play signalisiert. Sie gönnen sich kaum eine ruhige Minute. HEIDEMANN vergleicht sie mit einem auf– und abgehenden Tiger [1]. Sie eilen jedoch statt zu gehen und strahlen deshalb nicht die Gelassenheit oder Souveränität eines Tigers aus. Zudem sprechen Anfänger wesentlich mehr und schneller [2]. Ihre anhaltende verbale und nonverbale Aktivität vermittelt ihnen selber den Eindruck, sie arbeiten engagiert und schafften demzufolge alle Voraussetzungen, die Situation im Griff zu haben. Es verwundert kaum, wenn sich das unter Umständen auf die Schüler überträgt. Darauf reagiert wiederum der Lehrer mit gesteigerter Aktivität. Ein Teufelskreis. So erklärt sich, daß sie ausgesprochen ungeübte Schweiger sind und ihnen die Situation des Schweigens Bedrohlichkeit vermittelt. In Moment solcher – in ihren Augen – Inaktivität fühlen sich diese Lehrer schwach und angreifbar. In ihrer Sitz– oder Stehposition nehmen sie eine Haltung an, als wollten sie jeden Moment aus dieser Position in neue Aktivitäten fliehen. Die Blicke wandern unruhig hin und her. Dem Schüler bleibt angesichts solcher körpersprachlichen Äußerungen die Unsicherheit des Lehrers kaum verborgen. [3]

Zu recht muß reklamiert werden, die Lehrerausbildung überläßt solche Feinheiten dem Schicksal. Hochschulen und Universitäten statten den Lehrer in spe mit Sach– und Fachwissen aller Art en masse aus, das an den Kanon des Schulwissens anschließt. Eine Eignungsprüfung für die spätere Tätigkeit als Lehrer und Erzieher findet nicht statt. Dieses Manko setzt sich im Studium fort und läßt sich auch nicht individuell durch Besuche allgemeiner Trainings kompensieren. Inhalte und Struktur eines entsprechenden Verhaltenstrainings für Lehrer müßten in Abhängigkeit von der Spezifik des Berufs und der schulischen Bedingungen bestimmt werden. So helfen beispielsweise auch Redner–Trainings recht wenig, weil der Status eines Rednerpublikums nie auf jener Stufe liegen kann, wie sie für Schüler im Abschnitt *ÄUSSERE BEDINGUNGEN* skizziert wurden. Von einem solchen Publikum sind weniger Nebenengagements und Imagepflege, wie Schüler sie praktizieren, zu fürchten. Ein Redner muß ebenfalls nicht fünf oder mehr Stunden vor (in) einer Klasse stehen. Körper–Haltungsfragen, wie sie für den Lehrer gelten, stellen sich im Zusammenhang mit Rednern gar nicht.

---

[1] HEIDEMANN, R.: Körpersprache vor der Klasse. Ein exemplarisches Trainingsprogramm zum Lehrerverhalten. Quelle & Meyer, Wiesbaden 1992

[2] Das *Lehrerecho* ist bei vielen Anfängern kaum noch zählbar. Dadurch erzeugen sie mitunter Lerneffekte bei ihren Schülern, die auf Grund der beobachtbaren Disziplin nicht zu erwarten sind. Längst darf das *Lehrerecho* nicht mehr als verpönt gelten. Die mit seiner Hilfe erzeugte Erhöhung des Behaltenswertes von Wissen bei den Schülern ist inzwischen unumstritten.

[3] Anregende Gedanken zum Schweigen finden sich bei ROSENBUSCH, H.S.: Schweigen als kommunikative Handlung im Unterricht. In: ROSENBUSCH, H.S./SCHOBER, O.: Körpersprache in der schulischen Erziehung. Schneider–Verlag, Hohengehren 1995, S. 207–214

HEIDEMANN [1] bietet ein Trainingsprogramm für Lehrer, daß sich auf deren Erfordernisse und Möglichkeiten im körpersprachlichen Ausdrucksverhalten einstellt. Die Lektüre seines Buches ist auch ohne Trainingspartner bereichernd. Die Trainingselemente lassen sich im individuellen Selbstversuch realisieren. Manches scheint banal. Gerade darin liegt aber die Gefahr, denn als Banalität wird es im Alltag leichtfertig übersehen. Zudem bringen nur selten die genialen Manöver Erfolg, liebevolle und präzise Kleinarbeit schafft kontinuierlich Erfolg. Deshalb widmet HEIDEMANN dem Training der scheinbar unwichtigen aber im Lehrerberuf täglich hundertfach ausgeführten Gesten und Bewegungen ausgiebig Raum.

Für Schüler wurde berechtigt auf einen gewissen Anspruch zur lümmeligen Sitzhaltung als Entlastung hingewiesen (Stuhlform, Sitzdauer, Stundenzahl etc.). Für Lehrer entstehen im Verlaufe eines Tages ähnliche Probleme in ihrer Stehhaltung. Was können sie zu ihrer Entlastung/Entspannung tun? • Sich an die Wand lehnen. Mit dem Rücken an der Wand stellen sie automatisch die größtmögliche Distanz zur Klasse her. • Sich hinsetzen. Das spräche für ein proxemisches Gleichgewicht mit den Schülern, forciert jedoch ungünstige Sichtverhältnisse und beeinträchtigt den gegenseitigen Blickkontakt. • Wieder stehen. Bei längerem Stehen entwickelt sich das Bedürfnis, zur eigenen Stabilisierung die Arme vor der Brust zu verschränken. Das wirkt – aus der Sitzposition eines Schülers wahrgenommen – abweisend. Geht der Lehrer mit dieser Haltung während einer Stillarbeitsphase so durch die Klasse, erscheint er oberlehrerhaft und bedrohlich. • Lässige Stehhaltung. Die Darstellungen in Abb. 18 (Abschnitt *VISUELLER KANAL*) belegen, daß manch Standbeinwechsel instabil wirkt. • Sich auf einen der vorderen Schülertische aufstützen. Auf die dort Sitzenden kann das bedrohlich wirken. Zudem betritt der Lehrer dabei die persönliche Zone oder gar Intimzone eines einzelnen Schülers vor den Augen aller anderen. • Viele Trainings preisen ein leichtes Nach–Vorne–Beugen als wichtige Vermittlungs–Geste zwischen Redner und dem Publikum. Sofern genügend Abstand ist, gilt das auch. Ein Lehrer hat es jedoch zu ein und demselben Zeitpunkt mit verschiedenen Abständen zu tun. • Sich auf einen Tisch setzen. Visueller und proxemischer Kanal können beim Übermitteln körpersprachlicher Äußerungen bestens arbeiten, (gut sichtbar, die eigene Körpersprache ist kaum eingeschränkt, Körperhaltung von Schülern und Lehrer angenähert und entspannend). Ausgesprochen Prüde verachten diese Haltung. Summa summarum bleibt damit *eine* Variante als akzeptable Lösung. Sie wird aber spätestens von der nächsten Aktion an der Tafel unterbrochen.

Ähnlich kompliziert stellen sich für einen Lehrer die Regeln dar, nach denen Blickkontakt zu den Schülern herzustellen und aufrechtzuerhalten ist.

Hergebrachte Empfehlungen lassen sich nur bedingt auf die schulische Situation übertragen. Ein schweifender Blick, mit dem Aufmerksamkeit gesammelt, persönliche Beziehung hergestellt und Verständnis überprüft werden kann, ist auch für den Lehrer eine hilfreiche Empfehlung. Anders verhält es sich mit dem Herstellen des Blickkontakts. Zum Beispiel bei der Vermittlung zwischen »Auditorium« und visualisiertem Gesprächsgegenstand (Anschauungsobjekt, Abbildung, Tafelbild) durch Gesten sowie Blickwendungen. Ist der Lehrer kognitiv sehr belastet, ruht sein Blick unweigerlich ausgiebig auf dem visualisierten Gesprächsgegenstand statt Kontakt zu den Schülern zu halten. Das kann der Fall sein, • wenn komplizierte Gedankengänge reproduziert oder entwickelt werden, • wenn die nächsten Fragen, Aufgaben in Gedanken vorformuliert oder Arbeitsschritte geplant werden, • wenn Schülerverhalten den Lehrer ablenkt.

Wirklich Zeit und Muße für den Blickkontakt hat ein Lehrer in den erwähnten Momenten des Schweigens. Meist, nachdem er eine Frage gestellt hat. In diesen Momenten sinkt jedoch die Wahrscheinlichkeit für eine Erwiderung des Blickkontaktes. Viele Schüler senken ihren Blick, andere wenden – je nach Denkleistung – ihre Augen zur Seite. Daneben gibt es Schüler, die dem Blick des Lehrers nicht standhalten können/wollen. Gelangweilte Schüler tragen zu diesem Zeitpunkt einen leeren Blick.

Andere Regeln muß ein Lehrer geradezu demolieren. So können die persönliche Zone und Intimzone eines Schülers nur bedingt berücksichtigt werden. Es tauchen regelmäßig Situationen der Kontrolle oder Hilfestellung auf, in denen Animositäten der Schüler wegen ihrer Intimzone vom Lehrer zu ignorieren sind.

Selbst die mutigste Phantasie läßt nicht annähernd erahnen, wieviele »Fall«– Mengen im Umgang mit der Körpersprache auftreten können. Ein jeder Tag im Arbeitsleben eines Lehrers, einer Lehrerin konfrontiert mit neuen Situationen und bisher nie dagewesenen Fragestellungen. Insofern ist keine allgemeingültige Rezeptur zu erwarten. So konnte und sollte die zusammengestellte Theorie zum körpersprachlichen Ausdrucksverhalten mit seinen Ursachen und Wirkungen sowie ihre Diskussion in Bezug auf Schülerverhalten im Unterricht bestenfalls Erklärungen für Ist–Zustände liefern. Detaillierte Literaturhinweise sollten helfen, diesem und jenem Interesse speziell nachzugehen. Ein kleines Büchlein – wie das vorliegende – vermag nicht mehr als Anregung zu leisten für Erkennen und Umgang mit der Körpersprache, alltägliche Selbstverständlichkeiten der Körpersprache bewußt und damit lesbar zu machen.

Literatur

ALANDER–NIEMANN, M.: Untersuchungen nonverbaler Kommunikation mittels Survival–Analyse, 1982

ARGYLE, M./COOK, M.: Gaze and mutual gaze. Cambridge University Press. 1976

ARGYLE, M.: Körpersprache & Kommunikation. Junfermann–Verlag, Paderborn 1989

BATES, J.E.: Effects of Children's Nonverbal Behavior Upon Adults. In: Child Development. 1976, Vol. 47, S. 1079-1088.

BERLO, D.K.: The process of communication. New York, NY 1965

BIRKENBIHL, V.F.: Signale des Körpers. Körpersprache verstehen. mvg verlag, München 1992

BLANCK, P.D./ROSENTHAL, R.: Developing Strategies for Decoding »Leaky« Messages: On Learning how and when to Decode Discrepant and Consistent Social Communications. In: Child Development. 1976, Vol. 47, S. 203-224.

BREZINKA, W.: Lehrerethos. Weinheim 1989

BURDACH, K.J.: Geschmack und Geruch. Gustatorische, olfaktorische und trigeminale Wahrnehmung. Verlag Hans Huber, Bern 1988

BURGOON, J.K./SAINE, T.: The Unspoken Dialogue. An Introduction to Nonverbal Communication. Dallas 1978

DRAGUNOWA, W.: (Übersetzt aus dem Russischen) Das Konfliktproblem im Jugendalter. Moskau 1981, Akademie der Pädagogischen Wissenschaften, Berlin 1983

EFRON, D.: Gesture and Environment. New York 1941.In EKMAN, P./FRIESEN, W.V.: Nonverbal Leakage and Clues to Deception. In: Psychiatry, 1969, Vol. 32, S. 83-105.

EKMAN, P./FRIESEN, W.: The repertoire of nonverbal behavior - categories, origins, usage and coding . Semiotica 1, 1969, S. 49-98

EKMAN, P./FRIESEN, W.V.: Facial Action Coding System. Human Interaction Laboratory, Department of Psychiatry, University of California San Francisco 1978

ELLGRING, H.: Nonverbale Kommunikation – Einführung und Überblick. In: ROSENBUSCH, H.S./SCHOBER, O., 1995

ELLGRING, H.: Nonverbale Kommunikation im Verlauf der Depression – Zum Ausdruck der Stimmungen und des Befindens in Mimik, Blickzuwendung, sprechen und Gestik. Habilitationsschrift, Justus–Liebig–Universität, Gießen 1984

EPPLER, R./HUBER, G.L.: Wissenswert im Team: Empirische Untersuchung von Effekten des Gruppen–Puzzles. In: Psychologie in Erziehung und Unterricht, 37. Jg., (1990), S. 172-178

ERIKSON, E.H.: The problem of ego-identity. In: American Journal of Psychoanalysis. 4/1956, S. 56-121; dt.: Identifikation und Identität. In: Psyche (1956/57), S. 124-135 u. 175-176

FELDMAN, R.S.: Development of Nonverbal Behavior in Children. New York 1982

FITTKAU, B/MÜLLER-WOLF, H.–M./SCHULZ VON THUN, F.: Kommunizieren lernen und umlernen. Hahner Verlagsgesellschaft, Aachen–Hahn 1987

GALIN, D./ORNSTEIN, R.: Individual differences in cognitive style. I. Reflective eye movements. In: Neuropsychologia 12, 1974, S. 367–376

GOFFMAN, E.: Das Individuum im öffentlichen Austausch. Mikrostudie zur öffentlichen Ordnung. Suhrkamp, Frankfurt/M. 1982

GOFFMAN, E.: Interaktionsrituale. Über Verhalten in direkter Kommunikation. Suhrkamp, Frankfurt/M. 1986

GOFFMAN, E.: Stigma. Suhrkamp,

GÖPPNER, H–J.: Hilfe durch Kommunikation in Erziehung, Therapie, Beratung. Heilbrunn/Obb. 1984

GORKI, M: Das Märchen vom alten Fischer.

GRINDER, M.: NLP für Lehrer. Ein praxisorientiertes Arbeitsbuch. Verlag für angewandte Kinesiologie GmbH, Freiburg im Breisgau 1992

HALL, E.T.: Proxemics: A study of man's spatial Relationship. In: Man's image in medicine and anthropology 1963

HALL, J.A.: Gender Differences in Nonverbal Communication Skills. In: ROSENTHAL, R.: Quantitative Assessment of Research Domains. San Francisco 1980.

HAYDUK, L.A.: Personal space: Where we now stand. Psychological Bulletin 94, S. 293–335, 1983

HEIDEMANN, R.: Körpersprache vor der Klasse. Ein praxisnahes Trainingsprogramm zum Lehrerverhalten. Quelle & Meyer, Wiesbaden 1992.

HELFRICH, H./WALLBOTT, H.G.: Theorie der nonverbalen Kommunikation. In: ALTHAUS, H.P./HENNE, H./WIEGAND, H.E.: Lexikon der Germanistischen Linguistik. Niemeyer, Thübingen 1988

HENLEY, N.M./LAFRANCE, M.: Gender as culture: Difference and dominance in nonverbal behavior. In: WOLFGANG, A.: Nonverbal behavior.

Perspectives applications and intercultural insights. Hogrefe, New York 1984

HENSEL, H.: Allgemeine Sinnesphysiologie. Hautsinne, Geschmack, Geruch. Springer–Verlag, Heidelberg 1966

HEWES, G.W.: Primate communication and the gestural origin of language. Current Anthropology 14, 1976, S. 165–196

HIEBSCH, H.. Interpersonelle Wahrnehmung und Urteilsbildung. Verlag der Wissenschaften, Berlin 1986

HOROWITZ, M.J./DUFF, D.F./STRATTON, L.O.: Body buffer zone. Archives of general Psychiatry 11, S. 651–656, 1969

IMHOF, M./ECHTRERNACH, B./HUBER, S./KNORR, S.: Hören und Sehen: Behaltensrelavante Effekte von Illustrationen beim Zuhören. In: Unterrichtswissenschaft Zeitschrift für Lernforschung 24 Jg., Heft 4 (1996) S. 329-342

KAISER, C.: Wie gut können Kinder täuschen? Teil V: Welchen Einfluß hat die Körpersprache der Kinder auf Lehrer und Lehrerinnen? In: Grundschulunterricht, 1998

KESSEL, W.: Befähigung der Lehrer zur Bewältigung pädagogischer Problemsituationen. Vortrag auf der Fachtagung »Theoretische Positionen und Untersuchungsergebnisse moralpsychologischer Forschung« September 1986 (unveröffentlicht)

KESSEL, W.: Schöpfertum des Lehrers und erziehungseffektive Bewältigung pädagogisch anspruchsvoller Situationen. In: Pädagogik, Heft 10/85, 40. Jg., S. 759-767

KINSEY, A.C.: Das sexuelle Verhalten der Frau. Fischer–Verlag, Frankfurt/M. 1954 und KINSEY, A.C.: Das sexuelle Verhalten des Mannes. Fischer–Verlag, Frankfurt/M. 1955

LANG, N.: Verständigung im Alltag. Formen, Barrieren und Möglichkeiten im sozialen Handeln. Ehrenwirth, München 1983

LORENZ, K.: Über tierisches und menschliches Verhalten. Aus dem Werdegang der Verhaltenslehre. Bd. III. R. Piper &Co, München 1965

MARSHALL, E.: Eye Language. Understanding the Eloquent Eye. New York 1983

MEHRABIAN, A.: Nonverbal Communication. Aldine, Chicago 1972

MERTEN, K: Kommunikation. Eine Begriffs– und Prozeßanalyse. Opladen 1974

MEYER, H.: Schulpädagogik, Bd. 1. Für Anfänger. Cornelsen, Berlin 1997

MOELLER–ANDRESEN, U.: Alltägliche Disziplinprobleme in den ersten Schuljahren. In: Disziplinkonflikte in Erziehung und Schule. Bad Heilbrunn/Obb. 1982

MOLCHOW, S.: Körpersprache. Mosaik Verlag GmbH, München 1983

MOORS, R.: Stigmaphänomene. Beobachtungen nonverbalen Verhaltens von Grundschulkindern, insbesondere aus sozial schwachem Milieu, unter Hinzuziehung eines projektiven Tests. Hrsg. Dr. Harald Niemeyer. HAAG + HERCHEN Verlag GmbH, Frankfurt/M 1986

MORENCY, N.L./KRAUSS, R.M.: Children's nonverbal encoding and decoding of affect. In: FELDMAN, R. S., 1982, S. 181-199.

MORRIS, D.: Der Mensch, mit dem wir leben. Ein Handbuch unseres Verhaltens. Knaur, München 1981

MORRIS, D.: Der Mensch, mit dem wir leben. Knaur, München 1981,

MORRIS, D.: Körpersignale: Vom Scheitel bis zum Kinn. Heyne Verlag, München 1993

MÜNCH, W.: Leiden und Lust an der Schule. Frankfurt/M Fachhochschule 1984

PIGHIN, G./SCHMIDT–FORTH, A.: Die geheime Sprache unserer Kinder – was sie ohne Worte sagen. Kindliche Körpersprache erkennen und richtig deuten. Heyne–Verlag, München 1994

REICHARDT, W.: Grundlagen der Elektroakustik. Akademische Verlagsgesellschaft, Leipzig 1954

REINERT, G-B./ZINNECKER, J. (Hg.): Lehrer und Schüler im Schulbetrieb. Rowohlt, Reinbek 1975

ROSENBUSCH, H. S./SCHOBER, O.: Körpersprache in der schulischen Erziehung. Pädagogische und fachdidaktische Aspekte nonverbaler Kommunikation. Schneider Verlag Hohengehren GmbH, Baltmansweiler 1995

ROSENBUSCH, H.S.: Nonverbale Kommunikation im Unterricht – Die stille Sprache im Klassenzimmer. In: ROSENBUSCH, H. S./SCHOBER, O., 1995

ROSENTHAL, R./JACOBSEN, L: Pygmalion in the claasroom. Holt, Riechert and Winston, New York 1968

ROSENTHAL, R.: On the social psychology of the self–fulfilling prophecy: Further evidence for Pygmalion effects and their mediating mechanisms. In: Social psychology 53, 1973, S. 1–28

SAARNI, C.: Social and Affective Functions of Nonverbal Behavior: Developmental Concerns. In: FELDMAN, R.S., 1982, S. 123-147.

SARBIN, T.R./HARDYCK, C.D.: Contributions to role–taking theory: role perception on the basis of postural cues. (unveröffentlicht)

SCHERER, K.R./WALLBOTT, H.G.: Nonverbale Kommunikation: Forschungsberichte zum Interaktionsverhalten. Beltz, Weinheim 1979

SCHOECK, H.: Kleines soziologisches Wörterbuch. Wien 1969

SHENNUM, W.A./BUGENTAL, D.B.: The Development of Control Over Affective Expression in Nonverbal Behavior. In: Feldman, R.S., 1982, S. 101-123

SINGER, K.: Lehrer–Schüler–Konflikte gewaltfrei regeln. Beltz, Weinheim 1993

STASS, J.W./WILLIS, F.N.: Eye contact, pupil dilatation and personal preference. In: Psychon. Sci. 7, 1967, S. 375–376

VINE, I.: Social spacing in animal and man. Social science information 12, S. 7–50, 1973

VOßENKAUL, H.J.: Einfluß von Persönlichkeitseigenschaften auf das Verständnis des Gesichtsausdrucks. Peter Lang GmbH, Frankfurt/M 1992

WAGNER, H.: Auditive Merkfähigkeit bei Schülern: Eine Studie zum MOTTIER-Test. In: Psychologie in Erziehung und Unterricht, 37. Jg., (1990), S. 33-37

WATZLAWICK, P.: Anleitung zum Unglücklichsein. Piper, München 1995
WATZLAWICK, P./BEAVIN, J.H./JACKSON, D.D.:   Menschliche
Kommunikation. Formen, Störungen, Paradoxien. Hans Huber, Bern
1990
WHITACKER, S.F./FISHER, J.D.: Multidimensional reaction to therapeutic
touch in a hospital setting. Journal of Personality & Social Psychology
37. S. 87–96, 1979
WOLFGANG, A.: Nonverbal Behavior. Applications and Cultural Implications.
New York 1979
WURZ, L.: »Habt Ihr das verstanden?« – Zur Fragwürdigkeit einer beliebten
Lehrerfrage. In: Lehrern und Lernen, Jg. 14 (1988), H. 8, S. 22–34
ZIELKE, W.: Sprechen ohne Worte. Mimik, Gestik, Körperhaltung verstehen
und einsetzen. mvg verlag, Landsberg 1987
ZUCKERMAN, M./DEFRANK, R.S.: Facial and Vocal Cues of Deception and
Honesty. In: Journal of Experimental Social Psychology, 1979, Vol. 15,
S. 378-396.
ZUCKERMAN, M./LARRANCE, D.T./SPIEGEL, N.H./KLORMAN, R.: Controlling
Nonverbal Cues: Facial Expressions and Tone of Voice. In: Journal of
Experimental Social Psychology, 1981, Vol. 17, S. 506-524.

Dorothee M. Meister/
Uwe Sander (Hrsg.)

Kinderalltag und Werbung

Zwischen Manipulation
und Faszination

1997, 212 Seiten, kartoniert,
DM 38,- öS 281,- sFr 38,-
ISBN 3-472-02169-1

Der Band faßt vielfältige Aspekte zum Verhältnis von Kindern und Werbung zusammen. In unterschiedlichen Beiträgen werden medienpädagogische Einschätzungen von Werbung, Ergebnisse empirischer Studien sowie Beiträge aus der Werbepraxis von Agenturen gegenübergestellt. In diesem Spannungsfeld beschreitet der Band Neuland, geht er doch über eine traditionell werbefeindliche Pädagogik hinaus und repräsentiert eine medienpädagogische Haltung, die sich gegenüber der realen Medien- und Werbewelt im Alltag von Kindern öffnet und gleichzeitig kritisch die aktuellen Trends auf dem Kinderwerbemarkt reflektiert.

Aus dem Inhalt:

■ ÜBERBLICKE
Von der Faszination des Sehens

■ EINBLICKE
Trends im Werbereich

■ GEGENSÄTZE
Für und Wider der Kinderwerbung

■ VERBINDUNGEN
Medienpädagogik in der Werbewelt

■ DATEN
Kinder und Werbung
im Spiegel der Forschung

Erhältlich in Ihrer
Fachbuchhandlung
oder beim Verlag

Luchterhand
Postfach 2352
56513 Neuwied Verlag